RAYMOND JEAN 1983

L'INGÉNIEUX CHEVALIER
DON QUICHOTTE
Tome premier

PARIS, DELARUE, LIB.-ÉDITEUR, 3, RUE DES GRANDS-AUGUSTINS

L'INGÉNIEUX CHEVALIER

DON QUICHOTTE

DE LA MANCHE

PARIS. — IMP. W. REMQUET, GOUPY ET Cᵉ, RUE GARANCIÈRE, 5.

Don Quichotte en méditation.

L'INGÉNIEUX CHEVALIER
DON QUICHOTTE
DE LA MANCHE

PAR MIGUEL CERVANTES

TRADUCTION NOUVELLE

PAR RÉMOND

120 gravures par Télory

TOME PREMIER

PARIS

DELARUE, LIBRAIRE-ÉDITEUR

Rue des Grands-Augustins, 3

L'INGÉNIEUX CHEVALIER
DON QUICHOTTE
DE LA MANCHE

PREMIÈRE PARTIE

CHAPITRE I

De la qualité et des occupations du fameux Hidalgo Don Quichotte de la Manche.

Dans une petite bourgade de la Manche, dont je veux oublier le nom, vivait un de ces gentilshommes ayant lance au râtelier, targe rouillée, haridelle et chien de chasse. Sa marmite, plus souvent garnie de bœuf que de mouton, un saupiquet pour son souper, des œufs et du lard le vendredi, des lentilles le samedi et le dimanche quelques pigeonneaux pour extra : tout cela absorbait les trois quarts de son revenu ; le reste servait à payer sa casaque de drap fin et des chausses de velours avec pantoufles pareilles pour les fêtes ;

les jours de la semaine, il se parait d'un modeste surtout de serge. Il avait à son service une gouvernante qui passait les quarante ans, une nièce qui n'en avait pas vingt, un valet pour la ville et les champs, lequel maniait la serpe et sellait le roussin. L'âge de notre gentilhomme approchait de la cinquantaine. Il était robuste de corps, maigre de visage, aimait la chasse et se levait matin.

Les historiens sont peu d'accord sur le nom de ce personnage : Était-ce Quixada ou Quésada ou enfin Quixana ? Peu importe, pourvu que notre récit ne sorte pas de la vérité.

Il faut donc savoir que, dans ses moments d'oisiveté (ce qui était les trois quarts de l'année), notre gentilhomme s'adonnait à la lecture des livres de chevalerie avec tant de goût, qu'il finit par en oublier l'exercice de la chasse et de plus l'administration de son bien. Pour satisfaire sa manie, il en vint à vendre plusieurs morceaux de bonne terre, en employa le produit à acheter des livres en telle quantité qu'il en remplit sa maison. Mais entre tous, aucun ne lui paraissait valoir ceux de Feliciano da Silva dont la prose dépourvue de sens, lui semblait de perles. Surtout quand il venait à lire ces belles paroles écrites en plusieurs endroits du livre : « La raison, etc., etc.... », et aussi quand il lisait : « Les hauts cieux..... »

Le jugement de notre pauvre chevalier se perdait au milieu de ces belles tirades et il se torturait pour les comprendre, ce que n'eût pu faire Aristote lui-même s'il fût ressuscité pour cela. Il se demandait comment les prodigieuses blessures que Don Belianis faisait et recevait pouvaient être guéries sans laisser cicatrices et balafres. A cela près, il louait beaucoup l'auteur de ce qu'il terminait son livre par la promesse de cette aventure qui ne se pouvait mettre à fin, et plusieurs fois il eut la pensée de prendre la plume et de l'achever, ce qu'il eût fait avec succès, mais il en fut empêché par des occupations bien plus sérieuses.

Il eut bien souvent des querelles avec son curé, homme docte et gradué, à Sigüenza, sur ce point de savoir : quel avait été le meilleur chevalier, de Palmerin d'Angleterre ou d'Amadis de Gaule. Mais maître Nicolas, barbier du village, disait que ni l'un ni l'autre n'approchait du chevalier Phébus, et que si quelqu'un pouvait lui être comparé, c'était Don Galaor, frère d'Amadis de Gaule, qui était d'humeur facile, sans être mignard et pleureur comme son frère, et n'était pas moins vaillant.

Il se livra incessamment à ces lectures, y passant nuits et jours, à ce point qu'il en perdit le sommeil, se desséma le cerveau et donna congé à son bon sens. Puis, l'imagination meublée de querelles, enchantements, batailles, amours, tempêtes et autres extravagances, il se figura que toutes ces balivernes étaient vérités et choses certaines. Il disait que le Cid Ruy Diaz avait été bon chevalier, mais qu'il lui préférait le chevalier de l'Ardente Épée, qui, d'un seul revers, avait coupé par moitié deux fiers géants. Il avait grande estime pour Bernard del Carpio, parce qu'à Roncevaux, il avait tué Roland l'enchanté, usant de l'artifice d'Hercule lorsqu'il étouffa dans ses bras Antée, fils de la Terre. Il louait beaucoup aussi Morgan le géant, le seul parmi les géants qui eût quelque peu de savoir-vivre. Mais son héros était Regnault de Montauban, principalement lorsqu'il le voyait sortir de son château et détrousser tous ceux qu'il rencontrait, ou bien courir en Barbarie dérober l'idole de Mahomet qui était toute d'or suivant son histoire. Il eut volontiers donné sa nièce et sa servante par-dessus le marché pour avoir le droit d'octroyer une quantité de coups de pied dans les côtes de ce traître Ganelon.

Enfin, ayant perdu toute raison, il lui vint la plus étrange pensée que jamais fou eût engendrée. Ce fut qu'il lui sembla à propos pour son honneur et le service de son pays, de se faire chevalier errant, puis de s'en aller par le monde, avec son cheval et ses armes, chercher des aventures et se livrer à toutes choses qui faisaient le mérite desdits chevaliers, redresser des torts, s'exposer à de grands périls, en sortir victorieux et acquérir une renommée éternelle. Le pauvre homme se voyait déjà, par la valeur de son bras, possesseur de l'empire de Trébizonde. Plongé dans ces belles pensées et emporté par le contentement qu'il en éprouvait, il se hâta de mettre son projet à exécution.

La première chose qu'il fit fut de nettoyer des armes qui avaient servi à ses bisaïeux et qui, rongées par la rouille, étaient oubliées dans un coin depuis plusieurs siècles. Il les nettoya et les raccommoda du mieux qu'il put, quand à son grand déplaisir, il leur trouva un léger défaut : elles n'avaient point de heaume complet, mais un simple morion. Toutefois, il s'ingénia de faire avec du carton une espèce de demi-salade, qui, enchâssée avec le morion, avait l'apparence d'une salade entière. La vérité est que, pour la mettre à l'épreuve, il tira son épée et, frappant d'estoc et de taille, il détruisit du premier coup l'ouvrage d'une semaine. Alors il recommença son travail, ajoutant à l'intérieur quelques petites bandes de fer ; et, sans vouloir risquer une nouvelle épreuve, il la tint pour un casque à visière d'une trempe très-fine. Puis, il fut rendre visite à son coursier, vrai squelette couvert d'une peau, qui cependant lui parut plus vigoureux que le Bucéphale d'Alexandre ou le Babiéca du Cid.

Il employa quatre jours à lui composer un nom digne de ses hautes destinées. Après bien des recherches, il trouva celui de Rossinante, qui devait exprimer suffisamment que son cheval était devenu le premier roussin du monde. Heureux d'avoir trouvé ce nom superbe, il consacra huit jours à composer celui qu'il devait porter et trouva Quichotte suffisamment sonore ; et, le faisant précéder du Don il y ajouta celui de son pays, comme le fit Amadis de Gaule, il se détermina pour *Don Quichotte de la Manche*, ce qui était assez pour l'honneur de sa race et celui de son pays.

Ce n'était pas mince besogne que tout ce que notre chevalier venait de faire : il avait fourbi ses armes, donné un nom à son coursier, confirmé et augmenté le sien, il ne lui manquait plus qu'une dame; car, qu'est-ce qu'un chevalier errant sans amours, sinon un corps sans âme, un arbre sans feuille. Il se disait à lui-même : Si, par heureuse aventure, je rencontre quelque géant, et, qu'au lieu de le couper en deux, je l'oblige à se rendre, ne sera-t-il pas séant de l'envoyer à ma dame, afin que d'une voix douce et humble il puisse lui dire : « Je suis le géant Caraculiambro, seigneur de l'île de Malindranie ; l'illustre chevalier Don Quichotte de la Manche, après m'avoir vaincu dans un combat singulier, m'a ordonné de me rendre à vos pieds afin que Votre Grandeur dispose de moi à sa volonté ? »

Oh ! que notre chevalier fut content après qu'il eut fait ce discours ; et plus encore, quand, après avoir choisi pour dame de ses pensées Aldonza Lorenzo, fille d'un laboureur

des environs assez jolie, dit-on, qu'il avait remarquée autrefois sans cependant avoir osé le lui avouer, et à laquelle il donna le nom de *Dulcinée du Toboso*, qu'il trouva aussi harmonieux que brillant et autant expressif que ceux qu'il avait choisis pour son cheval et sa personne.

I.

CHAPITRE II

Qui traite de la première sortie que fit
l'ingénieux Don Quichotte.

Ces préparatifs achevés, notre héros ne voulut pas que le monde eût à souffrir plus longtemps de son inaction, en raison du grand nombre de torts qu'il devait redresser. Un matin donc et par un des jours les plus chauds du mois de juillet, il s'arma de toutes pièces, enfourcha Rossinante et sortit par la porte de sa basse cour, ému et satisfait de n'avoir point trouvé d'obstacle à son désir. Il avait à peine fait quelques pas que sa joie fut troublée par la pensée, que n'étant pas armé chevalier, il ne pouvait combattre sans avoir reçu l'ordre de chevalerie, porté armes blanches et écu sans devise. Sa résolution fut quelques moments ébranlée; mais, la folie prenant le dessus sur la raison, il se promit de se faire donner l'ordre par le premier chevalier qu'il rencontrerait, ainsi qu'il avait lu que cela pouvait se faire; quant à ses armes blanches, il devait fourbir les siennes de façon à ce qu'elles devinssent blanches autant que l'hermine. Ayant donc calmé son esprit, il poursuivit sa route, laissant sa monture aller à son gré, croyant qu'en cela consistait l'essence de ses aventures.

Or, tout en cheminant, notre aventurier se disait : Qui doute qu'un jour un fameux écrivain ne mettra à jour l'histoire de mes prouesses et narrant cette mienne première sortie, il ne commence ainsi : « A peine le Dieu du jour eut étendu sur la terre les tresses dorées de ses blonds cheveux, et à peine aussi les petits oiseaux aux brillantes couleurs eurent salué de leur douce harmonie la venue de l'Aurore au teint de rose, que celle-ci, quittant la couche de son vieil époux, se montrait aux mortels sur l'horizon de la Manche, quand le renommé Don Quichotte, fuyant les douceurs du sommeil, monta sur son fameux cheval Rossinante, chemina dans l'antique champ de Montiel. (Il se trouvait en cet endroit.) » Heureux âge et siècle heureux, celui qui verra mettre au jour mes exploits dignes d'être gravés sur le bronze ou le marbre et représentés par la peinture, afin de servir d'exemples aux races à venir ! O toi, sage enchanteur, qui que tu sois, à qui écherra la gloire d'être le chroniqueur de cette rare histoire, je te supplie de ne point oublier Rossinante, l'éternel compagnon de mes courses et de mes périls ! Et tout à coup, comme saisi d'un transport d'amour, il s'exclamait : O princesse Dulcinée, dame de ce chétif cœur, vous m'avez soumis à une bien dure épreuve, en me faisant défense de paraître désormais devant votre beauté ; daignez penser au moins à celui qui souffre tant de misères pour l'amour de vous.

Avec ces folies, il en débitait d'autres dans la langue des livres qu'il avait tant admirés ; et, tandis qu'il chevauchait au hasard, le soleil lui frappait tellement sur la tête qu'il lui eût fondu la cervelle, si le bonhomme en eût encore possédé quelque peu.

Il chemina tout le jour sans qu'il lui arrivât la moindre chose qui puisse être racontée, ce qui le désespérait, désirant fort rencontrer quelqu'un avec qui il pût expérimenter la valeur de son bras. Des historiens prétendent que sa première aventure fut celle du Port-Lapice, d'autres au contraire que ce fut celle des moulins à vent ; ce que j'ai pu vérifier dans les annales de la Manche nous rapporte qu'après avoir marché jusqu'à la fin du jour, son cheval et lui se trouvèrent las et mourants de faim. En regardant à droite et à gauche s'il verrait un château, voire même une cabane de berger, il découvrit, non loin du chemin, une auberge isolée qui fut pour lui chose aussi agréable qu'une étoile qui lui eût signalé le chemin de sa rédemption. Il se pressa d'y arriver avant la nuit.

Le hasard voulut qu'il se trouvât à la porte de cette auberge deux donzelles qui allaient à Séville avec des muletiers, tous arrêtés là pour y passer la nuit. Comme tout semblait à notre brave aventurier devoir se passer de même qu'il l'avait lu dans ses vieilles chroniques, il lui sembla voir, au lieu d'une misérable auberge, un château flanqué de ses quatre tourelles, avec chapiteaux d'argent, pont-levis, fossés et tous autres accessoires. Il s'avança ; puis, à une distance respectueuse il retint Rossinante par la bride, attendant que le nain parût entre les créneaux pour annoncer sa venue. Mais, comme on tardait et que Rossinante flairait l'écurie, il s'approcha de la porte de la taverne, et aperçut les donzelles qu'il prit pour de nobles demoiselles respirant l'air à la porte du château.

Près de cet endroit, un porcher se mit à sonner dans un cornet pour rassembler son troupeau. Croyant à ce bruit que l'on donnait le signal de sa venue, Don Quichotte s'approcha de ces dames, qui, peu habituées à voir un homme armé de telle façon, se sauvèrent épouvantées. Comprenant le motif de leur frayeur, Don Quichotte haussa sa visière de carton, et, découvrant son visage sec et poudreux, il leur dit d'une voix douce et posée : « Ne fuyez pas et ne craignez aucun déplaisir, car il n'appartient pas à l'ordre de chevalerie, dont je fais profession, d'offenser personne ; il me prescrit au contraire d'être aux ordres des nobles demoiselles comme vos personnes le paraissent. » Ces filles le regardaient et cherchaient à voir son visage que cachait sa visière de carton, mais se voyant traitées avec des égards qui ne leur étaient pas dus, elles éclatèrent de rire, tellement que Don Quichotte leur dit : « La modestie sied aux belles, le rire sans raison indique un manque de tenue ; je ne vous dis pas cela dans le but de vous affliger, car mon intention est de vous rendre service. » La singulière figure

de notre chevalier jointe à son langage, accrut les rires de ces dames et notre héros perdait patience, lorsque survint l'hôtelier, homme fort pacifique, rusé compère, qui, voyant un si étrange personnage, se serait volontiers mis du côté des rieuses, mais il préféra user de courtoisie, et, s'adressant au nouveau venu, il lui dit : « Seigneur chevalier, si vous cherchez un gîte, sauf le lit, car il n'en reste plus un seul, vous trouverez ici tout en abondance. »

Don Quichotte répondit aux politesses de l'hôtelier : « Senor Castellano, les armes sont ma parure et les combats mon repos. » A cette qualification de Castellano, qui veut dire châtelain et qui signifie aussi Castillan, l'hôte, qui n'était pas plus l'un que l'autre (il était Andalous, voleur comme Cacus, insolent et moqueur comme un page et un écolier), crut que notre héros avait voulu lui appliquer le *Sano de Castilla*, qui, en langage très-vulgaire, veut dire larron déguisé. Il répondit au chevalier : « Votre lit est donc une roche dure et votre sommeil une veille continuelle. Vous pouvez mettre pied à terre, sûr de trouver l'occasion de passer ici une année sans dormir et encore plus facilement une nuit. » Alors il s'avança pour tenir l'étrier de Don Quichotte, qui descendit avec peine, accablé qu'il était par la faim autant que par la fatigue.

La première recommandation que fit le chevalier à l'hôte fut de prendre soin de son cheval, parce que c'était le meilleur qu'il y eût au monde. L'aubergiste, tout en y mettant de la bonne volonté, fut loin de cette opinion ; il trouva même qu'il serait loin de la vérité en en rabattant de moitié. Après avoir conduit la bête à l'écurie, il revint à son hôte, qui, reconcilié avec les deux donzelles, se laissait défaire son armure ; mais, quand elles en voulurent ôter le gorgerin et la salade, qui étaient tenus par quelques rubans verts, dont on ne put défaire les nœuds, cela devint impossible ; et, comme il ne voulut pas les laisser couper, demeura-t-il toute la nuit avec son armure sur la tête, ce qui lui constituait la plus grotesque figure que l'on pût imaginer. Croyant toujours que ces filles qui le désarmaient étaient les maîtresses de ce château, il leur dit, en y mettant toute la grâce dont il était capable : « Jamais chevalier ne fut si bien servi des dames que Don Quichotte lorsqu'il vint de son village, demoiselles avaient soin de lui et princesses de son roussin.

« Nobles dames, Rossinante, est le nom de mon coursier et Don Quichotte de la Manche est celui de votre serviteur, lequel avait promis de ne point faire connaître son nom avant de l'avoir illustré par de brillants exploits, mais il le dit par la nécessité d'accommoder la romance de Lancelot

CHAPITRE II

à la situation présente ; un temps viendra, je l'espère, où je pourrai mettre mon bras aux ordres de Vos Seigneuries. »

Jamais de pareils discours n'avaient été adressés à de telles personnes ; aussi elles restèrent muettes, seulement elles lui demandèrent s'il voulait manger quelque chose. « Volontiers, répondit le chevalier, quoi que ce soit, ce sera à propos. »

Par aventure, ce jour-là était un vendredi, et il n'y avait dans l'hôtellerie que les restes d'un poisson séché auquel on donne par ici le nom de merluche, par là celui de truitelle. On lui demanda s'il s'en contenterait, n'ayant pas autre poisson à lui offrir. « Sans doute, dit-il, c'est tout un, comme huit simples réaux sont la monnaie d'une pièce de huit réaux ; d'ailleurs, ne se pourrait-il pas qu'elles fussent comme le veau que l'on préfère au bœuf, de même que le chevreau est plus estimé que le bouc ? mais quoi que ce soit, car le travail et le poids des armes demandent de ne pas oublier l'estomac. »

On lui dressa une table à la porte de l'hôtellerie, afin qu'il fût au frais. Puis, l'hôte lui servit un morceau de poisson mal détrempé et plus mal cuit, du pain aussi noir que ses armes. C'était un plaisant spectacle que de le voir manger ; sa visière baissée et sa mentonnière en avant l'empêchaient de porter le manger à sa bouche. L'une de ces demoiselles voulut bien se charger de cet office, mais il eût été impossible de le faire boire, si l'hôtelier ne se fût avisé de lui introduire le vin au moyen d'un roseau, lui ayant mis un bout dans la bouche et versant par l'autre. Notre héros prenait tout cela en patience, afin de ne pas compromettre les rubans verts de son armet. Sur ces entrefaites il arriva à la taverne un gardien de porcs, qui se mit à souffler dans son sifflet, ce qui persuada à Don Quichotte qu'il était réellement dans un château et qu'il avait en sa présence seigneur et grandes dames. Mais ce qui l'inquiétait le plus, c'était de n'être point armé chevalier et de ne se pouvoir livrer à aucune entreprise sans en avoir reçu l'ordre.

CHAPITRE III

Où l'on raconte de quelle plaisante manière Don Quichotte fut armé chevalier.

TOURMENTÉ de cette pensée, il abrégea son souper, et, ayant emmené l'hôte dans l'écurie, il se jeta à ses genoux. Illustre chevalier, lui dit-il, je ne me relèverai d'ici jusqu'à ce que votre courtoisie m'octroie un don que je lui veux demander et qui doit tourner à votre louange et au profit du genre humain. L'hôtelier voulait le faire relever, mais ce ne fut chose possible qu'après avoir pris l'engagement de faire ce qu'il désirait. « Je n'espérais pas moins de votre magnificence, répondit Don Quichotte, le don que je vous ai demandé, est que demain vous me fassiez chevalier, car je me propose de faire cette nuit la veille des armes en la chapelle de votre château ; puis, demain s'accomplira ce que tant je désire, afin de pouvoir, comme le devoir me le commande, aller par toutes les parties du monde chercher des aventures, secourir les faibles, ainsi que le veut l'ordre de chevalerie et suivant l'inclination que je ressens pour de tels exploits. »

L'hôtelier était assez matois pour reconnaître que notre

chevalier, qu'il avait soupçonné d'être quelque peu extravagant, avait le cerveau complétement fêlé. Alors il résolut, pour se divertir toute la nuit, de seconder son humeur, et lui répondit que c'était là une pensée grande et généreuse et digne d'un chevalier d'aussi haute volée que le démontrait sa gaillarde personne. Que lui-même, dans sa jeunesse, s'était livré à cet honorable exercice ; qu'il avait, cherchant des aventures, visité Malaga, Séville, Valence, Grenade, Cordoue, Tolède et autres endroits où il avait brillé par la légèreté de ses pieds et la subtilité de ses mains, trompant les filles, dupant les veuves et dépouillant les orphelins, et enfin faisant connaissance avec quasi toutes les cours de justice de l'Espagne ; que finalement il s'était retiré en ce sien château où il vivait de son bien et de celui d'autrui, recevant tous les chevaliers errants sans distinction et seulement en raison de l'estime qu'il avait pour eux, et ne leur demandant en retour que le partage de leurs finances. Il lui annonça qu'il n'y avait point de chapelle en son château pour le moment, parce qu'elle avait été abattue pour être reconstruite, mais que l'ordre de chevalerie permettait de faire la veillée des armes où bon semblait ; il lui assigna la cour et lui promit que le lendemain matin il procéderait aux cérémonies requises pour qu'il fût fait chevalier et autant chevalier que nul autre ne le serait plus que lui. Il lui demanda s'il avait la bourse bien garnie. Don Quichotte répondit : « Pas une maille, parce qu'il n'avait jamais lu que ce fût coutume aux chevaliers errants. — Si les auteurs n'en parlent pas, dit l'hôtelier, c'est que la chose est si simple qu'elle n'a pas besoin d'être dite, pas plus que d'avoir des chemises blanches ; qu'il était donc avéré que tous les chevaliers errants portaient bourse pleine et chemises à changer et de plus un coffret rempli d'onguents pour panser les blessures qu'ils faisaient ou qu'ils recevaient, parce qu'ils ne pouvaient en courant les champs rencontrer apothicaires et chirurgiens, à moins qu'ils n'eussent pour ami quelque sage enchanteur disposé à les secourir incontinent, ayant demoiselle ou nain caché dans la nue et muni d'une fiole de baume dont une goutte avait la vertu de guérir plaies autant que blessures, comme si elles n'eussent point été faites. Mais ceux des chevaliers qui ne possédaient pas ces ressources veillaient à ce que leurs écuyers eussent toutes ces choses, onguent, charpie, etc., et lorsqu'il arrivait (ce qui était rare) qu'ils n'avaient pas d'écuyer, eux-mêmes portaient tout en un bissac sur la croupe du cheval et paraissant à peine. » Malgré que ce soit peu reçu parmi les chevaliers, il lui conseillait et lui ordonnait même comme à son filleul qu'il devait bientôt être, de ne point dorénavant s'aventurer sans argent et sans les autres choses, ce dont il lui affirmait qu'il se trouverait bien. Don Quichotte lui promit de suivre ses ordres de point en point. Ils arrêtèrent donc que la veillée des armes se ferait dans une cour près de la taverne. Don Quichotte rassembla ses armes et les fut mettre sur une auge qui était près d'un puits. Alors, ayant embrassé son écu et empoigné sa lance, il se donna tout ce qu'il put de belle contenance. La nuit ayant commencé, il se mit à la veillée avec résolution.

L'aubergiste s'en alla conter à tous ceux qui étaient logés en sa taverne la folie de son hôte, et comment ce dernier s'attendait à être fait chevalier. Ils s'amusèrent beaucoup d'une si singulière toquade et furent contempler de loin notre héros qui se promenait devant ses armes sans les perdre de vue. Cependant la nuit était venue, mais un beau clair de lune permettait de voir ce que faisait le nouveau chevalier.

Sur ces entrefaites, il prit fantaisie à l'un des muletiers qui étaient à l'hôtellerie, de donner à boire à ses bêtes ; il fallait pour cela qu'il déplaçât les armes de Don Quichotte, lequel le voyant approcher, lui dit à haute voix : « O qui que tu sois, téméraire chevalier, avant de toucher aux armes du plus valeureux errant qui jamais ceignit l'épée, songe à tes actions, si tu ne veux de ta vie payer ta folle hardiesse. » Le muletier tint peu compte de ces raisons c'eût été sage cependant); et, ayant empoigné les courroies, il jeta les armes loin de lui ; ce que voyant, Don Quichotte leva les yeux au ciel, et ayant (à ce qu'il sembla) mis sa pensée en sa dame Dulcinée, il s'écria : « Secourez-moi, noble dame, en cette première rencontre ; que votre faveur me serve en cette occasion et soyez ma sauvegarde ! » Puis, levant sa lance de ses deux mains, il en bailla au muletier un grand coup sur la tête, et le fit choir de telle sorte que, s'il eût redoublé, le muletier n'aurait point eu besoin de chirurgien. Après cela, il ramassa ses armes et continua sa veillée avec le même calme que précédemment. Peu d'instants après, vint un second muletier pour puiser aussi de l'eau pour ses mules, il s'approcha pour ôter les armes afin de débarrasser l'auge ; Don Quichotte, sans dire un mot, leva derechef sa lance et sans la mettre en pièces il en fit plus de trois de la tête du second muletier. A ce bruit, tous ceux qui étaient dans l'hôtellerie accoururent, ainsi que le tavernier. Ce que voyant, Don Quichotte, après avoir embrassé son écu, mit l'épée à la main, disant : « O Dame de beauté, courage et vigueur de mon cœur affaibli, il est temps que tu portes ton regard vers ce tien captif chevalier. » Et il reprit une telle assurance que si tous les muletiers du monde l'eussent attaqué, il n'eût pas reculé d'une semelle. Les compagnons des blessés, les voyant en cet état, envoyèrent une pluie de pierres sur Don Quichotte, qui se couvrait de sa targe, mais ne s'éloignait point de l'auge de peur d'abandonner ses armes. L'hôtelier criait de toutes ses forces de laisser là ce pauvre fou ; Don Quichotte, de son côté, criait qu'ils étaient lâches et félons et le seigneur du château un traître et un mal appris, puisqu'il permettait qu'on traitât ainsi un chevalier errant, et que s'il eût reçu l'ordre de chevalerie, il l'eût puni de sa fourberie. Mais vous autres, vile et basse canaille, je n'en fais aucun cas, continuez et vous saurez bientôt le prix de votre folie. Il disait ces choses avec un tel sang-froid que les assaillants cédant à la peur, et, tenant compte aussi des remontrances de l'hôtelier, cessèrent de lui jeter des pierres ; de son côté, le chevalier laissa ramasser les blessés, et avec son même calme il continua sa veillée.

L'hôtelier trouva qu'il était bon de mettre un terme aux folies de Don Quichotte, il résolut de lui conférer cet ordre de chevalerie avant qu'il arrivât d'autres disgrâces. Il s'excusa donc de l'insolence dont cette gente vile et basse avait usé à son endroit, mais dont ils avaient reçu le juste châtiment. Puis il lui fit de nouveau savoir qu'il n'était pas indispensable qu'il y eût une chapelle dans le château pour conférer l'ordre de chevalerie, laquelle consistait en l'accolade et le coup de plat d'épée pour tout cérémonial, chose qui se pouvait faire au milieu d'un champ et que la veillée se pouvait faire en deux heures. Don Quichotte ne se le fit pas répéter, priant l'hôtelier de le faire sans retard afin de pouvoir, s'il était de nouveau attaqué, ne laisser vivants que ceux que le châtelain lui commanderait d'épargner. Ce dernier fit incontinent apporter le livre où il inscrivait l'orge et la paille qu'il donnait aux muletiers, et en compagnie du garçon de l'auberge et en présence des deux donzelles dont nous avons parlé, il fit le simulacre de lire dans son manuel quelques dévotes oraisons. Puis il administra à notre héros un grand coup sur le cou et du plat de son épée un autre sur le dos, marmottant toujours entre ses dents, comme s'il eût fait quelques prières. Alors il ordonna à l'une de ces dames de lui ceindre l'épée, ce qu'elle fit avec discrétion, car il eût fallu peu de chose pour crever de rire à chaque point des cérémonies qu'elles faisaient; mais les prouesses qu'elles avaient vues leur tenaient le rire en bride. Au ceindre de l'épée, la dame lui dit : « Dieu vous fasse heureux chevalier et vous donne aventures et débats ! » Don Quichotte la pria de se nommer, afin de pouvoir connaître de qui il était l'obligé pour la faveur qu'il en avait reçue, parce qu'il pensait lui faire part de ses exploits. Elle lui répondit avec humilité qu'elle s'appelait Tolosa et qu'elle était fille d'un ravaudeur de Tolède, demeurant aux petites boutiques de Sancho-Bienaya, et que partout où il se trouverait elle le servirait et le tiendrait pour son seigneur. Don Quichotte lui demanda que pour l'amour de lui elle voulût bien à l'avenir s'appeler Dona Tolosa, ce qu'elle lui promit. La seconde

lui chaussa l'éperon, et après quelques paroles semblables à celles qui avaient été dites, elle déclara se nommer Municra et être fille d'un meunier d'Antequera. Le chevalier la pria également de prendre qualité noble et le nom de Dona Municra, lui offrant aussi faveurs et services. Ces cérémonies terminées, Don Quichotte ne pensa plus qu'à courir à la recherche d'aventures. Ayant mis la selle à Rossinante, il embrassa son hôte, auquel il adressa force remercîments, mais avec de si étranges paroles qu'il n'est pas possible de les rapporter. L'hôtelier, qui avait hâte de le voir déguerpir, y répondit de la même façon et sans lui rien demander pour sa dépense, le laissa aller.

CHAPITRE IV

De ce qui advint à notre chevalier quand il sortit de la taverne.

L'AUBE du jour commençait à paraître, lorsque Don Quichotte sortit de l'hôtellerie, si réjoui et si gaillard de se voir armé chevalier qu'il en faisait craquer les sangles de son cheval.

Se souvenant des conseils de son hôte, il résolut de retourner en sa maison tant pour se munir des choses que l'hôte lui avaient indiquées, que pour se pourvoir d'un écuyer. Il jeta son dévolu sur un pauvre laboureur, son voisin, qui lui sembla taillé pour cet office. En cette intention, il guida vers son village Rossinante, lequel, devinant presque la pensée de son maître, se mit à détaler avec tant de vitesse qu'à peine ses pieds paraissaient toucher la terre.

Il avait fait très-peu de chemin, lorsqu'il crut entendre une voix plaintive partant d'un petit bois. « Bénie soit, dit-il, la faveur que le ciel m'accorde, de trouver une si prompte occasion de recueillir le fruit de mes désirs. Ces cris sont sans doute de quelque personne qui a besoin de mon aide. » Et il dirigea Rossinante vers le lieu d'où les cris lui semblaient venir.

CHAPITRE IV

Il était à peine entré dans le bois qu'il vit une jument attachée à un arbre et à un autre un jeune garçon d'une quinzaine d'années, qui, était presque nu, jetait de grands cris, et non sans cause ; car, un laboureur (son maître, il faut croire) lui donnait de grands coups d'étrivières, dont chacun était accompagné d'une remontrance, et le pauvre garçon jurait par la passion qu'il prendrait à l'avenir grand soin du troupeau. Or, Don Quichotte voyant ce qui se passait, cria au laboureur : « Discourtois chevalier, il est malséant à vous de frapper qui ne peut se défendre : montez sur votre cheval et prenez votre lance (car il avait aussi une lance appuyée contre l'arbre auquel sa jument était attachée) et je vous ferai connaître que ce que vous faites n'est qu'une lâcheté. » Le laboureur voyant un pareil guerrier qui lui flattait le visage de sa lance, se tint pour mort, et avec humilité il exposa au chevalier que ce garçon, qui était son valet gardeur de brebis, était si peu soigneux, qu'il lui en laissait perdre une tous les jours, et, ajouta-t-il, il prétend que je le châtie par ladrerie à seule fin de ne point lui payer ses gages. « De par le soleil qui nous éclaire, s'écria Don Quichotte, vous mentez, et je suis prêt de vous percer de part en part avec cette lance si vous ne le payez sur-le-champ et le déliez sur l'heure. »

Le laboureur baissa la tête et sans autres paroles délia son valet, auquel Don Quichotte demanda combien il lui revenait. Le valet réclama neuf mois à sept réaux par mois. Don Quichotte, ayant fait le compte, trouva un total de soixante-trois réaux qu'il ordonna au laboureur de débourser à l'instant s'il voulait conserver ses jours. Le pauvre poltron répondit que par la mort qu'il avait à redouter, il fallait en rabattre trois paires de souliers qu'il lui avait avancées et le prix d'une saignée qu'on lui avait pratiquée alors qu'il était malade.

« Tout cela est bel et bien, répondit Don Quichotte, mais que les saignées et les souliers comptent pour les coups que vous lui avez donnés sans cause, car s'il a usé le cuir de vos souliers, en récompense vous avez usé celui de son corps, et si le barbier lui a tiré du sang, étant malade, vous lui en avez retiré en santé. A l'endroit de ces choses, il ne vous doit donc rien. — Il y a une difficulté très-grande à vous obéir, seigneur chevalier, dit le laboureur, c'est que je n'ai point d'argent ici, qu'André s'en vienne avec moi et je lui payerai un réal sur l'autre. — Que j'aille avec lui, Dieu m'en garde, dit ce garçon, il m'écorcherait comme un saint Barthélemy. — Il n'en fera rien, répondit don Quichotte, s'il me le jure par l'ordre de la chevalerie qu'il a reçu. — Seigneur, répliqua le garçon, mon maître n'est point un chevalier, ce n'est que Jean Haldudo le Riche, qui habite Quitanar. — Cela importe peu, répliqua Don Quichotte, il peut y avoir des Haduldo chevaliers; d'ailleurs chacun est fils de ses œuvres. — Cela est vrai, dit André, mais de quelles œuvres est le fils, celui-là qui me renie le prix de mon travail? — Je ne vous le renie pas, mon bon André, répondit le laboureur, mais faites-moi le plaisir de venir avec moi et je vous promets par tous les ordres de chevalerie, que je vous payerai en réaux parfumés. — Parfumés ou non, dit Don Quichotte, baillez-lui en réaux simplement, je m'en contente, mais faites-le comme vous l'avez juré, ou je vous trouverai pour vous châtier, et si vous êtes curieux de connaître celui qui vous commande, sachez que je suis le valeureux Don Quichotte de la Manche, le redresseur des torts et injures. Adieu, souvenez-vous de votre parole. » Et, achevant ces mots, il piqua Rossinante et partit.

Le paysan le suivit des yeux; puis, voyant qu'il avait quitté le bois, et l'ayant perdu de vue, il retourna à son valet André et lui dit : « Venez, mon fils, je veux acquitter ma dette suivant les ordres que m'en a donnés ce défaiseur de torts. — Je vous jure que vous ferez bien, dit André, car ce bon chevalier auquel je souhaite de vivre mille ans et plus à cause de sa valeur et bon jugement, reviendra exécuter ce qu'il a dit. — Je vous jure aussi de même, répondit le laboureur, mais je veux accroître la dette pour augmenter le payement; » et, l'ayant empoigné, il l'attacha de nouveau après l'arbre et lui bailla tant de coups qu'il le

CHAPITRE IV

laissa pour mort. « Appelez maintenant, maître André, ce redresseur de torts, vous verrez comment il redressera celui-ci ; encore me prend-il fantaisie de vous écorcher tout vif, comme vous le disiez. » A la fin, il le laissa partir ; André fort mécontent jura d'aller chercher le valeureux Don Quichotte de la Manche et de tout lui raconter. Il partit en pleurant tandis que son maître riait de toutes ses forces.

Don Quichotte, certain qu'il était d'avoir redressé ce tort et donné un beau début à sa carrière de chevalier, poursuivait son chemin vers son village, félicitant l'heureuse Dulcinée du Toboso, qu'il lui fût échu un sujet aussi fameux que le vaillant Don Quichotte de la Manche, qui venait de défaire le plus grand tort que jamais injustice et cruauté eussent conçu.

A ce moment, il arriva à un point où le chemin se partageait en quatre ; et, songeant qu'en pareille occasion les chevaliers errants s'arrêtaient pour délibérer sur le chemin qu'ils devaient prendre, il resta perplexe, et, après avoir réfléchi, il lâcha la bride à Rossinante, lequel, suivant sa première intention prit celui de son écurie.

Après avoir cheminé environ une lieue, notre chevalier

découvrit une troupe de gens qui étaient, comme on l'a su depuis, des marchands de Tolède qui allaient acheter de la soie à Murcie ; ils étaient six, portaient chacun un parasol, et ils étaient suivis de quatre valets à cheval et de trois garçons de mules à pied.

Don Quichotte les avait à peine aperçus qu'il s'imagina que c'était là une de ces aventures comme il s'en trouvait d'écrites dans les livres de chevalerie qu'il avait lus ; alors se donnant une belle contenance, l'écu au bras, la lance au poing, il se planta au milieu du chemin, attendant l'arrivée de ces cavaliers qu'il prenait pour des chevaliers errants. Puis, quand ils furent à portée de l'entendre, notre héros s'écria d'une voix arrogante : « Arrêtez là et déclarez tous qu'il n'y a, en tout l'univers, une plus belle personne que l'impératrice de la Manche, la nonpareille Dulcinée du Toboso. » Les marchands s'arrêtèrent interdits de ce discours autant que par la vue de celui qui le faisait. Ils découvrirent incontinent à quel pauvre esprit ils avaient affaire, mais ils voulurent voir à loisir où tendait cette confession qu'on exigeait qu'ils fissent. Le plus jovial de la compagnie lui répondit : « Seigneur, nous ne connaissons pas cette bonne dame, veuillez nous la présenter et si elle est douée d'une telle beauté nous le reconnaîtrons sans retard. — Si je vous la montrais, répliqua Don Quichotte, vous ne feriez que confesser une vérité aussi évidente qu'incontestable ; l'important est que, sans l'avoir vue, vous l'affirmiez, le juriez et le confessiez, faute de quoi vous aurez affaire à moi, gens pleins d'orgueil et de vanité ; soit que vous veniez l'un après l'autre suivant les lois de la chevalerie, ou tous ensemble comme c'est l'usage aux gens de votre sorte ; je vous attends de pied ferme autant qu'il convient à celui qui a la raison de son côté. — Seigneur chevalier, répliqua le marchand, je vous supplie au nom de nous tous, princes ici présents, de ne point nous demander un tel fardeau pour notre conscience, de certifier de la beauté d'une personne que nous n'avons jamais vue ni entendue, ce qui serait un préjudice à faire aux impératrices et reines de l'Alcarria et de l'Estramadure. Que Votre Grâce nous fasse voir quelque portrait de cette dame, fût-il aussi petit qu'un grain de blé ; par l'échantillon, nous jugerons de la pièce, à notre satisfaction à tous ; et même je crois que nous sommes déjà si proches de vous donner raison, que si son portrait nous la montrait borgne d'un œil et que de l'autre il coulât du soufre et du vermillon, nous dirions en sa faveur tout ce qu'il vous plairait. — Il ne lui en coule pas, infâme canaille, s'écria Don Quichotte enflammé de colère, mais plutôt ambre et civette. Elle n'est point borgne et bossue, mais droite comme un fuseau de Guadarrama, et vous autres vous me le payerez d'avoir blasphémé une si grande beauté. »

En disant cela, avec sa lance baissée il courut sus à celui qui avait dit ces paroles, et mal en eût pris à cet audacieux marchand, si par bonne fortune pour lui, Rossinante n'eût bronché et envoyé son maître au milieu du champ. Don Quichotte, embarrassé dans ses vieilles armes, sa lance, son écu et ses éperons, faisait de grands efforts pour se relever, ce dont il ne pouvait venir à bout. Cependant il trouvait encore le loisir de crier après ces marchands : « Ne fuyez pas, poltrons ; car, si je suis à terre, ce n'est que mon cheval qui en est cause. » Un valet des mules, qui n'avait pas l'humeur facile, entendant proférer à ce pauvre renversé tant de paroles arrogantes, s'approcha du chevalier ; et, après lui avoir pris sa lance dont il fit plusieurs morceaux, il se mit avec l'un de ces morceaux à en frapper Don Quichotte avec tant de largesse que, malgré les armes qui le couvraient, il le moulut comme blé. Les maîtres lui criaient que c'était suffisant, mais le valet, dont la colère n'était pas apaisée, s'en alla prendre les autres tronçons de lance et acheva de les rompre sur le pauvre chevalier qui, malgré cette tempête de coups de bâtons, criait après les brigands, car tels ils lui semblaient être.

Le valet s'étant lassé, les marchands se remirent en route ; et le bâtonné, se trouvant tout seul, chercha de nouveau à se relever ; mais ne l'ayant pu étant en santé, il en fut encore plus empêché étant brisé et moulu. Malgré tout, il regardait cette aventure comme une disgrâce attachée à la profession de chevalier errant.

CHAPITRE V

Auquel se poursuit la narration de la disgrâce de notre chevalier.

Voyant donc qu'il ne se pouvait remuer, il s'avisa d'avoir recours à son remède ordinaire, qui était de penser à quelques passages de ses livres et sa folie lui mit en mémoire celui de Baudouin et du marquis de Mantoue quand Charlot le laissa blessé en la montagne, histoire connue des grands et des petits enfants et véridique comme les miracles de Mahomet.

Il lui sembla que celle-ci lui venait à propos pour le mauvais pas où il se trouvait; se vautrant par terre, il récita les paroles de la romance que disait le chevalier du bois. « Hélas ! où es-tu, ma dame, qui ne prends pas le deuil de mon mal ? ou tu n'en sais rien, ou tu es fausse et déloyale, » et continua jusqu'à l'endroit où il est dit : « O noble marquis de Mantoue... » Et le hasard voulut qu'il vînt en ce moment à passer par là un laboureur, son voisin, qui revenait de porter un sac de blé au moulin, lequel s'approcha et lui demanda qui il était et de quel mal il se lamentait si tristement. Don Quichotte crut que c'était le marquis de Mantoue et sans lui répondre continua la romance. Le laboureur, tout ébahi d'entendre de pareilles folies, lui ôta la visière qui était toute en pièces, lui essuya le visage qui était couvert de poussière. L'ayant alors reconnu, il lui dit : « Seigneur Quixada (nom qu'il portait sans doute avant d'être chevalier errant), quel est celui qui vous a mis en cet état ? » Mais notre héros pour toute réponse continuait la romance. Ce que voyant, le bonhomme lui ôta le plastron et la pièce de derrière, afin de voir s'il n'avait pas quelque blessure grave ; puis, ne voyant ni sang ni meurtrissure, il tâcha de le relever de terre, et avec beaucoup de peine le monta sur son âne, qui lui sembla une monture plus douce. Alors il ramassa les armes et jusqu'aux éclats de sa lance, les lia sur Rossinante qu'il prit par les rênes et son âne par le licou, puis s'achemina jusqu'au village, fort préoccupé des rêveries que le chevalier débitait, tandis que ce dernier tout disloqué pouvait à peine se tenir sur l'âne et poussait des soupirs qu'il envoyait jusqu'au ciel, de telle sorte qu'il obligea le laboureur de lui en demander la raison. Mais le diable se mit de la partie ; et, se ressouvenant des aventures qu'il avait lues, il oublia Baudouin pour le maure Abindarraez, lorsque le gouverneur d'Antequerra le mena prisonnier en son château. Alors il répondit au laboureur les mêmes choses que le captif Abindarraez dit à Rodrigo de Narvaez, ainsi qu'elles étaient rapportées dans l'histoire de Diane de Montemayor, ce qui donna au laboureur la conviction que son voisin avait perdu toute raison.

Il se hâta donc d'arriver au village pour mettre un terme à l'ennui que lui causait Don Quichotte avec sa harangue, à la fin de laquelle il lui dit : « Sachez, seigneur de Narvaez, que cette belle Xarifa dont je vous ai parlé est maintenant la jolie Dulcinée du Toboso, pour laquelle je fais et je ferai les plus grands actes de chevalerie qui se puissent voir et se verront jamais sur la terre. » A quoi le laboureur répondit : « Remarquez que je suis Pedro Alonzo, votre voisin, et non plus Rodrigo Narvaez que le marquis de Mantoue ; vous n'êtes ni Baudouin, ni Abindarraez, mais bien le seigneur Quixada. — Je sais bien qui je suis, répartit Don Quichotte, et que je puis être aussi les douze pairs de France et les neuf preux, car mes hauts faits surpasseront ceux qu'ils ont faits un à un et tous ensemble. »

Après ce discours et autres du même style, ils arrivèrent comme la nuit approchait, mais le laboureur attendit qu'elle fût tout à fait venue, afin qu'on ne vît point le pauvre chevalier en si piteux équipage. Alors il entra dans le bourg et fut à la maison de Don Quichotte. Tout y était bouleversé ; il y avait le curé et le barbier du lieu, grands amis de notre héros ; la servante disait au curé : « Que vous en semble-t-il, seigneur Perez, voilà six jours qu'ils ne paraissent, ni lui, ni le roussin, ni la lance, ni les armes ; aussi vrai que je dois mourir un jour, ce sont ces maudits livres de chevalerie qui lui ont fêlé le cerveau. Il me souvient à cette heure de lui avoir souvent ouï dire qu'il voulait se faire chevalier errant et s'en aller chercher des aventures par le monde. Recommandez ces livres à Satan, puisqu'ils ont gâté le plus délicat entendement qu'il y eût par toute la Manche. » La nièce disait de même et bien plus : « Sachez, maître Nicolas (c'était le nom du barbier), que nombre de fois mon oncle, après avoir passé plusieurs jours et plusieurs nuits à lire ces méchants livres, prenait son épée et frappait la muraille ; après quoi, étant bien las, il disait avoir tué quatre géants qui étaient comme quatre tours, et puis que la sueur qu'il rendait était le sang des plaies qui lui avaient été faites dans le combat ; ensuite il buvait une grande potée d'eau froide qui le rendait calme, disant que c'était un breuvage que le sage Esquif, grand enchanteur, son ami, lui avait apporté. Mais toute la faute est à moi qui ne vous ai point averti des folies de mon oncle, afin d'y porter remède en brûlant tous ces hérétiques et excommuniés de livres. — C'est bien mon avis, dit le curé, et la journée de demain ne se passera pas sans qu'ils soient jugés et brûlés, crainte de rendre fou celui qui les lirait, comme cela est advenu à mon ami. »

Le laboureur, ayant reconnu de quel genre était la maladie de son voisin, s'écria en arrivant : « Ouvrez au seigneur Baudouin, au marquis de Mantoue qui est blessé et au seigneur Abindarraez que le valeureux Rodrigo de Narvaez amène captif. »

A ces exclamations les gens de la maison sortirent tous ; et, ayant vu leur oncle, leur ami, leur maître, lequel n'était pas encore descendu de l'âne, parce qu'il ne le pouvait ; ils coururent l'embrasser. Alors, Don Quichotte leur dit : « Arrêtez, car je suis blessé par la faute de mon cheval ; que l'on me porte dans mon lit et que l'on appelle, s'il est possible, la sage Urgande, afin qu'elle prenne soin de mes blessures. — Voyez, s'écria la servante, si je ne savais pas bien de quel pied clochait mon maître. Maudits soient et cent fois maudits ces livres de chevalerie qui lui ont ainsi renversé la raison. » L'ayant mené au lit ils ne lui trouvèrent ni plaies ni blessures. Don Quichotte leur dit qu'il avait seulement fait une chute de son cheval Rossinante en combattant contre dix géants, les plus grands et audacieux qu'il y ait sur la terre. « Nous y voilà, dit le curé, il y a des géants en campagne ; mais, par la sainte croix que voici, je promets de les brûler demain avant la fin du jour. » Ils firent ensuite beaucoup de questions au chevalier, auxquelles ce dernier ne répondit autre chose sinon qu'on lui donnât à manger et le laissât dormir, ce qui lui fut accordé.

Le curé demanda au laboureur de lui dire comment il avait trouvé notre héros, ce que fit ce dernier sans oublier une seule des extravagances qu'il lui avait ouï conter. Ce qui détermina complètement le licencié à se rendre le lendemain au logis de Don Quichotte, en compagnie du barbier, qu'il avait fait quérir.

CHAPITRE VI

De l'exacte et plaisante enquête que firent
le curé et le barbier dans la bibliothèque
du chevalier.

Monsieur le curé, accompagné de maître Nicolas, étant arrivé au logis de notre chevalier, demanda à la nièce la clef de la chambre où étaient les livres, auteurs de tout le mal. Ils y entrèrent, et, là trouvèrent plus de cent volumes de grand format et d'autres plus petits. A leur vue, la servante sortit en hâte, puis revint avec un vase rempli d'eau bénite et un goupillon et s'écria : « Monsieur le licencié, aspergez cette chambre de peur que ces enchanteurs s'emparent de notre esprit à cause de ce que nous en voulons faire. » Le curé se prit à rire de la simplicité de cette femme et dit au barbier de lui donner ces livres l'un après l'autre, afin de les examiner pour voir si tous méritaient le feu. « Non, dit la nièce, il n'y a pas un qui mérite grâce à cause du mal qu'ils ont causé ; le meilleur sera d'en faire un tas dans la cour et de les brûler. » La servante en dit de même, tant était grande l'envie qu'elles avaient de la destruction de ces pauvres innocents. Mais le curé voulut au moins ne le faire qu'après avoir examiné les titres de chacun.

CHAPITRE VI

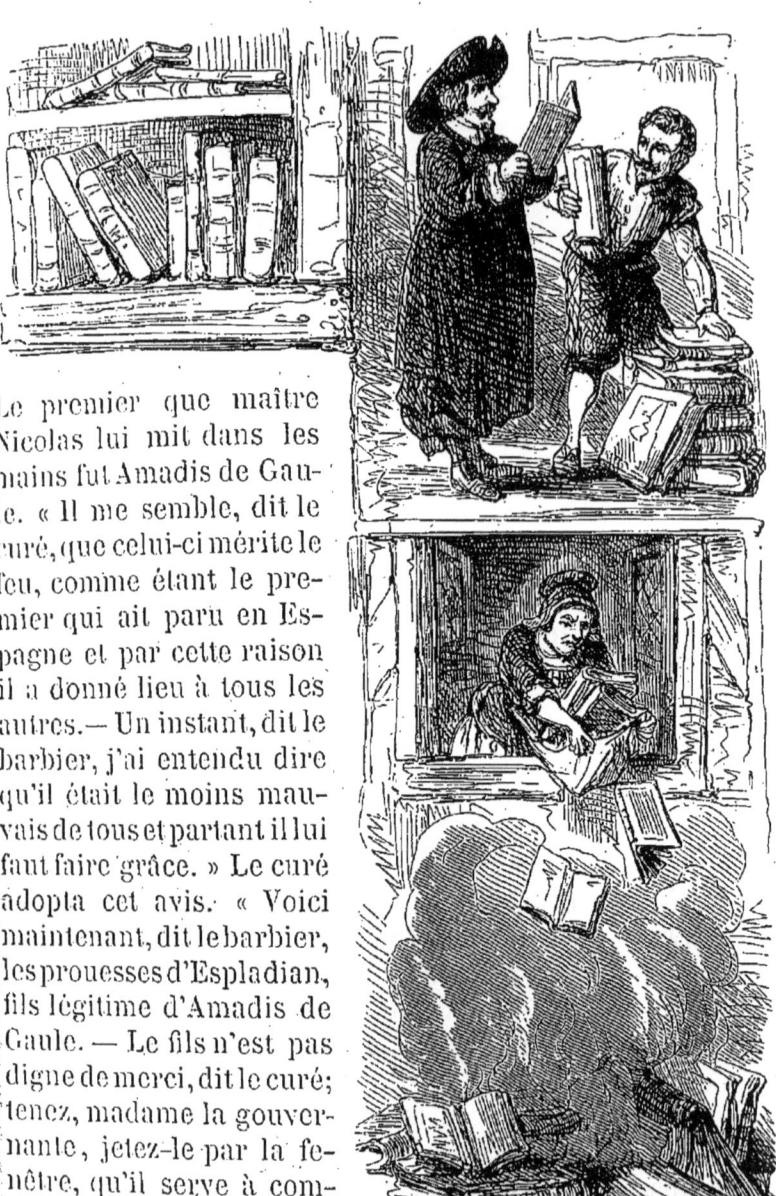

Le premier que maître Nicolas lui mit dans les mains fut Amadis de Gaule. « Il me semble, dit le curé, que celui-ci mérite le feu, comme étant le premier qui ait paru en Espagne et par cette raison il a donné lieu à tous les autres. — Un instant, dit le barbier, j'ai entendu dire qu'il était le moins mauvais de tous et partant il lui faut faire grâce. » Le curé adopta cet avis. « Voici maintenant, dit le barbier, les prouesses d'Espladian, fils légitime d'Amadis de Gaule. — Le fils n'est pas digne de merci, dit le curé; tenez, madame la gouvernante, jetez-le par la fenêtre, qu'il serve à commencer le tas à brûler. » La servante le fit avec empressement, et le bon Espladian s'en alla dans la cour attendre avec patience le sort qui lui était réservé. Celui qui

3.

vint après fut Amadis de Grèce, lequel passa par la fenêtre. « Quel est ce bouquin? dit le curé. — C'est Don Olivantès de Laura, répondit le barbier. — Condamné, ajouta le curé, comme sot et arrogant. » Puis vint le seigneur Florismatte, ensuite le chevalier Platir, et après le chevalier de la Croix. « Ce dernier mériterait quelque pardon, mais, dit le proverbe, le diable se cache derrière la croix ; condamnés, dit le curé. » Le barbier prit le Miroir de chevalerie : « Il y a là dedans le seigneur Regnault de Montauban avec ses amis et aussi les douze pairs, puis l'historien Turpin ; il mériterait seulement le bannissement, ajouta le curé, car il touche de près à Mathieu Boyardo, dont s'est inspiré l'Arioste, que j'estime quand il parle son idiome, mais pour lequel je ne garderai pas le moindre respect s'il se trouve ici traduit dans une autre langue, en raison de ce qu'un ouvrage en vers ne se peut traduire sans perdre de sa grâce naturelle. Conservons tous ceux qui se trouveront parlant des affaires de France, jusqu'à un plus scrupuleux examen ; j'en excepte Bernard del Carpio, ainsi qu'un autre appelé Roncevaux ; s'ils me tombent sous la main, ils iront en celle de la servante et de là au feu sans rémission. » Le barbier approuva tout ce que disait le curé, parce qu'il le savait un bon et digne homme. On ouvrit Palmerin d'Olive, puis Palmerin d'Angleterre. « Qu'on brûle cette olive, s'écria le licencié, mais pour cette palme d'Angleterre, elle mérite une cassette comme celle qu'Alexandre trouva dans les dépouilles de Darius et qu'il destina à renfermer les œuvres du poëte Homère. Ce livre a un double mérite ; il est bon par lui-même et de plus on le prétend venir d'un roi de Portugal ; qu'il soit donc conservé ainsi qu'Amadis de Gaule, et que tous les autres aillent au feu. — Non pas, dit le barbier, car voici le fameux Don Belianis. — Il serait peut-être passable si on lui faisait prendre un peu de rhubarbe pour le purger de diverses impertinences, telles que le Château de la Renommée. Mais cependant, compère barbier, gardez-le en votre maison et ne le laissez voir à personne. » Quant aux autres livres de chevalerie, il commanda de les jeter tous dans la cour. Il ne parlait pas à une sourde, car la servante en prit jusqu'à huit à la fois et les jeta par la fenêtre. Ce que faisant, elle en laissa tomber un dont le titre était Tyran le Blanc. « Donnez-le moi, dit le curé, je le regarde comme un joyeux passe-temps. Il y a bien là Don Kyrie Eleïson de Montalban et son frère Thomas de Montalban, puis le chevalier de Fonseca, avec le combat que Detriant eut avec le Doge, les subtilités de la demoiselle Plaisir de ma vie, avec les ruses de la veuve reposée et madame l'Impératrice amoureuse de son écuyer. Je vous le donne, mon compère, pour un livre de bon sens. Ici les chevaliers mangent et dorment, ils meurent dans leurs lits après avoir fait leur testament et autres choses qui ne se trouvent pas dans ces sortes de livres. Néanmoins celui qui le composa aurait mérité les galères pour avoir dit bénévolement tant de sottises, emportez-le et vous verrez que je vous dis vrai. — Vous serez obéi, répondit le barbier. Mais que ferons-nous de tous ces petits livres qui restent? — Ceux-ci, répondit le curé, ne doivent être de chevalerie, mais de poésie. » Il en ouvrit un : c'était Diane de Montemayor. « Ils pourraient être épargnés, dit-il, car ils sont incapables de causer les mêmes désordres que ceux de chevalerie. — Hélas ! s'écria la nièce, ils ne valent pas mieux, car mon oncle pourrait bien après être revenu de sa fièvre de chevalier errant, vouloir se faire berger et s'en aller par les bois, chantant et jouant du chalumeau, et ce qui serait pis encore, se faire poëte ce qu'on dit être une maladie incurable. — Cette fille parle bien, dit le curé, il est bon d'ôter à notre ami toute occasion de s'égarer l'esprit. Puisque nous avons commencé par Diane de Montemayor, que l'on ôte seulement tous les vers, c'est-à-dire ce qui traite de la sage Félicie ainsi que de l'eau enchantée, et laissons-lui l'honneur d'être le premier de semblables livres. — Voici, dit le barbier, Diane seconde du Salmentin, puis un autre dont l'auteur est Gilles Polo. — Que celle du Salmentin aille à la cour et gardons celle de Gilles Polo, comme si Apollon en était l'auteur ; puis hâtons-nous, Monsieur mon compère, car le temps marche. — Ce livre-ci, dit le barbier, a pour titre les Dix livres de la fortune d'amour, il est d'Antoine de Lofraso, poëte de Sardaigne. — Par ma soutane, s'écria le curé, j'affirme qu'il n'y en a pas de plus amusant que celui-ci, ce qui sera attesté par quiconque l'aura lu; passez-le moi, car j'en fais plus de cas que d'un surtout de Florence. » Le barbier poursuivit en disant : « Voilà le Pasteur d'Ibérie, les Nymphes de Hénarès et les Remèdes de jalousie. — Passez-les à la gouvernante, dit le curé. — Celui qui vient après, c'est le Pasteur Filida, ce n'est pas un berger, mais un discret courtisan. — Qu'on le conserve comme une relique, répliqua le curé. — Le grand que voici s'intitule Trésor des diverses poésies. — Qu'on le garde malgré ses imperfections et niaiseries ; d'ailleurs, son auteur est de mes amis et il a écrit des choses assez belles pour qu'il lui soit un peu pardonné. — Voici, poursuivit le barbier, le Cancionero de Lopez Maldonnat. — Ses vers sont mélodieux, dit le curé, il est parfois long dans ses églogues, mais le bon n'est jamais trop, qu'il soit donc classé parmi les élus. Quel est ce livre qui vient après? — C'est la Galathée de Michel Cervantès, dit le barbier. — Cervantès est de mes amis il y a déjà longtemps ; il est plus fait aux malheurs qu'à la poésie; son livre ne manque pas de bonne invention, mais il ne conclut rien ; il faut attendre la seconde partie qu'il promet, afin de l'apprécier définitivement. — En voici trois autres: l'Araucana de Don Alonzo de Ercilla, et le Monserrat de Cristoval de Virvès, poëte valencien. — Ce sont, dit le curé, les meilleurs qui existent en langue castillanne ; ils peuvent le disputer en mérite aux plus fameux poëtes de l'Italie; qu'on les garde comme les plus riches qu'ait produits l'Espagne. » Le curé se lassa et il voulut qu'on brûlât le reste, mais le barbier en tenait déjà un tout ouvert qui était les Larmes d'Angélique. « J'aurais versé les miennes, s'écria le curé, si j'avais dit de brûler un tel livre, car c'est un des plus fameux poëtes non-seulement de l'Espagne, mais encore de tout le monde et qui a très-heureusement traduit les Fables d'Ovide. »

CHAPITRE VII

Seconde sortie de notre chevalier Don
Quichotte de la Manche.

Sur ces entrefaites, Don Quichotte commençait à s'écrier, disant : « Ça, valeureux chevaliers, c'est l'occasion de montrer la valeur de vos bras, car les courtisans remportent le prix du tournoi. » On accourut à ce bruit, passant outre à l'examen de livres, et la Carolea, Léon d'Espagne, ainsi que les Faits de l'Empereur, composés par Louis d'Avila, allèrent au feu, ce qui n'eût pas eu lieu si le curé les avait pu voir.
Ils trouvèrent Don Quichotte aussi éveillé que s'il n'eût jamais dormi, frappant à tort et à travers. On le remit sur son lit et après qu'il fut un peu calmé, il dit au curé : « Avouez, seigneur archevêque Turpin, que c'est une honte pour nous autres, qui nous appelons les douze pairs, de laisser aux gens de cour le prix du tournoi, après que nous avions remporté l'avantage pendant les trois jours précédents. — Taisez-vous, reprit le curé, Dieu permettra que la chance tourne, *ce qui se perd aujourd'hui se rattrapera demain* ; prenez soin seulement de votre santé, car vous devez être bien las si vous n'êtes blessé. — Blessé non, répondit Don Quichotte, mais moulu, car ce bâtard de Don Roland

m'a meurtri de coups avec le tronc d'un chêne, et tout cela parce que je suis le seul qui contrecarre ses fanfaronnades. Mais que je perde mon nom de Renaud de Montauban, si, dès que je sortirai de ce lit, il ne me le paye malgré tous ses enchantements; pour le moment, que l'on m'apporte à dîner, c'est le plus nécessaire, et qu'on me laisse le soin de ma vengeance. »

Ils lui baillèrent ce qu'il demandait; après quoi, il se rendormit et eux restèrent stupéfaits de sa folie. Cette nuit-là, la gouvernante brûla tous les livres, tant ceux qui étaient dans la cour que dans la maison. Il y en eut de brûlés qui ne le devaient être; ce que permit leur mauvaise fortune; et ainsi s'accomplit le proverbe qui dit que : Bien souvent le bon pâtit pour le mauvais. Le curé et le barbier, voulant porter remède au mal de leur ami, firent murer la chambre où étaient les livres afin de faire disparaître la cause de ce mal, se promettant de dire qu'un enchanteur avait tout emporté. Deux jours après, notre héros s'étant levé, se dirigea de prime abord vers la chambre en question. Puis, ne trouvant plus de porte, il demanda où était la chambre des livres, à quoi la gouvernante répondit : « Il n'y a plus ni chambre, ni livres, car le diable a tout emporté. — Ce n'est point un diable, ajouta la nièce, mais un enchanteur qui était venu sur un nuage, et lorsqu'il partit il était monté sur un serpent. Après être entré dans la chambre, il s'envola par le toit, laissant la maison remplie de fumée et nous disant que c'était par vengeance contre le maître de céans qu'il avait fait ce dommage. Cet enchanteur dit qu'il s'appelait Mougnaton. — Dites Freston, répartit Don Quichotte. — Freston ou Friton, répondit la servante, toujours est-il qu'il finissait en *ton*. — C'est vrai, reprit Don Quichotte, c'est un sage enchanteur, mon ennemi, lequel, par sa science, connaît que je dois vaincre un chevalier qu'il protège, mais il ne pourra empêcher ce qui est écrit là-haut. — Personne n'en doute, dit la nièce, mais ne serait-il pas plus sage de rester chez vous, que d'aller par le monde chercher du pain meilleur que de froment; d'ailleurs il arrive parfois que *celui qui va quérir de la laine revient tondu.* — C'est bien, ma nièce, reprit Don Quichotte, sachez qu'avant d'être tondu, j'aurai arraché la barbe à tous ceux qui voudraient me toucher la pointe d'un cheveu. » Les deux femmes, voyant que sa tête s'échauffait, ne répliquèrent point. Pendant quinze jours le chevalier demeura fort paisible. Il avait parfois des entretiens avec le curé et le barbier, dans lesquels il soutenait que la chose la plus utile au monde était la chevalerie errante et qu'elle se ressuscitât en lui. Si ses amis le contredisaient, quelquefois aussi ils se mettaient de son avis afin de ménager sa raison.

Vers ce même temps, Don Quichotte sollicita un laboureur, son voisin, homme de bien (si on peut donner ce titre à un homme qui est pauvre), mais qui n'avait pas grand sel dans sa caboche. A force de belles promesses, il décida ce pauvre pitaud à lui servir d'écuyer, lui faisant espérer qu'une bonne aventure lui procurerait, en moins de temps qu'il en faudrait pour tourner la main, quelque île dont il deviendrait le gouverneur. Sur ces promesses, Sancho Pança (ainsi s'appelait le laboureur) quitta femme et enfants et se mit au service de son voisin. Don Quichotte vendit une maison, en hypothéqua une autre et ramassa tout l'argent qu'il put; il s'accommoda d'une rondache d'emprunt, redoubla de son mieux sa salade qui était rompue et avertit son écuyer du jour et de l'heure où ils devaient se mettre en route, afin qu'il se pourvût de ce qui lui était nécessaire; il lui enjoignit de porter un bissac. Sancho le prévint qu'il était peu marcheur et lui proposa d'emmener son âne; il y consentit malgré qu'il n'avait pas souvenance qu'un chevalier errant eût pris une semblable monture, se promettant de lui en donner une plus honorable dès qu'une occasion se présenterait. Il fit provision de chemises et autres choses suivant le conseil de l'hôtelier. Cela fait, Sancho, sans prendre congé de sa femme et de ses enfants, Don Quichotte sans dire adieu aux siens, sortirent du village, la nuit, sans que personne les vît, et cheminèrent jusqu'au jour, se tenant pour assurés qu'on ne les rejoindrait pas, si on s'avisait de les chercher. Sancho Pança sur son âne comme un patriarche, Don Quichotte en avant, tous deux prirent le chemin de Montiel. Sancho rappela à son maître sa promesse touchant l'île, Don Quichotte lui répondit : « Tu dois savoir, ami Sancho Pança, que ceci est une coutume aux chevaliers errants, et mon intention est de les surpasser; car, sans attendre, comme ils le faisaient, que leurs écuyers fussent vieux et cassés, il se pourrait qu'avant six jours, ayant fait la conquête d'un grand royaume entouré d'autres plus petits en sa dépendance, je te fisse couronner roi de l'un d'iceux, et ne sois pas surpris, car il arrive souvent des choses si imprévues que je pourrais dépasser mes promesses. — De cette manière, répondit Sancho, Jeanne Guttierez, ma femme, deviendrait reine et mes enfants, infants? — Qui en doute, ajouta Don Quichotte? — J'en doute, moi, répliqua Sancho; car, quand Dieu ferait pleuvoir des couronnes sur la terre, pas une ne ferait bien sur la tête de Jeanne; elle ne vaut pas deux maravédis pour être reine, comtesse lui siérait mieux et encore avec l'aide de Dieu. — Laisse-lui ce soin, répondit le chevalier. — Ainsi ferai-je, ajouta Sancho, d'autant plus que Votre Grâce saura me donner ce qui convient à ma taille et seulement ce que je pourrai porter. »

CHAPITRE VIII

Du beau succès qu'obtint le valeureux Don Quichotte en l'épouvantable et inimaginable histoire des moulins à vent avec d'autres cas dignes d'heureuse souvenance.

A CE moment, ils aperçurent trente ou quarante moulins à vent. Aussitôt Don Quichotte dit à son écuyer : « La fortune nous sert plus que nous pouvions le désirer, car voilà plus de trente géants que je pense combattre et mettre à mort. Nous commencerons par nous enrichir de leur dépouille, car c'est être agréable à Dieu que d'ôter une mauvaise semence de dessus la terre. — Quels géants? dit Sancho. — Ceux que tu vois là et dont les bras ont quelquefois une longueur de deux lieues. »

« Ce que vous voyez là, Monsieur, répondit Sancho, ne sont pas des géants, mais des moulins à vent, et ce que vous prenez pour des bras ce sont les ailes qui tournées par le vent font mouvoir la pierre du moulin. — Il paraît, répondit Don Quichotte, que tu es peu versé dans ce qui est des aventures; ce sont des géants et si tu as peur, ôtes-toi de là et te mets en oraison, tandis que je vais entrer en bataille. » Ce disant, il donna de l'éperon à son cheval Rossinante, sans se soucier de ce que Sancho lui répétait : que ce n'était point des géants, mais des moulins à vent. Dès qu'il s'en fut approché, il s'écria : « Ne fuyez pas, poltrons et basses créatures, car c'est un seul chevalier qui vous attaque. » Puis le vent s'étant élevé, les ailes des moulins commencèrent à se mouvoir ; ce que voyant, Don Quichotte ajouta : « Encore que vous remueriez plus les bras que le géant Briarée, vous me le payerez. » Puis se recommandant à sa dame Dulcinée et s'étant couvert de son écu, la lance en arrêt, il pousse Rossinante sur le premier qui était devant lui. Alors, donnant de la lance dans l'aile du moulin, il arriva un coup de vent qui la fit tourner avec tant de force qu'elle mit la lance en pièces et envoya le cavalier et le cheval rouler dans le champ.

Sancho accourut au galop pour le secourir, et il trouva son maître étourdi et presque sans connaissance. « Je vous l'avais bien dit, s'écria Sancho, que c'était des moulins à vent, ce dont personne ne pouvait douter à moins d'en avoir d'autres dans la tête. »

« Tais-toi, répartit Don Quichotte, la guerre a des chances bonnes et mauvaises, veux-tu savoir la vérité ? Apprends donc que cet enchanteur Freston qui m'a pris ma chambre et mes livres, a changé ces géants en moulins, afin de me frustrer de la gloire de les avoir vaincus ; mais à la fin ses ruses n'auront pas de pouvoir contre la bonté de mon épée.
— A la grâce de Dieu, » reprit Sancho en aidant son maître à remonter sur Rossinante, qui était à demi épaulé.

En parlant de leur aventure, ils suivirent le chemin de Port-Lapice, parce que, disait Don Quichotte, il se doit rencontrer des aventures dans un chemin si passant. Il était fâché d'avoir perdu sa lance et le faisait remarquer à son écuyer, disant qu'il avait en mémoire qu'un chevalier espagnol, du nom de Diégo Perez de Vargas, ayant rompu son épée dans un combat, se fit une lance d'une branche de chêne avec laquelle il fit tant de prouesses ce jour-là, et battit tant de Mores, que le surnom de batteur lui resta et fut conservé par ses descendants. » Je te l'ai dit, Sancho,

parce que je pense arracher un pareil tronc au premier chêne que je rencontrerai et faire avec de telles choses, que tu l'estimeras heureux d'avoir été témoin de si grands exploits, que l'on pourra à peine croire qu'ils ont été faits.
— Dieu vous aide, dit Sancho ; je le crois puisque vous le dites, mais dressez-vous un peu, car vous penchez de côté, ce dont la chute doit être cause. — C'est la vérité, répondit Don Quichotte, et si je ne me plains, c'est qu'il n'est pas licite aux chevaliers errants de le faire, encore qu'ils auraient le ventre ouvert. — J'y consens, dit Sancho, mais pour moi je ne m'en ferais faute, à moins que la défense ne s'étende jusqu'aux écuyers. » Don Quichotte se mit à rire de la naïveté de son écuyer, lui déclarant qu'il le pourrait parce qu'il n'avait pas lu chose contraire dans aucun livre de chevalerie.

Sancho lui fit remarquer qu'il était l'heure de dîner, à quoi le chevalier répondit qu'il pouvait manger, s'il en avait la fantaisie, mais que lui n'en ressentait pas le besoin. Sur quoi, Sancho s'accommoda le mieux qu'il put sur son âne, et, tirant du bissac ce qu'il y avait mis, il allait derrière son maître, tantôt mangeant, tantôt donnant une accolade à son outre, mais de si bon cœur, qu'il eût fait plaisir au plus fameux cabaretier de Malaga ; et, redoublant cet exercice à chaque pas, il oubliait les promesses de son maître, regardant d'aller chercher des aventures comme un agréable passe-temps.

Ils s'arrêtèrent à l'entrée d'un bois avec l'intention d'y passer la nuit. Don Quichotte s'occupa de chercher une branche d'arbre au bout de laquelle il mit le fer de sa lance; il ne ferma point l'œil de la nuit, songeant à sa dame, ainsi que le prescrivait l'usage comme il l'avait lu dans ses livres. Quant à maître Sancho, il n'en fit pas de même : comme il avait l'estomac plein, et ce n'était pas de tisane, il ne fit qu'un somme ; il ne se fût point réveillé au chant des oiseaux, qui saluaient joyeusement la venue du jour, si son maître ne l'eût plusieurs fois appelé. En se levant, il donna une nouvelle accolade à son outre qu'il trouva plus souple que le soir précédent, ce qui lui affligea le cœur parce qu'il n'était pas près de la remplir. Don Quichotte ne voulut pas déjeuner, trouvant suffisant de se repaître de ses douces pensées.

Ils reprirent le chemin de Port-Lapice, qu'ils aperçurent sur les trois heures. « Voilà, dit Don Quichotte en le découvrant, l'endroit où nous pouvons mettre nos bras jusqu'au coude dans les aventures. Mais n'oublie pas que, quand même tu me verrais dans les plus grands dangers, tu ne dois mettre l'épée à la main pour me défendre, à moins que ce ne soit contre gent vile et basse, et cela tant que tu ne seras pas armé chevalier. »

« Pour certain, vous serez obéi, répondit Sancho, car je suis pacifique et ennemi de toutes querelles, mais pour ce qui est de la défense de ma personne, je ne tiendrai aucun compte des lois de la chevalerie, puisqu'il est permis par les lois divines et humaines, que chacun se défende de qui voudrait lui faire tort. — Je suis de ton avis, dit Don Quichotte, ce n'est que contre les chevaliers que tu dois mettre un frein à ton extrême bravoure. — Comptez, répondit Sancho, que je garderai ce commandement comme celui de chômer le dimanche. »

Pendant ce discours, il arriva sur le chemin deux religieux de l'ordre de Saint-Benoît montés sur des mules, ils portaient des lunettes de voyage et des parasols ; puis, venait un coche escorté de quatre ou cinq cavaliers et deux garçons de mule suivant à pied. Il y avait dans le coche une dame de Biscaye qui allait à Séville rejoindre son mari pour passer aux Indes. Les religieux, quoique suivant ce même chemin, ne faisaient point partie de leur compagnie. A peine Don Quichotte les eut-il aperçus qu'il dit à son écuyer : « Ou je me trompe ou voici une aventure sans pareille, car ces grands corps noirs que j'aperçois, doivent être des enchanteurs qui emmènent en ce coche quelque princesse qu'ils ont enlevée, et je dois réparer ce tort autant qu'il me sera possible. — Ceci, repartit Sancho est plus sérieux que les moulins à vent ; regardez bien, seigneur, ce sont des religieux de Saint-Benoît et le coche appartient simplement à des voyageurs ; méfiez-vous et que le diable ne vous tente point. — Je t'ai déjà dit, reprit Don Quichotte, que tu ne sais rien en fait d'aventures, je t'ai dit la vérité, tu le verras tout à l'heure. » Et, s'étant approché des religieux, il leur cria à haute voix : « Gens du diable, mettez en liberté

les princesses que vous emmenez dans ce coche, sinon préparez-vous à recevoir une prompte mort pour prix de vos méfaits. » Les religieux s'arrêtèrent, étonnés de la figure de Don Quichotte autant que de ses paroles ; ils lui répondirent : « Nous ne sommes point des gens du diable, mais des religieux de Saint-Benoît qui suivons notre chemin, et ne savons pas s'il y a dans ce coche des princesses enlevées. — Les douces paroles ne sont point pour moi monnaie courante, car je vous connais, parjure canaille, répartit Don Quichotte. » Et, piquant Rossinante, il court la lance baissée sur le premier religieux, et avec tant de furie qui l'eût tué ou blessé grièvement, si le moine ne se fût laissé glisser de sa

4.

mule. L'autre religieux, voyant de quelle façon on traitait son compagnon, se mit à jouer du talon contre le ventre de sa mule et courut par la campagne, plus vite que le vent. Sancho Pança voyant le religieux par terre, sauta légèrement de son âne et accourut à lui pour le dépouiller de ses habits; ce que voyant, les valets vinrent lui demander pourquoi il lui enlevait ses vêtements. Sancho répondit que ces choses lui revenaient comme étant les dépouilles de la bataille que son seigneur Don Quichotte venait de gagner; les valets qui n'entendaient pas raillerie, voyant que Don Quichotte s'était éloigné pour parler aux gens qui étaient dans le coche, se ruèrent sur Sancho, et, sans lui laisser un poil de la barbe, le frappèrent jusqu'à ce qu'il fut sans connaissance. Le religieux remonta promptement sur sa mule et fut rejoindre son compagnon qui l'attendait assez loin; et, sans plus tarder, tous deux se mirent au galop, faisant plus de signes de croix que s'ils avaient eu le diable à leurs trousses.

Don Quichotte était à la portière du coche. Il disait à la dame : « Votre beauté est libre maintenant, car la force de mon bras a fait justice de vos ravisseurs, et, pour que vous ne soyez pas dans l'ignorance du nom de votre libérateur, sachez que je m'appelle Don Quichotte de la Manche, chevalier errant, captif de la nonpareille et belle dame Dulcinée du Toboso, et pour prix du service que vous tenez de moi, je ne vous demande autre récompense que de vous rendre au Toboso pour vous présenter devant cette dame et lui dire ce que j'ai fait pour votre liberté. » Or, un des cavaliers qui accompagnait le coche voyant que le chevalier voulait qu'il allât au Toboso lui dit en mauvais langage castillan ou plutôt biscayen : « Chevalier, si tu ne laisses aller le coche, moi te tuer. » Notre héros lui répondit : « Si tu étais chevalier, ce que tu n'es pas, je t'eusse châtié, chétive créature. » A quoi le Biscayen répliqua : « Moi pas chevalier, tu mens comme tu es chrétien. » Sur quoi Don Quichotte assaillit le Biscayen avec la résolution de lui ôter la vie; le Biscayen ne se fiant pas trop à sa mule qui était de louage, ne put faire autre chose que de tirer son épée et il s'empara d'un des coussins du coche dont il se fit un bouclier. Les deux champions se ruèrent l'un sur l'autre avec telle vigueur que l'on ne put leur faire entendre raison. La dame ordonna alors au cocher de s'éloigner pour voir le combat : Le Biscayen administra sur l'épaule du chevalier un tel coup de coutelas, que s'il n'eût point trouvé de résistance, il l'eût fendu en deux. Don Quichotte sentit le poids de ce coup, et, se recommandant à sa dame, il fondit sur le Biscayen qui était toujours couvert de son coussin. Les assistants étaient épouvantés. De son côté, la dame faisait des promesses à toutes les images de dévotion d'Espagne et demandait à Dieu qu'il la délivrât ainsi que son écuyer, du danger où ils se trouvaient.

Ici l'auteur de cette histoire interrompt son récit, disant que c'est tout ce qu'il connaît des prouesses de Don Quichotte. Mais le second auteur n'a pu croire que les habitants de la Manche n'aient gardé en leurs archives quelques pièces rapportant les faits et gestes du fameux chevalier, et, convaincu de la chose, il n'a point perdu l'espoir de trouver la fin de cette plaisante histoire. Par la volonté du ciel, il est arrivé à ses fins comme on le verra dans le chapitre suivant.

CHAPITRE IX

Où se conclut la merveilleuse bataille que le brave Biscayen et le vaillant chevalier de la Manche eurent ensemble.

Nous avons laissé dans le chapitre précédent le Biscayen et Don Quichotte les épées hautes, tellement qu'ils se fussent pourfendus s'ils eussent frappé.
Il était donc impossible d'admettre qu'une telle histoire restât inachevée, parce qu'il était d'usage que les moindres faits et gestes des chevaliers errants fussent décrits, voire même les plus petites actions, niaiseries et pensées les plus cachées. Il ne se pouvait donc qu'il y eût silence de ces choses à l'égard d'un si fameux chevalier, ce qui aurait fait son histoire manchote ou estropiée. Je ne pouvais admettre que le temps qui dévore toutes choses, la tînt cachée. Il me semblait que cette histoire devait être moderne et que si elle n'avait pas été écrite, elle devait être demeurée dans la mémoire des gens de son village ou de ceux des environs.

Cette pensée me tenait toujours désireux de connaître toute la vie du fameux Espagnol Don Quichotte de la Manche, miroir de chevalerie, le premier qui en notre siècle se soit livré à l'exercice de la chevalerie errante, défaisant les torts, secourant les veuves, défendant les demoiselles qui s'en allaient par monts et par vaux sur leurs palefrois avec grande assurance, et que de celles-ci, on en a vu, qui, au bout de quatre-vingts ans, allaient à la sépulture, aussi demoiselles que leurs mères. Je dis donc que pour cette chose et pour d'autres encore, notre gaillard Don Quichotte est digne de grands éloges et qu'à moi-même il en revient aussi pour le soin que j'ai pris de rechercher la fin de cette plaisante histoire, bien que si le ciel, le hasard et la fortune ne me fussent venus en aide, le monde eût été privé d'environ deux heures de contentement et plaisir que pourra se donner celui qui voudra la lire avec attention.

Un jour donc, en passant dans la rue d'Alcana à Tolède, j'aperçus un jeune garçon qui voulait vendre des vieux papiers à un ouvrier en soieries. Or, comme j'ai la manie de lire jusqu'à des papiers déchirés qui se trouvent dans les rues, je pris des mains de ce garçon un des cahiers qu'il voulait vendre et je reconnus qu'il était écrit en langue arabe, et bien que j'en connusse les caractères, je ne savais pas les lire, à cause de cela je regardai s'il ne passait pas près de là quelque morisque capable de me les expliquer, ce qui ne fut pas difficile, car j'en eusse trouvé au besoin pour traduire de l'hébreu. La fortune m'en fit trouver un, auquel je mis le cahier entre les mains, et dis ce que je désirais. Il l'ouvrit par le milieu, et après en avoir lu quelques lignes se mit à rire, et sur ma demande du motif de sa joie, me répondit qu'il y avait une note en marge où il était écrit : *Cette dame Dulcinée du Toboso, tant de fois mentionnée dans la présente histoire avait pour saler les pourceaux, meilleure main qu'aucune autre femme de toute la Manche.* Supposant alors que ce pouvait être l'histoire de Don Quichotte : je le priai d'en lire le titre qui était : *Histoire de Don Quichotte de la Manche*, écrite par le cid Hamed-Ben-Engelis, historien arabe. J'eus grand'peine à dissimuler ma joie et je m'empressai d'en faire l'acquisition pour un demi-réal. J'en aurais bien donné dix fois plus si le jeune garçon eût deviné ma pensée. Je m'éloignai aussitôt avec le morisque et fis marché avec lui pour qu'il traduisît en langue castillane tout ce qui parlait de Don Quichotte. Le marché fut conclu moyennant deux arrobes de raisin et quelques boisseaux de blé. Il fut arrêté qu'il ferait une traduction très-exacte, puis, pour ne pas me séparer de mon trésor, j'emmenai le morisque en mon logis où, en moins de deux mois, il acheva la version qui est ici rapportée. Il y avait au premier cahier, un portrait de la bataille de Don Quichotte et du Biscayen comme nous l'avons vu au précédent chapitre. On reconnaissait à la mule du Biscayen qu'elle était de louage. Ce Biscayen avait un écrit à ses pieds portant : Don Sancho de Aspetia, ce qui devait être son nom. Aux pieds de Rossinante, on lisait : Don Quichotte. Le roussin y était représenté avec une telle vérité que l'on ne pouvait lui refuser d'être digne du nom qu'il portait. Puis on avait placé un autre écriteau au pied de Sancho, avec cette inscription : Sancho Zancas. Il était représenté avec sa taille courte, le ventre gros et les jambes cagneuses, d'où lui avait été donné le surnom de Zancas, que l'histoire lui donne parfois avec celui de Pança. Nous passerons sur d'autres choses, parce que ce sont des détails insignifiants, autrement ils seraient ici rapportés en raison de ce que l'historien ne doit rien oublier touchant la vérité, ce qui cependant pourrait avoir eu lieu à l'égard de celle-ci, puisque son auteur est arabe, ce qui veut dire deux fois menteur, et comme il est de nos ennemis, on doit croire qu'il aura plutôt supprimé que fait autrement, et il m'est avis aussi, que là où il eût pu donner quelques louanges au bon chevalier, il reste silencieux, ce qui toujours est un grand tort, vu que le devoir de l'historien est d'être exact, sans passion ou rancune, de tenir le chemin de la vérité, dont la mère est l'histoire, témoin du passé, exemple du présent et avertissement pour l'avenir. En celle-ci je sais que l'on trouvera tout ce que l'on peut demander à la plus plaisante, et s'il y manque quelque chose de bon, c'est moins la faute du sujet que celle de son chien d'auteur. Enfin la seconde partie de la traduction commençait comme il va suivre.

A voir les épées des deux fiers combattants élevées tellement, on eût dit qu'ils menaçaient le ciel et la terre. Le premier qui déchargea son coup fut le colérique Biscayen et ce fut avec une telle force, que si l'épée ne lui eût tourné dans la main, il eût fait deux pièces de notre chevalier et mis fin à ses aventures. Mais son étoile le réservait à de plus grandes choses. Aussi le coup qu'il reçut ne fit que lui désarmer l'épaule gauche et lui emporter une partie de sa salade et la moitié de l'oreille; le tout tombant par terre laissa notre héros en mauvais équipage.

Il serait difficile de dire quelle fut la rage de notre chevalier en se voyant accoutré de cette façon. Aussi, se redressant sur ses étriers et serrant son épée de ses deux mains, il en déchargea un tel coup sur le Biscayen que son oreiller fut peu suffisant pour sa défense; il perdait le sang par la bouche et par les oreilles, on le vit bientôt quitter les étriers et embrasser le cou de sa mule qui, épouvantée de ce terrible coup, se mit à courir les champs et après quelques sauts et ruades, jeta son maître par terre. Don Quichotte qui le regardait fort paisiblement, dès qu'il le vit par terre, s'en approcha, lui ordonnant de se rendre, faute de quoi il lui trancherait la tête. Le Biscayen ne pouvait dire un mot, et, à cause de la colère où était Don Quichotte, il lui serait arrivé malheur si la dame du coche qui regardait le combat, ne fût venue demander la grâce de son écuyer. A quoi Don Quichotte répondit avec hauteur et gravité : « Pour certain, belle dame, je suis fort content de faire ce que vous me demandez, mais ce doit être à une condition. J'exige donc que ce chevalier se rende au Toboso et se présente devant la nonpareille dame Dulcinée afin qu'elle en dispose suivant sa volonté. » La dame épouvantée promit sans tenir compte de ce que requérait Don Quichotte et sans demander qui était cette Dulcinée. « Or, reprit le chevalier, sur l'assurance que j'ai de votre parole, je lui fais grâce, quoiqu'il en soit indigne. »

CHAPITRE X

Du gracieux entretien qui eut lieu entre Don Quichotte et son écuyer.

ANCHO qui avait été un peu maltraité par les valets des religieux, s'était relevé et regardait d'un œil attentif la bataille de son seigneur Don Quichotte, priant Dieu de lui accorder la victoire et quelque île dont il le ferait gouverneur, ainsi qu'il en avait la promesse. Or voyant le combat achevé et son maître prêt à remonter sur Rossinante, il s'approcha pour lui tenir l'étrier ; mais avant, il lui prit la main qu'il baisa, puis il dit : « Qu'il vous plaise, Seigneur Don Quichotte, me donner le gouvernement de l'île que vous avez gagnée dans ce rigoureux combat, car si grande qu'elle puisse être, je me sens capable de la gouverner aussi bien que qui que ce soit. » Le chevalier répondit : « Sachez, frère Sancho, que ce qui vient de se passer sont aventures de carrefours, où l'on perd les oreilles et dont on revient avec la tête cassée. Prenez patience, il s'en présentera d'autres qui me donneront l'occasion de vous faire non-seulement gouverneur d'une île, mais plus encore. » Puis étant remontés, Don Quichotte sur Rossinante et Sancho sur son âne, tous deux gagnèrent un petit bois. Sancho ne pouvait suivre le chevalier, mais après avoir demandé à son maître de ne pas le laisser seul en arrière, ce dernier tourna bride et lorsqu'il fût rejoint, Sancho lui dit : « Il me semble (sauf la volonté de Votre Grâce) qu'il serait prudent de nous réfugier en quelque église, car votre adversaire a été si maltraité, qu'il ne serait pas de grande surprise qu'il en avertît la Sainte-Hermandad, et qu'on nous mît en prison, et Dieu sait alors quand nous en sortirions. — Tais-toi, dit Don Quichotte, où as-tu vu qu'un chevalier errant ait été poursuivi pour homicide qu'il ait commis ? — Je ne sais ce que c'est qu'homicide, répondit Sancho, et je n'en ai jamais vu à personne ; je sais seulement que la Sainte-Hermandad a l'œil sur ceux qui se battent dans les champs, et pour le reste je ne m'en mêle point. — Tu peux n'en pas prendre la peine, ami, répondit Don Quichotte, car je te tirerais de la main des Chaldéens, bien plus que de celle de l'Hermandad. Mais dis-moi, par ta vie, as-tu jamais vu sur la surface de la terre un plus vaillant chevalier que moi? As-tu lu dans l'histoire qu'il en fût jamais d'aussi courageux et d'aussi persévérant, et possédant autant d'adresse pour renverser son ennemi. — La vérité est, répondit Sancho, que je n'ai jamais lu aucune histoire, parce que je ne sais ni lire, ni écrire ; mais j'oserais gager que de ma vie je n'ai servi un plus hardi maître que vous, et à Dieu ne plaise que ces hardiesses se payent comme je l'ai dit. Ce que je demande à votre grâce, est qu'elle se soigne, car il lui sort beaucoup de sang de cette oreille ; j'ai de la charpie et un peu d'onguent blanc dans ce bissac. — Nous nous fussions bien passés de tout cela, répondit Don Quichotte, si je me fusse souvenu de faire une fiole de baume de fier-à-bras. Car avec une goutte nous aurions épargné le temps et les médecines. — Quel baume est cela, dit Sancho? — C'est un baume, répondit Don Quichotte, dont je tiens la recette en mémoire et avec lequel on ne doit point avoir peur de la mort, ni penser mourir d'aucune blessure. Aussi lorsque j'en ferai et t'en donnerai, tu n'auras autre chose à faire, après une bataille où on m'aura coupé par la moitié du corps, comme cela arrive quelquefois, que de prendre tout bonnement la partie du corps qui sera tombée par terre, et avant que le sang se soit figé, tu la mettras sur l'autre moitié qui sera demeurée sur la selle, prenant soin de l'ajuster exactement ; puis tu me donneras à boire deux gouttes de ce baume et tu me verras venir aussi sain qu'une pomme. — Si cela est, dit Pança, je renonce dès à présent à l'île promise, et ne demande autre chose pour mes bons services, que la recette de cette excellente liqueur. Car pour ma part, j'estime qu'en quelque lieu que ce soit, l'once en vaudra deux réaux ; mais l'important à cette heure est de savoir s'il coûte beaucoup à faire. — Pour moins de trois réaux, on en peut faire six mesures, répondit Don Quichotte. — Pécheur que je suis, répliqua Sancho, et qu'attend Votre Grâce pour le faire et me l'enseigner. — Tais-toi, ami, répondit Don Quichotte, car je pense t'apprendre de plus grands secrets et te faire de plus grands biens, mais pour le présent pansons-nous, car l'oreille me fait plus de mal que je ne voudrais. » Sancho tira du bissac de la charpie et de l'onguent. Mais quand le chevalier vit sa salade rompue, il pensa perdre le jugement, et ayant mis la main sur son épée et levant les yeux au ciel, il dit : « Je fais serment au Créateur de toutes choses et aux quatre Évangélistes de faire comme le marquis de Mantoue, quand il jura, pour venger la mort de son neveu Baudouin, de ne manger pain sur nappe, ni de causer avec sa femme et autres choses dont je ne me souviens pas, mais que je tiens pour exactes, jusqu'à ce que j'aie obtenu vengeance de celui qui m'a fait tel désagrément. » Sancho, entendant ceci, lui répondit : « J'avertis Votre Grâce, seigneur Don Quichotte, que si ce chevalier accomplit ce que vous lui avez ordonné, de s'aller présenter devant madame Dulcinée du Toboso, il aura fait ce qu'il doit et ne mérite autre peine, s'il ne commet un nouveau délit. — C'est bien parlé, répondit Don Quichotte, et pour cela je retire mon serment en ce qui est de prendre une nouvelle vengeance de celui-ci, mais je le maintiens pour ce qui est de mener la vie que j'ai dite, jusqu'à ce que j'aie enlevé à quelque chevalier une salade pareille à celle-ci. Et ne pense pas, Sancho, que je le fasse sans raison, car la chose advint à l'armet de Membrin qui coûta si cher à Sacripant. — Seigneur, répliqua Sancho, donnez au diable de tels serments, ils sont contraires autant au salut qu'à la conscience, car veuillez me dire si de longtemps nous ne rencontrons d'homme armé portant salade, faudra-t-il pour accomplir un tel serment coucher tout vêtus et ne point dormir en lieux habités et autres pénitences que contenait le serment de ce vieux fou de marquis de Mantoue, lequel Votre Grâce veut ratifier à présent. Remarquez que par tous ces chemins, il ne passe point d'hommes armés, mais des muletiers et des charretiers, qui non-seulement ne portent point de salades, mais ignorent ce que c'est. — Tu te trompes en cela, dit Don Quichotte, car avant deux heures nous aurons vu plus de gens d'armes par ces carrefours qu'il n'en vint devant Albraque à la conquête d'Angélique la Belle. — Ainsi soit-il, dit Sancho, et Dieu veuille que cela nous réussisse et qu'il me vienne promptement cette île qui me coûte si cher, dussé-je en mourir de joie. — Je t'ai déjà dit, Sancho, de ne te pas mettre en souci de cela, car il y a le royaume de Dinamarque ou celui de Sobradise qui te viendront comme un anneau au doigt, et tu en seras d'autant plus content qu'ils sont en terre ferme. Mais laissons cela pour son temps, et regarde dans ce bissac si tu as quelque chose que nous puissions manger, afin que nous allions à la recherche de quelque château où nous puissions loger et y faire le baume que je t'ai dit, car je jure Dieu que l'oreille me fait grand mal. — Je porte ici un oignon, un peu de fromage et quelques miettes de pain, mais ce ne sont pas viandes à l'usage d'un chevalier comme Votre Grâce. — Tu ignores donc, répondit Don Quichotte, que c'est coutume et honneur aux chevaliers errants de rester un mois sans manger, et s'ils mangent que ce soit la moindre des choses ; tu le saurais si tu avais lu autant d'histoires qu'il m'en est passé sous les yeux, et encore je n'ai pas vu que les chevaliers errants mangeassent si ce n'était par hasard et en de somptueux banquets qu'on leur offrait, et les autres jours ils vivaient de l'air du temps. S'il faut supposer qu'ils ne se passaient pas de manger et de satisfaire d'autres besoins, parce qu'ils étaient hommes aussi bien que nous, il faut admettre que la plupart du temps ils s'en al-

laient par les déserts et les forêts, sans avoir de cuisinier à leur suite, que leur ordinaire était semblable à ce que tu m'offres en ce moment. Ainsi, ami Sancho, ne cherche pas à renverser les usages, ni à mettre la chevalerie errante hors de ses gonds. — Que Votre Grâce me pardonne mon ignorance, dit Sancho, si j'ai bien compris les règles de la chevalerie, à l'avenir je garnirai le bissac de fruits secs pour vous qui êtes chevalier, et pour moi qui ne le suis pas je ferai provision de quelques volailles et de choses plus réconfortantes. — Je n'entends pas dire, répliqua Don Quichotte, que ce soit chose obligée aux chevaliers errants de ne manger que ce que tu dis, bien que cette nourriture leur pût suffire, ainsi que quelques herbes qu'ils trouvaient dans les champs, lesquelles ils connaissaient et que je connais aussi. — C'est une vertu, répondit Sancho, que de connaître ces herbes et je m'imagine que nous pourrons un jour avoir besoin de cette connaissance. » Là-dessus, ayant tiré du bissac ce qu'il contenait, ils dînèrent tous deux en bonne paix. Désirant fort trouver un gîte pour cette nuit, ils expédièrent promptement leur pauvre et sec dîner, remontèrent incontinent à cheval et se hâtèrent pour gagner quelque bourgade avant la nuit. Mais le soleil disparut et avec lui l'espoir de trouver ce qu'ils cherchaient. Ils s'arrêtèrent auprès de certaines huttes de chevrier et résolurent d'y passer la nuit. Autant ce fut un grand déplaisir pour Sancho, autant ce fut une grande joie pour son maître de coucher à la belle étoile, car il lui semblait faire un acte possessif qui facilitait la preuve de sa chevalerie.

CHAPITRE XI

De ce qui advint à Don Quichotte avec des chevriers.

IL fut reçu par les chevriers avec bonne volonté, et Sancho ayant accommodé Rossinante et son âne du mieux qu'il put, suivit le fumet que rendaient certains morceaux de chevreau qui cuisaient dans un chaudron sur le feu, et bien qu'il eût voulu essayer s'ils pouvaient passer du chaudron dans son estomac, il ne le fit pas, parce que les chevriers les ôtèrent du feu, et après avoir étendu par terre quelques peaux de brebis qui leur servirent de couvert, ils convièrent les deux aventuriers à en manger leur part. Six des chevriers s'assirent après avoir offert à Don Quichotte une auge renversée pour lui servir de siége. Le chevalier accepta, et comme Sancho était resté debout derrière son maître pour lui servir la coupe qui était de corne, le voyant rester debout, Don Quichotte lui dit : « Afin que tu voies le bien que renferme en soi la chevalerie errante, et comme ceux qui l'approchent par très-faible ministère sont estimés et honorés du monde, je veux que tu viennes t'asseoir en compagnie de ces bonnes gens, à côté de moi qui suis ton seigneur et ton maître, et que tu manges dans mon plat et boives où je boirai, car de la chevalerie errante il se peut dire comme de l'amour, que toutes choses sont égales. — Grand merci, répondit Sancho, mais je puis vous assurer que je préfère manger debout et seul qu'assis en compagnie d'un empereur; et je trouve meilleur ce que je mange dans un coin étant seul, fût-ce un oignon et une croûte, qu'un coq d'Inde sur la table d'autrui, où je devrais mâcher tout bellement, boire peu, ne point tousser si j'en avais envie, ni faire autres choses que permet la solitude. Ainsi, seigneur, je renonce à ces honneurs que Votre Grâce veut me faire, vous priant de les changer en choses qui me rapportent moins de gloire, mais plus de profit. » Don Quichotte le prenant par le bras le força de s'asseoir en disant : « Dieu élève qui s'abaisse. » Les chevriers, n'entendant rien à ce jargon d'écuyer et de chevalier errant, mangeaient sans mot dire, regardant leurs hôtes qui avalaient des morceaux gros comme le poing. Après cela on passa au dessert composé de glands secs et de fromage. La coupe ou pour mieux dire la corne, n'était pas au repos et allait si souvent à la ronde que bientôt elle eut mis à vide une outre sur deux. Après que Don Quichotte eut satisfait son estomac, il prit dans sa main une poignée de glands, et les ayant considérés, il se mit à dire : « Heureux âges et siècles heureux, que ceux auxquels les anciens ont donné le nom d'âge d'or, non point parce que l'or qui est aujourd'hui tant estimé se gagnait sans peine, mais parce que ceux qui vivaient alors ne connaissaient pas ces mots : *tien* et *mien*. En ce saint âge toutes choses étaient communes, il n'était nécessaire à personne, pour avoir sa nourriture ordinaire, de prendre d'autre peine que d'avancer la main et la cueillir à ces robustes chênes qui libéralement les conviaient à manger leurs doux et savoureux fruits. Les claires fontaines leur offraient en abondance de l'eau claire et pure. Dans les fentes des rochers et dans les creux des arbres, les discrètes et soigneuses abeilles formaient leur république, offrant à chacun sans intérêt la fertile récolte de leur doux travail. Les forts et vaillants liéges, sans autre artifice que leur courtoisie, se dépouillaient de leur larges et légères écorces avec lesquelles on commença à couvrir

les maisons soutenues sur de rustiques pieux, à nulle autre fin que de se protéger de l'inclémence du ciel. Tout était paix entre eux, tout amitié et concorde. Le soc de la pesante charrue n'avait point encore osé ouvrir les entrailles de notre première mère, parce que sans y être contrainte, elle offrait de son sein fertile et spacieux tout ce qui pouvait sustenter et délecter les enfants qu'elle possédait alors. En ce temps-là aussi, les simples et belles bergerettes s'en allaient de vallée en vallée et de colline en colline, en tresses et en cheveux, sans autre vêtement que ce qui leur était nécessaire pour couvrir décemment ce que l'honnêteté a toujours voulu que l'on couvrît, et leurs ornements n'étaient pas de ceux dont on use, à présent que la pourpre de Tyr se mêle à la soie martyrisée de tant de façons. Mais quelques feuilles de bardane et de lierre entrelacées les rendaient aussi pompeuses et aussi belles que le sont aujourd'hui nos grandes dames avec les rares inventions que l'oisive curiosité leur a montrées. Alors les conceptions amoureuses de l'âme s'exprimaient simplement et sincèrement de la même façon qu'elles étaient conçues, sans chercher aucun artifice pour les faire valoir. La fraude, la tromperie et la malice ne s'étaient pas encore mêlées avec la vérité et la bonne foi. La justice se tenait en ses propres termes, sans qu'elle pût être troublée ou offensée par ceux qui ont intérêt à la mépriser. La loi de la fantaisie n'avait pas encore pris place dans l'entendement du juge, parce qu'il n'y avait ni chose, ni personne à juger. Les jeunes filles et l'honnêteté marchaient de compagnie, sans craindre d'autrui intention déshonnête et déplaisir, et leur perdition venait de leur propre volonté. Et maintenant, en nos détestables siècles, il n'y en a pas une qui soit en sûreté, fût-elle enfermée dans un nouveau labyrinthe comme celui de Crète; parce que là, par les fentes ou par l'air, avec le zèle de la maudite sollicitude, pénètre la peste amoureuse qui leur fait faire naufrage avec toute leur honnêteté et retenue; c'est pour y remédier que par la suite des temps et la malice croissant, on institua l'ordre des chevaliers errants, pour défendre les filles, protéger les veuves et secourir les orphelins et les nécessiteux. Je suis de cet ordre, mes frères chevriers, et je vous remercie du bon accueil que vous m'avez fait, ainsi qu'à mon écuyer : car, bien que par la loi naturelle, tout homme soit obligé d'assister les chevaliers errants, je sais que, sans connaître cette obligation, vous m'avez reçu et bien traité. Il est juste que je vous rende grâce de votre bon vouloir. »

Les chevriers restèrent tout ébahis à la suite de cette harangue qu'ils avaient écoutée sans répondre une seule parole. Sancho de son côté ne disait mot, mais il s'amusait à manger des glands et rendait de fréquentes visites à l'autre outre que l'on avait suspendue à un liége pour faire rafraîchir le vin qu'elle contenait.

CHAPITRE XI

Don Quichotte mit plus de temps à parler que le souper à s'achever. Ensuite un des chevriers lui dit : « Afin que vous puissiez, seigneur chevalier errant, dire que nous vous avons reçu avec bonne volonté, nous allons vous offrir un divertissement, qui sera de faire chanter un de nos compagnons, lequel ne tardera pas à être ici. C'est un jeune berger fort instruit et autant amoureux, qui joue de la viole avec une grande perfection. » A peine le chevrier eut-il dit cela que l'on entendit le son de la viole. Celui qui en jouait était un jeune garçon de bonne mine âgé de vingt-deux ans environ. Ses compagnons s'étant assurés qu'il avait soupé, lui dirent : « Tu nous feras plaisir de chanter un peu, afin de prouver à monsieur notre hôte qu'il y a dans cet endroit quelqu'un qui sait la musique. Nous lui avons fait le récit de tes talents et nous te demandons cette romance de tes amours que ton oncle le bénéficier a composée. » Le berger ne se le fit pas dire deux fois ; et, ayant accordé sa viole, il s'assit sur le tronc d'un chêne qu'on avait coupé et fit entendre un chant d'amour.

Après que le chevrier eut fini, Don Quichotte le pria de chanter autre chose ; Sancho qui était plus disposé à dormir qu'à entendre des chansons, dit à son maître : « Vous pouvez songer à l'endroit où Votre Grâce voudra passer la nuit, et il est l'heure de laisser à ces bonnes gens prendre un peu de repos.—Je te comprends, répondit Don Quichotte, et tes visites à l'outre appellent plutôt le sommeil que la musique, arrange-toi donc comme tu l'entends. Cependant il serait à propos que tu me pansasses cette oreille qui me cause plus de mal qu'il n'en est besoin. » Mais un des chevriers prit quelques feuilles de romarin qu'il mâcha et mêla avec un peu de sel, en fit un emplâtre qu'il appliqua sur l'oreille du chevalier, lui assurant que ce remède était suffisant. Ce fut la vérité.

CHAPITRE XII

De ce que raconta un chevrier à ceux qui étaient avec Don Quichotte.

Sur ces entrefaites arriva un autre jeune garçon de ceux qui apportaient la provision du village, qui leur dit : « Savez-vous, mes camarades, ce qui se passe au pays ? — Comment le pourrions-nous savoir ? répondit l'un d'eux. — Sachez, continua le jeune garçon, que ce matin est trépassé le fameux berger étudiant Chrysostome et l'on dit qu'il est mort endiablé d'amour pour cette jeune Marcelle, la fille de Guillaume le Riche. De plus il a demandé qu'on l'enterrât dans le champ comme s'il était More et que ce fût au pied de la roche où est la fontaine de liége, car c'est là qu'il a vu Marcelle pour la première fois. Il a aussi demandé d'autres choses, que les anciens du pays disent ne devoir pas être exécutées comme étant des coutumes des Gentils. A quoi son grand ami, Ambroise l'étudiant, qui avait aussi pris les habits de berger avec lui, répond qu'il faut suivre en tout point ce que Chrysostome a demandé. De là grande rumeur au village, mais on fera ce qu'Ambroise a voulu et tous ses amis viennent demain en grande pompe pour l'enterrer où j'ai dit ; il m'est avis que ce sera beau à voir et je ne manquerai pas d'y aller. — Nous ferons tous de même, reprirent les chevriers, et tirerons au sort à qui d'entre nous écherra de garder les chèvres de tous les autres. — Tu as raison, Pierre, répondit l'un d'eux, et il n'est pas

besoin de tirer au sort ; je me charge du soin de vous remplacer tous pour la garde des troupeaux ; que l'on ne m'en sache pas gré, car c'est à cause d'une blessure que j'ai au pied et qui m'empêche de marcher. — Nous ne t'en remercions pas moins, reprit Pierre. » Don Quichotte s'informa de ce qu'étaient cette bergère et ce mort. Le pasteur répondit que c'était le fils d'un riche hidalgo de ces montagnes, qui avait étudié à Salamanque, d'où il était revenu docte et savant, connaissant la science des étoiles, prédisant la crise du soleil et de la lune. « On dit éclipse et non crise, mon ami, répartit Don Quichotte, quand ces deux grands luminaires s'obscurcissent. » Mais Pierre, ne s'arrêtant pas à ces bagatelles, poursuivit son récit : « Il devinait aussi quand l'année devait être abondante ou estrile. — Vous voulez dire stérile, mon ami, reprit Don Quichotte. — Stérile, si vous y tenez, répondit Pierre ; et par ses connaissances il indiquait à ses parents et à ses amis ce qu'il fallait semer pour faire une ample récolte. — Cette science s'appelle astrologie, dit le chevalier. — Je le veux bien, reprit Pierre, mais il savait tout cela et encore d'autres choses. Finalement, après quelques mois il quitta le manteau d'étudiant pour l'habit de berger, et fit de même son grand ami Ambroise, qui avait été son compagnon d'études. J'oubliais de vous dire que Chrysostome était un grand compositeur de couplets et tel qu'il faisait les noëls et les actes pour la Fête-Dieu, que nos jeunes garçons représentent et chacun les disait très-bien faits. Quand ceux du village virent nos deux amis ainsi accoutrés en bergers, ils en furent surpris et ne purent deviner le motif d'un tel changement. Déjà le père de Chrysostome était mort, lui laissant de grands biens, dont il usait d'une manière fort libérale. Depuis on a su qu'il avait agi ainsi pour courir après cette bergère Marcelle, dont il était épris. Et maintenant je dois vous dire ce qu'était cette bergère ; car peut-être et certainement vous n'avez entendu en votre vie une semblable histoire, dussiez-vous vivre plus que Sarna. — Dites Sara, reprit encore le chevalier, qui ne pouvait souffrir ce changement de mots du chevrier. — Je ne me trompe pas cette fois, reprit le chevrier, c'est bien Sarna que je veux dire et si vous continuez à m'interrompre mon récit durera plus d'un an. — Pardonnez-moi, mon ami, répliqua Don Quichotte, je vous ai repris à cause de la différence qu'il y a de Sara à Sarna, mais vous avez fort bien répondu et je ne vous interromprai plus. — Je disais donc, continua le chevrier, qu'il y avait dans notre village un laboureur plus riche encore que le père de Chrysostome, lequel avait nom Guillaume et auquel Dieu avait donné une fille, dont la mère mourut en la mettant au monde. C'était la plus honnête femme qu'il y eût en ces environs, je crois encore la voir avec cette face qui d'un côté avait le soleil et de l'autre la lune, elle était si bonne que son âme doit être à présent en jouissance de la vue de Dieu en l'autre monde. Guillaume la suivit de près, laissant sa fille Marcelle encore fort petite sous la tutelle d'un sien oncle, prêtre et bénéficier de notre bourgade. La petite fille grandissait en telle beauté que l'on jugeait qu'elle devait surpasser celle de sa mère ; et, lorsqu'elle eut atteint l'âge de quinze ans, tout le monde remerciait Dieu de l'avoir faite si belle. Son oncle l'élevait dans la retraite, mais le bruit de sa beauté la fit rechercher par les plus beaux partis de l'endroit ainsi que des environs. Son oncle, qui était bon chrétien, ne voulut point la marier autrement que de son aveu et sans égard au profit qu'il pouvait tirer des biens de sa nièce en retardant son mariage. En cela tout le monde rend justice au bon pasteur, sachez seigneur chevalier, que dans nos petits endroits on parle de tout et sur tout. Donc le prêtre, qui fait bien parler de lui, doit être parfaitement bon. — C'est une vérité, dit Don Quichotte, mais continuez, car le conte est fort beau et vous le dites avec grâce. — Que celle de Notre-Seigneur ne me manque, car c'est là le plus important! Je continue : Vous saurez que toutes les fois que son oncle lui parla des partis qui se présentaient, elle répondit qu'elle était trop jeune pour supporter le fardeau d'un ménage, et alors son oncle n'en parlait plus, parce qu'il était d'avis que les parents ne doivent point pourvoir leurs enfants contre leur volonté. Mais un jour qu'on n'y pensait pas, voilà la minaudière Marcelle qui se fait bergère, et sans que personne parvînt à l'en détourner, elle se mit à aller aux champs avec les autres jeunes filles de l'endroit et à garder elle-même son troupeau. Or, comme elle sortait en public et que sa beauté était connue, beaucoup d'hidalgos, de jeunes gens et de riches laboureurs prirent l'habit de berger, comme fit Chrysostome, pour la suivre aux champs. Parmi ceux-ci était notre défunt, qui ne l'aimait pas seulement, mais l'adorait. On ne soupçonne cependant pas Marcelle d'avoir agi ainsi pour mener une conduite irrégulière ; loin de là, chacun lui rend justice ; car dès qu'un berger ose lui découvrir son intention, qui n'est autre que sainte et ayant pour but le mariage, elle le renvoie de telle façon qu'il n'ose y revenir et par cela elle porte plus de dommage en ce pays que la peste en pourrait causer, parce que si sa beauté attire les cœurs vers elle, ses dédains les portent à se désespérer tellement qu'ils ne lui donnent d'autre nom que ceux de cruelle et d'ingrate, et si vous demeurez quelques jours dans ces contrées, vous entendrez ces montagnes retentir des plaintes et lamentations de ceux qu'elle a éconduits. Il y a près d'ici, Seigneur, plus de deux douzaines de hêtres sur l'écorce desquels chacun a écrit le nom de Marcelle avec une couronne au-dessus pour dire par allégorie que Marcelle est reine par la beauté. Ici un berger se désole; là un autre soupire; plus loin ce sont des chants d'amour, ou des lamentations; l'un passe des heures entières au pied d'un arbre ou d'un rocher; l'autre adresse ses plaintes au ciel, mais l'insensible Marcelle ne prend de cela aucun souci et nous autres, qui la connaissons, attendons pour voir qui domptera cette humeur farouche jointe à tant de beauté. Or ce que je vous ai raconté étant l'exacte vérité, je me persuade qu'il en est de même de ce que l'on a dit sur la mort de Chrysostmoe; aussi je vous conseille, seigneur chevalier, de ne pas manquer à son enterrement, car il avait beaucoup d'amis. Ce sera beau à voir et il n'y a pas loin d'ici au lieu qu'il a désigné. — Tel est mon désir, dit Don Quichotte, et je vous sais gré de votre récit. — Je ne vous ai dit, reprit le chevrier, qu'une partie des accidents arrivés aux poursuivants de Marcelle. Demain nous rencontrerons quelque pasteur qui nous en dira peut-être bien d'autres. Mais pour cette heure il serait bon de vous retirer sous un abri pour dormir, car le serein qui tombe n'est point favorable à votre blessure, quoiqu'il n'y ait point de danger depuis le remède que nous y avons appliqué. » Sancho Pança, qui donnait au diable le chevrier et son récit, engagea son maître à se retirer dans la cabane de Pierre pour y dormir, ce qu'il fit et passa ainsi la nuit à se ressouvenir de sa dame Dulcinée. Sancho s'accommoda entre Rossinante et son âne et dormit non comme un disgracié poursuivant, mais comme un homme moulu de coups.

CHAPITRE XIII

Où se voit la fin de l'histoire de la bergère
Marcelle et d'autres aventures.

A PEINE le jour commençait à paraître aux balcons de l'Orient, que cinq des six chevriers se levèrent et vinrent demander à Don Quichotte s'il était toujours dans l'intention d'aller voir le fameux enterrement de Chrysostome, et ils lui proposèrent de lui tenir compagnie. Don Quichotte qui ne désirait pas autre chose se leva et commanda à Sancho de seller Rossinante et de bâter son âne, ce qu'il fit avec diligence et de même se mirent tous en chemin. Ils avaient à peine fait un quart de lieue, qu'ils virent à la croisière d'un sentier, six bergers vêtus de pelisses noires et ayant sur la tête des guirlandes de cyprès et de laurier rose, chacun portait un gros bâton de houx ; il venait aussi avec eux deux gentilshommes à cheval et trois valets à pied qui les accompagnaient. Ils s'abordèrent en se saluant courtoisement et comme ils allaient tous à l'enterrement, ils se mirent à cheminer de compagnie. L'un d'eux qui était à cheval dit à son compagnon : « Seigneur Viva de j'espère que nous ne regarderons pas comme perdu le temps que nous aurons pris pour voir ce fameux enterrement, et il ne peut se faire qu'il ne soit magnifique d'après ce que nous avons ouï dire par ces bergers.—C'est mon avis, répartit Vivaldo. » Don Quichotte leur demanda ce qu'ils savaient de cette histoire, à quoi les cavaliers répondirent par le récit qu'avait déjà fait Pedro à Don Quichotte ; puis Vivaldo s'adressant à Don Quichotte, lui demanda d'où lui venait cette fantaisie d'aller armé de cette sorte dans un pays aussi pacifique. Don Quichotte répondit : « La profession que j'exerce ne permet pas d'autre accoutrement ; la bonne chère, les douceurs et le repos ont été faits pour les mignons, mais le travail, les fatigues et les armes ont été inventés pour ceux-là que le monde appelle chevaliers errants, desquels moi, indigne, je suis le moindre de tous. » A peine lui eurent-ils entendu dire cela, qu'ils le tinrent pour fou, et pour mieux s'en assurer et connaître de quel genre était sa folie, Vivaldo lui demanda ce que voulait dire chevalier errant. « N'avez-vous pas lu, répondit Don Quichotte, les annales et histoires d'Angleterre où sont traités les fameux exploits du roi Arthur, que dans notre vulgaire castillan, nous appelons Artus, que l'ancienne tradition nous dit ne pas être mort mais avoir été changé en corbeau par art d'enchantement et devoir un jour recouvrer son royaume à raison de quoi il est prouvé que depuis ce temps aucun Anglais n'a tué un corbeau ? Or, au temps de ce bon roi fut institué le fameux ordre des chevaliers de la Table-Ronde. » En continuant, le chevalier raconta tout ce qu'il avait retenu des histoires de chevalerie, de Lancelot du Lac, d'Amadis de Gaule, de Don Bélianis, etc., etc. Vivaldo qui était de joyeuse humeur lui dit : « Il me semble seigneur chevalier errant que votre profession est plus dure que celle des chartreux.—Il se pourrait, mais pour être plus utile au monde, je suis à deux doigts de le soutenir, car, bien que le soldat exécute l'ordre de son capitaine, il ne fait pas moins que le capitaine même. Je veux donc dire que le religieux demande à Dieu le bien de la terre, et que nous autres soldats, nous mettons à exécution ce qu'il demande, par la valeur de nos bras et le tranchant de nos épées. Non pas sous une couverture, mais à ciel découvert endurant l'ardeur du soleil et la rigueur de l'hiver, de sorte que nous sommes ministres de Dieu et le bras par lequel il exécute sa justice, et comme les choses de la guerre ne se peuvent mettre en exécution sans grand travail, il s'ensuit que ceux qui en font profession endurent plus de misères que ceux qui, en paix et repos, sont à prier Dieu qu'il soit favorable à ceux qui sont sans pouvoir ; d'où il résulte que ceux qui font profession de chevaliers errants, sont plus tourmentés, affamés, misérables et pouilleux ; que si parfois, quelques-uns sont devenus empereurs par la valeur de leurs bras, il faut en bonne foi croire que cela leur a coûté bon, et que ce n'a été qu'aux dépens de leur sang et de leur sueur ; que s'il leur eût manqué d'être aidés par des sages et des enchanteurs, ils eussent été bien frustrés de leurs prétentions et bien déçus de leurs espérances. — Je suis de cette opinion, répliqua le voyageur, mais une chose ne me plaît pas dans les chevaliers errants, c'est qu'au moment du péril, au lieu de se recommander à Dieu comme c'est le devoir de tout bon chrétien, ils se recommandent à leur dame avec autant de volonté que si elle était leur Dieu, chose qui à mon avis se ressent un peu du paganisme. — Monsieur, répondit Don Quichotte, ceci est consacré par l'usage et coutume parmi les chevaliers errants de se recommander à leur dame sur le point d'entreprendre quelque grand fait d'armes. Mais il ne faut pas inférer de cette coutume qu'ils ne se recommandent point à Dieu, d'autant qu'il leur reste assez de temps pour le faire étant au fort de la besogne. — Admettons, répliqua le cavalier ; mais j'ai lu plusieurs fois que deux chevaliers errants s'étaient attaqués de paroles, puis en étaient venus à se combattre se recommandant alors à leurs dames et comme toujours l'un des deux succombait, je ne trouve pas que dans une affaire aussi précipitée, il ait eu le temps de faire ce qui était son devoir de fidèle chrétien ; encore tous les chevaliers errants n'ont pas de dame à qui se recommander. — Cela ne peut être, répondit Don Quichotte, parce que cela leur est aussi propre et aussi naturel qu'au ciel d'avoir des étoiles, et il ne s'est pas vu d'histoire de chevaliers errants sans amours et posé le cas que quelqu'un n'en eût point, il ne serait pas tenu pour légitime chevalier mais pour bâtard, et il serait entré en la forteresse de la dite chevalerie, non par la porte, mais par-dessus les murailles comme un voleur et un larron. — Cependant, répliqua Vivaldo, si j'ai bonne mémoire, il me semble avoir lu que Don Galoar n'eut jamais de maîtresse certaine à qui il pût se recommander et n'en fut pas moins estimé pour brave et valeureux. — A cela, répondit Don Quichotte, une hirondelle ne fait pas l'été et je tiens pour certain et par de bonnes raisons, que ledit chevalier était en tout point selon ce qu'il devait être, mais aussi fort discret. — Donc, si c'est de l'essence du fait, dit le voyageur, et si vous ne faites état d'être aussi secret que Don Galoar, je vous supplie de nous dire le nom et la qualité de la dame de vos pensées, certain qu'elle s'estimera heureuse que tout le monde sache qu'elle est servie d'un chevalier tel que vous paraissez. » Ici Don Quichotte poussa un soupir et dit: « Je ne pourrais assurer que ma douce ennemie trouve bon que tout le monde sache que je la sers, seulement je puis dire pour répondre à ce que l'on me demande avec tant de courtoisie, que son nom est Dulcinée, sa patrie le Toboso et sa qualité au moins de princesse, puisqu'elle est ma reine. Sa beauté aussi plus qu'humaine puisqu'elle en réunit tous les attributs, que ses cheveux sont d'or, son front les Champs-Élysées, ses sourcils des arcs-en-ciel, ses yeux des soleils, ses joues des roses, ses lèvres du corail, ses dents des perles, son cou de l'albâtre, ses épaules du marbre, ses mains de l'ivoire, je n'en sais pas davantage, et malgré mon ignorance à d'autres égards, je puis dire que la comparaison serait indiscrète. »

« Nous voudrions bien connaître sa généalogie, ajouta Vivaldo. — Elle ne descend pas, répondit Don Quichotte, des

Scipions de l'ancienne Rome, ni des Colonna de la Rome moderne, ni des Moncades de Catalogne, ni d'autre grande lignée de Castille ou de Portugal. Elle est du Toboso de la Manche, race moderne, il est vrai, mais qui deviendra la souche des plus illustres familles à venir ; et à cela que l'on ne réplique point, si ce n'est avec les conditions que Zerbin mit au-dessous des armes de Roland, *que personne ne les meuve, s'il ne veut avec Roland venir en preuve*.

— Bien que ma famille soit des Cachopins de Larédo, dit le voyageur, je n'oserais la comparer à celle du Toboso de la Manche, quoiqu'il ne soit parvenu à mes oreilles un nom semblable. — Cela se peut à peine croire, » répliqua Don Quichotte. Tous avaient reconnu que notre chevalier était dépourvu de sens commun. Sancho Pança était le seul qui tenait pour véridiques les paroles de son maître, quoiqu'il doutât un peu à l'endroit de la princesse Dulcinée dont il n'avait jamais ouï parler, bien qu'il fût voisin du Toboso. Comme ils discouraient ainsi, ils aperçurent entre deux montagnes environ vingt pasteurs couverts de pelisses noires, et dont plusieurs portaient une bière couverte de guirlandes de fleurs. A cette vue, un des chevriers affirma que ce devait être le corps de Chrysostome et que ce lieu était celui où il devait être déposé. Ayant donc hâté la marche, ils arrivèrent à temps pour contempler le défunt, lequel était en apparence âgé de trente ans, et, quoique mort, montrait qu'il avait été beau de visage et fort dispos de sa personne. Il y avait à côté de lui, dans la même bière, quelques livres et papiers. Tous les assistants gardaient un profond silence, lorsque l'un de ceux qui avait apporté le mort dit à un autre : « Regardez bien, Ambroise, si c'est le lieu que Chrysostome a dit. » Celui-ci répondit : « Oui, c'est bien ici que ce mien malheureux ami m'a dit avoir vu pour la première fois cette ennemie du genre humain. Ce fut là aussi qu'il lui déclara sa pensée, autant honnête qu'amoureuse, et là que Marcelle acheva de le rebuter et dédaigner; de sorte qu'il mit fin à la tragédie de sa vie misérable et voulut être déposé ici pour l'éternel oubli. » Et, se retournant vers Don Quichotte et les autres assistants, il dit : « Ce corps, messeigneurs, fut dépositaire d'une âme que le ciel avait douée d'une partie de ses richesses, c'est le corps de Chrysostome, lequel fut unique en esprit, seul en courtoisie, extrême en gentillesse, phénix en amitié, magnifique sans mesure, grave sans présomption, joyeux sans être trivial, et enfin le premier en tout ce qui est des qualités et sans second pour les malheurs. Il aima et fut haï, il adora et fut dédaigné, il pria une cruelle, il importuna un marbre, et la cause de sa mort fut l'ingratitude d'une bergère dont il voulait éterniser la mémoire : ce que prou-

CHAPITRE XIII

veraient ces papiers que vous voyez, s'il n'avait commandé de les brûler après avoir livré son corps à la terre. »
« Vous seriez plus rigoureux que lui-même en le faisant, dit Vivaldo, car on ne doit point tenir compte d'une volonté contraire à la raison. Et César Auguste en eût manqué s'il eût laissé accomplir ce qu'avait le divin Mantouan ordonné par son testament. Tellement, seigneur Ambroise, que si vous donnez le corps de votre ami à la terre, ce n'est pas une raison pour livrer ses écrits à l'oubli, et s'il a ordonné cela comme offensé, il n'est pas bon de l'accomplir : au contraire, faites, en laissant connaître ces papiers, que la cruauté de Marcelle soit toujours vivante, et qu'ils soient un exemple pour ceux qui courent à bride abattue dans le précipice par la voie que leur fol amour leur met devant les yeux. Ainsi, ami Ambroise, nous te demandons, et pour ma part je te supplie, de ne pas brûler ces papiers et que tu m'en laisses emporter quelques-uns. » Puis, sans attendre que le pasteur répondît, il étendit la main et prit une partie de ceux qui étaient le plus près. Ce que voyant, Ambroise lui dit : « Gardez ceux que vous avez pris, mais c'est en vain que vous me demanderez les autres. » Vivaldo, désireux de voir ce que disaient ces papiers, en ouvrit un dont le titre était : *Chant du désespéré.* « Ce sont, dit Ambroise, les derniers vers qu'a écrits l'infortuné ; et, pour que l'on sache où l'avaient réduit ses malheurs, veuillez, Seigneur, les lire à haute voix. — Volontiers, » dit Vivaldo. Alors tous les assistants l'ayant entouré, il lut d'une voix claire ce qui était écrit sur le papier.

C'était une longue suite de vers, où le défunt peignait son désespoir et sa jalousie. Chacun admira les paroles de Chrysostome, mais Vivaldo fit observer que la jalousie du défunt ne paraissait pas à propos, puisque Marcelle n'avait jamais donné lieu à aucune supposition autre que d'être dédaigneuse. Et il allait lire un autre papier sauvé du feu, lorsqu'il en fut empêché par une apparition merveilleuse : c'était Marcelle qui paraissait sur le haut du rocher, plus belle encore que sa renommée l'avait faite, et à peine Ambroise l'eut aperçue qu'il exprima son indignation. A quoi la bergère répondit :

« Je n'ai que peu de paroles à dire pour ma justification ; si le ciel m'a faite ce que vous dites et de telle manière que ma beauté vous contraigne de m'aimer, suis-je pour cela obligée de soumettre ma volonté sans autre motif que celui-là que vous pensez. Si le ciel m'eut formée laide, eût-il été raisonnable que je demandasse d'être aimée de vous, et, de même que la vipère n'est pas responsable du venin qu'elle porte et que la nature lui a donné, la beauté est un don que l'on tient également de la nature : elle est comme le feu éloigné et comme l'épée tranchante, car le feu ne brûle et l'épée ne blesse point celui qui ne s'en approche pas. L'honneur et la vertu sont les ornements de l'âme, et ne doit point les perdre celle qui est aimée pour belle ; je suis née libre, et pour vivre en liberté, j'ai choisi la solitude des campagnes ; les arbres de ces montagnes sont ma compagnie ; les eaux de ces ruisseaux me servent de miroir ; je suis ce feu éloigné et cette épée mise à l'écart. Ceux que ma vue a entraînés, je les ai désabusés par mes paroles. Chrysostome n'eut que des intentions droites, et en ce même lieu, où l'on prépare sa sépulture, il me les découvrit, mais jamais je ne lui ai donné lieu d'espérer ; s'il a voulu voguer contre le vent, il n'est pas étonnant qu'il ait fait naufrage. Que l'on cesse donc de m'appeler cruelle et homicide, le ciel n'a pas voulu jusqu'à cette heure que j'aimasse par destin ; c'est en vain que l'on pense que je doive aimer par élection, je suis libre et ne veux point m'assujettir. Je n'aime ni ne hais personne, je ne trompe point celui-ci et ne cherche pas celui-là. La compagnie des bergers de ce village, le soin de mes chèvres sont mes passe-temps ; si mes pensées se portent ailleurs, c'est pour contempler la beauté du ciel et porter mon âme vers sa première demeure. » Et, sans vouloir entendre aucune réponse, elle disparut, laissant tous ceux qui étaient présents aussi émerveillés de ses paroles que de sa beauté. Quelques-uns, éblouis par le puissant attrait de ses beaux yeux, firent mine de la vouloir suivre sans avoir égard aux avertissements qu'elle venait de leur donner. Don Quichotte, voyant cela, y trouva une occasion d'exercer sa chevalerie.

Ayant alors mis l'épée à la main, il s'écria : « Que personne ne soit assez audacieux pour suivre la belle Marcelle, sous peine d'encourir ma colère ; elle a démontré d'une manière évidente qu'elle est innocente de la mort de Chrysostome, et combien elle est éloignée de vouloir engager sa liberté, il est donc raisonnable qu'elle soit estimée et honorée. »

Soit que ces raisons fussent trouvées bonnes, ou bien à cause des menaces du chevalier, personne ne partit avant que les papiers de Chrysostome fussent brûlés et son corps rendu à la terre, puis on couvrit la tombe d'un éclat de roche, en attendant une pierre qu'Ambroise devait faire faire avec cette épitaphe :

« Ici gît d'un amoureux le corps refroidi, c'était un pas-
« teur de brebis qui fut en amour malheureux.

« Il mourut à cause d'une belle, fière et ingrate, qui, par
« son empire, lança de l'amour le trait rigoureux. »

Puis tous jetèrent des fleurs sur la tombe, et chacun, ayant fait à Ambroise ses condoléances, prit congé de lui : ainsi le firent Vivaldo et son compagnon. Don Quichotte dit adieu à ses hôtes ainsi qu'aux voyageurs, qui l'engagèrent beaucoup à les accompagner à Séville, où il devait trouver force aventures ; mais le chevalier les remercia, disant qu'il ne le ferait qu'après avoir débarrassé ces montagnes des brigands qui les infestaient : ils se séparèrent alors et poursuivirent leur chemin, non sans parler de Marcelle et de Chrysostome autant que de la folie de Don Quichotte, lequel résolut d'aller à la recherche de Marcelle pour lui offrir ses services, mais il ne lui advint pas comme il le pensait, ainsi qu'il est dit dans la suite de cette véritable histoire.

CHAPITRE XIV

Où l'on rapporte la rencontre qu'eut Don
Quichotte avec des muletiers yangois.

Id Hamet-Ben-Engeli raconte que Don Quichotte ayant pris congé de ses hôtes, entra lui et son écuyer dans le même bois où il avait vu disparaître la bergère Marcelle, mais, ayant cheminé en vain pendant deux heures, ils arrivèrent dans un pré où coulait un frais ruisseau qui les convia à y passer l'heure où le soleil commençait à s'échauffer ; ayant alors laissé l'âne et Rossinante paître en liberté, ils dénouèrent le bissac, puis maître et valet se mirent à manger sans autre cérémonie ce qu'ils trouvèrent dedans. Sancho, qui connaissait la retenue de Rossinante, n'avait pas pris soin de lui mettre des entraves. Or, le sort voulut, et le diable peut-être, qu'il se trouva quelques cavales galiciennes qui paissaient dans cette vallée et qui appartenaient à certains muletiers yangois, dont la coutume est de faire leur sieste là où se trouve de l'eau fraîche et de l'herbe pour faire paître leurs bêtes ; il advint donc qu'il prit à Rossinante quelque velléité de conversation avec mesdames les cavales, et, contre son naturel sans malice, il ne demanda point permission à son maître, il s'en fut d'un petit trop gaillard leur faire part de ses idées ; mais comme elles n'entendaient pas raillerie, elles le reçurent avec ruades et coups de dents, de telle façon qu'elles le dépouillèrent de sa selle, et après, les muletiers voyant cette hardiesse, arrivèrent avec des pieux et lui en donnèrent jusqu'à ce qu'il fut éreinté. Don Quichotte et Sancho, voyant cela, accoururent et le chevalier dit à Sancho : « Ami, ceux-ci ne sont pas chevaliers, mais seulement de la canaille, tu peux donc m'aider à venger Rossinante ; » à quoi l'écuyer répondit : « Ils sont plus de vingt, nous ne sommes que deux et on pourrait dire un et demi. — J'en vaux cent, répliqua Don Quichotte ; » qui sans faire un plus long discours, mit l'épée à la main et se rua sur les muletiers. Sancho suivit l'exemple de son maître, et Don Quichotte donna un tel coup à l'un d'eux qu'il lui fendit sa saie de cuir et lui fracassa l'épaule. Les Yangois, ainsi maltraités, commencèrent à charger dru et menu, de façon qu'à la seconde touche ils renversèrent Sancho, puis Don Quichotte, qui vint tomber à côté de Rossinante, lequel ne s'était pas encore relevé ; puis les Yangois, voyant la mauvaise besogne qu'ils avaient faite, rechargèrent leurs bêtes et partirent. Le premier qui se fit entendre fut Sancho, lequel demandait d'une voix dolente, à Don Quichotte son seigneur du baume de fier-à-bras. « Cela me manque, répondit Don Quichotte ; mais je te jure, Sancho Pança, foi de chevalier errant, qu'avant deux jours j'en aurai en mon pouvoir, si la fortune ne nous est pas contraire. — Et dans combien de jours, dit Sancho, vous semble-t-il pouvoir remuer les pieds ? — Hélas ! répartit Don Quichotte, je ne saurais le dire ; mais ce que je sais, c'est que le Dieu des batailles a voulu que je reçusse ce châtiment pour avoir transgressé les lois de la chevalerie. Retiens donc ce que je vais te dire, c'est qu'alors que tu verras de pareille canaille nous faire quelque tort, mets l'épée à la main et me les châtie à ton plaisir, et s'il survient quelque chevalier pour les secourir, je te saurai bien défendre, car tu as déjà reconnu à mille enseignes jusqu'où s'étend la valeur de mon bras; » mais Sancho lui répondit : « Je suis homme pacifique, ami du repos et oublieux des injures, parce que j'ai une femme et des enfants à nourrir, aussi ayez ceci en avertissement : que je ne mettrai l'épée à la main ni contre vilain, ni contre chevalier; que je pardonne les injures présentes et à venir, qu'elles viennent de riche ou de pauvre, de noble ou de roturier. » Ce qu'ayant entendu, Don Quichotte lui répondit : « Je voudrais que la douleur que je ressens s'apaisât assez de temps pour qu'il me fût possible de te faire comprendre l'erreur où tu es; car si la fortune qui jusqu'alors nous a été contraire, nous permettait de prendre port en quelqu'une de ces îles que je t'ai promises, et qu'en devenant seigneur, tu laissasses de venger les injures et de défendre tes terres et ton État, il faut donc t'apprendre que les volontés des naturels du pays sont peu favorables au parti du nouveau seigneur et qu'il doit craindre quelque rébellion ; il est donc à propos qu'il ait de l'entendement pour gouverner et de la valeur pour se défendre à tout événement.—Je le voudrais, repartit Sancho, mais, foi de pauvre homme, je suis plus propre à recevoir des emplâtres qu'à faire des discours. Regardez si vous pouvez vous lever et nous aiderons Rossinante, quoiqu'il ne le mérite pas, car je le tenais pour une personne chaste et pacifique; enfin, on dit avec raison qu'il n'y a rien d'assuré en cette vie. Qui eût prévu qu'après ces grands coups d'épée que vous donnâtes à ce malheureux chevalier errant, il fût venu en poste une telle tempête de bastonnades sur nos épaules. — Pour les tiennes, Sancho, répliqua Don Quichotte, elles peuvent être habituées à de semblables orages, mais les miennes, qui ont été élevées dans de la fine toile, doivent se ressentir plus vivement de cette disgrâce, et si je ne savais que cela tient à l'exercice des armes, je me laisserais mourir de douleur. — A cela, repartit Sancho, puisque ces disgrâces tiennent à la chevalerie, dites-moi si elles arrivent souvent ; car il me semble qu'après deux récoltes nous ne vaudrons plus rien pour la troisième, si

Dieu ne nous donne secours. » Don Quichotte répondit : « Tu sauras, ami Sancho, que la vie des chevaliers errants est sujette à mille hasards, et si la douleur ne s'y opposait, je pourrais te dire combien d'entre eux sont devenus empereurs et rois, et quelques-uns sont tombés en de grandes calamités : comme le valeureux Amadis de Gaule, qui reçut de son mortel ennemi, Archalaüs l'enchanteur, plus de deux cents coups d'étrivières, ainsi que le chevalier du Soleil qui, étant tombé dans un piége, s'enfonça dans une caverne, où on lui bailla une de ces médecines qu'on appelle eau de neige et de sable, ce qui le mit à l'extrémité, d'où il fut tiré par un sage magicien, son ami. Je puis donc me trouver en telle classe de gens de bien, puisque les affronts qu'ils ont reçus sont plus grands que ceux qui nous sont arrivés jusqu'à présent. Il faut que tu saches, ami Sancho, que les coups et blessures, que les instruments ou outils qui sont en la main de ceux qui frappent ne causent point d'affront, et cela est écrit en la loi du duel : donc si un cordonnier frappe quelqu'un avec une forme qu'il tient à la main, bien qu'elle soit de bois, aussi bien qu'un bâton, on ne pourra dire que celui qui en a été frappé a reçu la bastonnade. Ainsi, dans cette mêlée nous n'avons point reçu d'affront, parce que les armes que portaient ces hommes qui nous ont si maltraités n'étaient autres que leurs pieux, et pas un ne portait épée ou poignard. — Je n'ai pas eu le loisir d'y prendre garde, repartit Sancho, ils m'ont fait sur les épaules un tel signe de croix que j'en fus ébloui, et m'ayant renversé où me voici couché, je me soucie peu que ce soit ou non un affront. — Pour cela, je te dirai, ami Pança, répliqua Don Quichotte, qu'il n'y a douleur que le temps ou la mort n'efface : prends donc courage, et fais de nécessité vertu, j'en ferai de même ; mais, voyons, comment se porte Rossinante, car il me semble que la pauvre bête n'a pas eu la moindre part de cette disgrâce. — Il ne s'en faut pas inquiéter, répliqua Sancho, vu qu'il est aussi errant : mais ce qui m'étonne, c'est que mon âne ait été épargné là où nous autres sommes sortis sans côtes. — La fortune laisse

7.

toujours une porte ouverte aux malheurs, reprit Don Quichotte, et cette petite bête remplacera Rossinante pour me porter en quelque château où je pourrai être pansé. Outre que je me contenterai d'une telle monture, puisque le vieux Silène, lorsqu'il fit son entrée dans la Cité aux cent portes, était monté sur un très-bel âne. — Cela est vrai, dit Sancho, mais à cela près qu'être à cheval ou placé à travers la monture comme un sac, la différence est grande. » A cela Don Quichotte répondit : « Les blessures donnent plutôt de l'honneur que d'en ôter ; ainsi, lève-toi du mieux que tu pourras, mets-moi sur ton âne et partons avant que la nuit vienne nous surprendre en ce désert. — Cependant, répliqua Sancho, je vous ai entendu dire qu'il est ordinaire aux chevaliers errants de dormir à la belle étoile. — Cela arrive, dit Don Quichotte, quand ils ne peuvent pas faire autrement, ou quand ils sont par trop amoureux : comme ce chevalier qui se faisait appeler le beau Ténébreux, lequel passa huit mois ou huit ans sur une roche, pour pénitence de je ne sais quel déplaisir que lui fit sa dame Oriane. Mais laissons ces détails et te hâtes, crainte de mésaventure pour l'âne comme il est arrivé à Rossinante. — Ce serait bien le diable, » dit Sancho en criant aye ! aye ! et poussant plus de cent soupirs ; puis, après s'être levé, il demeura courbé comme un arc, et, après avoir rattrapé l'âne qui s'était un peu éloigné, il releva Rossinante à qui il ne manquait que la parole pour faire chorus avec maître et valet. Enfin, Sancho ayant placé Don Quichotte sur l'âne, attacha Rossinante à la queue du grison, et, prenant l'âne par le licou, s'achemina vers ce qui lui semblait être le grand chemin.

La fortune aidant, ils ne tardèrent pas à découvrir une taverne que l'un prétendait être un château et l'autre une hôtellerie ; la querelle durait encore lorsqu'ils arrivèrent à la porte et Sancho entra dedans avec sa caravane, sans autre information.

CHAPITRE XV

De ce qui advint au chevalier dans cette taverne qu'il croyait être un château.

Voyant Don Quichotte ainsi placé sur l'âne, l'hôtelier s'informa de ce qui lui était arrivé ; Sancho répondit qu'il était tombé du haut d'une roche et qu'il avait les côtes un peu froissées. La femme de l'hôtelier qui avait assez bon cœur, chose d'habitude peu ordinaire aux gens de cette profession, s'empressa d'accourir pour panser notre héros et se fit assister par sa fille.

Il y avait aussi dans cette hôtellerie une grosse Asturienne, au nez camus, borgne d'un œil et ayant l'autre en mauvais état, mais dont la taille pouvait être remarquée, bien que la charge de ses épaules l'obligeât à regarder plutôt la terre que le ciel. Cette gracieuse créature aida la fille, et toutes deux firent à Don Quichotte un lit dans une soupente qui, depuis longtemps, servait de grenier à paille ; il y avait en cet endroit un muletier qui avait son lit un peu plus avant que celui de notre chevalier, et, quoique ce lit fût fait avec les bâts et les couvertures de ses mules, il était bien supérieur à celui de Don Quichotte, qui n'était composé que de quatre planches placées sur deux bancs inégaux et d'un matelas dur autant que s'il eût été fait avec des cailloux ; les couvertures et les draps étaient à l'avenant. Or, Don Quichotte s'étant couché dans ce mauvais lit, l'hôtesse et sa fille, éclairées par l'Asturienne dont le nom était Maritorne, lui appliquèrent des emplâtres depuis les pieds jusqu'à la tête. L'hôtelière, voyant Don Quichotte si meurtri, émit cette opinion que cela ressemblait plus à des coups qu'à une chute. A quoi Sancho répondit que c'était bien une chute, et que chaque pointe du rocher avait fait une meurtrissure, et dit aussi à l'hôtesse de réserver quelques emplâtres pour lui, parce que les reins lui étaient douloureux. « Mais, reprit l'hôtesse, vous êtes donc tombé aussi? — Non! dit Sancho, la frayeur seule est l'auteur de mon mal. — Cela peut être, dit la fille, car il m'est parfois arrivé de rêver que je tombais d'une tour, et quand je me réveillais, je me sentais aussi moulue que si je fusse véritablement tombée.— Il en est de même, reprit Sancho, pour ma personne, car bien que je ne sois pas tombé, je me sens presque aussi meurtri que mon seigneur Don Quichotte. — Comment nommez-vous ce chevalier? demanda Maritorne.— Don Quichotte de la Manche, répondit Sancho, chevalier aventurier, tel qui aujourd'hui créature la plus malheureuse, sera peut-être demain bastonnadé ou empereur, et, dans ce dernier cas, en position de donner deux ou trois couronnes à son écuyer. — Alors, dit l'hôtelière, comment, étant son écuyer, n'avez-vous au moins quelque comté? — Il n'y a point de temps perdu, répondit Sancho, car il y a un mois à peine que nous allons cherchant des aventures, et jusqu'à présent nous n'en avons pas trouvé, parce qu'il arrive souvent que l'on cherche une chose et qu'on en trouve une autre. Mais si mon seigneur Don Quichotte guérit de cette blessure et que je ne demeure contrefait, je ne changerais pas mes espérances contre le meilleur titre d'Espagne. » Don Quichotte prit la parole à son tour, et prenant la main de l'hôtesse, il lui dit : « Croyez-moi, belle dame, que vous pouvez vous tenir pour heureuse d'avoir reçu en votre château une personne telle que moi ; je n'en dis pas plus, parce que la louange de soi-même est mal séante, mais mon écuyer vous dira qui je suis ; seulement permettez-moi de vous affirmer que je conserverai toujours en ma mémoire le service que vous me rendez, afin de vous en remercier tant

que je vivrai ; et si je n'étais l'esclave de la belle et ingrate Dulcinée, je deviendrais celui de cette belle demoiselle. »
L'hôtesse, sa fille et Maritorne étaient toutes confuses des

raisons du chevalier, bien qu'elles ne les comprenaient pas plus que s'il eût parlé grec. Et supposant cependant qu'il disait choses aimables, elles le remercièrent en langage de taverne et le laissèrent là. Puis Maritorne donna ses soins à Sancho, lequel en avait autant besoin que son maître. Le cid Ben-Engeli, historien fort exact, rapporte ici quelques circonstances qu'il est à propos de taire. Nous dirons seulement qu'ils ont trait à l'Asturienne Maritorne et au muletier, lesquels s'étaient promis une conversation privée pour l'heure où tout le monde serait en repos dans l'hôtellerie; l'Asturienne était esclave de sa parole, mais un hasard malheureux ne lui permit pas d'exécuter sa promesse et voulut que, lorsqu'elle traversa la chambre où étaient les trois personnages, notre héros, se remémorant ce qu'il avait lu dans ses histoires de chevalerie, adressa à Maritorne des paroles qui déplurent au muletier, lequel alors envoya au chevalier un si horrible coup de poing, qu'il lui mit la bouche en sang, puis il lui monta sur les côtes et d'un pas plus vite que le trot, le trépigna d'un bout à l'autre; le lit, qui n'avait pas de trop bons fondements, se laissa aller par terre. L'hôtelier s'étant réveillé, accourut au bruit de la chute, une lampe à la main et appelant Maritorne, laquelle, pour éviter une réprimande de son maître, s'ingénia d'aller se cacher dans le lit de Sancho, qui dormait encore, mais qui s'étant réveillé aux cris de l'hôtelier et sentant quelque chose dans son lit, crut avoir le cauchemar; il se mit alors à donner des coups de pieds et des coups de poings sur Maritorne, laquelle jetant son honnêteté par terre, donna le change à Sancho qui s'éveilla tout à fait, puis une étrange mêlée s'ensuivit, le muletier quitta le chevalier et tomba sur Sancho, l'hôtelier châtiait la servante, la servante frappait sur Sancho, puis la lampe s'éteignit. Or, il y avait dans l'hôtellerie un chevalier de la Sainte-Hermandad, lequel ayant entendu le bruit de la mêlée, entra dans la chambre, disant de cesser le tapage. Le premier qu'il rencontra fut le pauvre Don Quichotte, et lui mettant à tâtons la main sur la barbe, mais sentant qu'il ne bougeait, il se persuada qu'il était mort, et que ceux qui étaient là étaient ses meurtriers ; il ordonna de fermer la porte de la taverne, disant que personne ne sortît ; cette voix étonna tout le monde et chacun s'arrêta. Le tavernier se retira en sa chambre, le muletier à ses bâts, la servante en son taudis, les seuls Don Quichotte et Sancho qui ne pouvaient bouger, restèrent où ils étaient. L'archer alors quitta la barbe de Don Quichotte pour aller chercher de la lumière et s'emparer des coupables, mais le tavernier ayant éteint la lampe qui brûlait dans l'entrée de l'hôtellerie, l'archer dut souffler le peu de feu que contenait la cheminée pour arriver avec beaucoup de travail à rallumer une autre lampe.

CHAPITRE XVI

Où se continuent les misères que le brave Don Quichotte et son écuyer souffrirent en la taverne qu'ils prenaient pour un château.

ON Quichotte, revenu enfin de son évanouissement, commença à appeler son écuyer, disant : « Sancho, mon ami, dors-tu ? — Comment le pourrais-je ? répondit Sancho avec dépit, quand tous les diables m'ont tourmenté cette nuit. — Sans doute, dit le chevalier, ce château est enchanté ou je n'y connais rien, mais avec la discrétion que j'exige de toi, ainsi que ton serment, je te vais conter une des aventures les plus extraordinaires que l'on puisse connaître et qui m'est arrivée cette nuit en ce château. » Le chevalier fit alors le récit de ce que son imagination avait forgé à l'endroit de la venue de Maritorne, et arrivant au coup de poing sur la mâchoire, il dit qu'un géant seul ou quelque More enchanté devait veiller à la garde du trésor de beauté que renfermait le château. Sancho se récria que pour sa part, qui avait comme toujours été la plus grande, il avait été tanné au moins par quatre cents Mores. « Prends patience, mon ami, repartit Don Quichotte, je vais tout à l'heure faire de ce fameux baume de fier-à-bras qui nous doit guérir en un clin d'œil. »

Sur ces entrefaites, l'archer ayant rallumé sa lampe, entra dans la chambre pour voir celui qu'il avait cru mort. Sancho le voyant en chemise, un mouchoir sur la tête, la

lampe à la main, et de plus orné d'une mine à faire peur, demanda à son maître si ce n'était pas le More enchanté. « Ce ne peut être lui, répondit Don Quichotte, parce que les enchantés sont gens invisibles. — Au moins se font-ils sentir, dit Sancho, et mes épaules en peuvent témoigner. — Les miennes aussi, répondit Don Quichotte, mais ce n'est point un indice suffisant. » L'archer arriva sur cela et fut très-étonné de les entendre deviser aussi paisiblement. Don Quichotte était cependant encore couché la tête en

bas, sans pouvoir bouger. L'archer s'approcha et lui dit :
« Eh bien ! comment vous va, bonhomme ? — Je parlerais
plus courtoisement que cela, dit Don Quichotte, si j'étais à
votre place. Parle-t-on comme cela aux chevaliers errants
en votre pays, lourdaud que vous êtes ? » L'archer, qui était
d'humeur peu facile, se voyant si maltraité par notre héros,
s'empressa de lui envoyer par la tête la lampe qu'il tenait
dans sa main, puis il sortit incontinent. Don Quichotte engagea
Sancho à se lever et le dépêcha près du gouverneur
de la forteresse, pour en obtenir des ingrédients nécessaires
à la confection du célèbre baume de fier-à-bras.
Sancho s'étant levé et ayant dirigé ses pas dans l'obscurité,
alla heurter contre l'archer qui écoutait ce qui se passait,
et Sancho lui demanda du romarin, de l'huile, du sel et du
vin, lui exposant qu'il s'agissait de secourir l'un des meilleurs
chevaliers errants auquel le More enchanté venait de
causer quelques avaries. Quand l'archer eut écouté le bonhomme,
il le trouva privé d'entendement, et ayant appelé
le tavernier, il lui exposa la requête de Sancho, à laquelle
il fut fait droit, puis s'en retourna vers le chevalier, lequel
avait gagné deux bosses énormes à la tête pour prix de sa
raideur, et qui, par suite de la tourmente passée, était
couvert de sueur, chose qu'il prenait, dans l'obscurité,
pour du sang. Et après avoir préparé et fait cuire le fameux
baume, il le mit dans une burette à huile, hommage de
l'hôtelier et pour remplacer une fiole. Puis il se mit à dire
sur ladite burette quatre-vingts *Pater noster*, autant d'*Ave*,
de *Credo*, de *Salve, Regina*, et chaque parole était accompagnée
d'un signe de croix en manière de bénédiction.
Cela achevé, le chevalier voulut faire sur lui-même l'expérience
de la vertu de ce baume, il but alors tout ce que ne
put contenir la burette, et l'avait à peine ingurgité, que se
produisit l'effet, et il commença à vomir de telle sorte, qu'il
ne lui resta rien dans l'estomac ; puis, à cause de la sueur
produite par les grands efforts qu'il avait dû faire, il
se fit envelopper et dormit pendant trois heures, après
quoi il se trouva tellement soulagé qu'il se persuada avoir

trouvé le célèbre baume de fier-à-bras, et se tint pour être en cas d'entreprendre sans crainte les aventures les plus périlleuses.

Sancho Pança, non moins émerveillé, voulut de son côté faire essai de ce merveilleux remède, et, avec la permission de Don Quichotte, prit le pot à deux mains et se mit le contenu sur la conscience ; bien qu'il en entonnât moins que son maître, l'effet s'en fit promptement sentir ; il s'ensuivit force vomissements et défaillances, tellement que le pauvre écuyer pensa que sa dernière heure était venue, et voua le baume au diable, avec le larron qui le lui avait donné. Don Quichotte lui dit : « Donc je crois, Sancho, que le mal qui t'advient a une cause que je tiens pour bonne, à savoir, que ce baume ne convient qu'à ceux qui sont chevaliers. — Mais, répliqua l'écuyer, votre entendement aurait bien dû parler plus tôt. » Et tout aussitôt le breuvage produisit tant d'effet par les deux canaux, que Sancho inonda la natte de jonc sur laquelle il était couché, ainsi que sa couverture, de façon à les mettre hors d'usage ; puis, après deux heures de tourmente, se trouva tellement moulu, qu'il ne se pouvait mouvoir. De son côté, Don Quichotte, devenu léger et gaillard, conçut le désir de partir incontinent, car il ne voulait pas que le monde pût le taxer de paresse. Fort de son désir et de sa confiance dans le précieux baume, il sella lui-même Rossinante, mit le bât à l'âne, et ayant aidé l'écuyer à se vêtir et à monter sur sa bête, il enfourcha Rossinante, puis prit, pour lui servir de lance, une demi-pique qui se trouvait dans un coin de la taverne. Tous ceux qui étaient dans l'hôtellerie et qui étaient plus de vingt personnes, s'amusaient à regarder notre chevalier, lequel étant à la porte de la taverne, harangua l'hôte et lui offrit ses services de redresseur de torts, auquel le tavernier répondit : « Que la seule chose qu'il lui demandait était le payement des dépenses qu'il avait faites en la taverne. — Eh quoi ! s'écria Don Quichotte, ce que j'ai pris pour un château est donc une taverne ? mais si j'ai été abusé jusqu'ici, sachez, seigneur hôtelier, qu'il n'est point d'usage aux chevaliers errants (ce qui est ma profession) de jamais payer leur dépense autrement que par la gratitude qui leur est due pour tout ce qu'ils endurent nuit et jour, été comme hiver, à pied comme à cheval. » A quoi le tavernier répliqua : « J'ai peu de souci de vos contes et de vos chevaliers, je ne demande que mon bien. — Vous n'êtes qu'un fou et un mal appris, » répondit Don Quichotte. Puis, piquant sa monture, il sortit de la taverne

sans opposition et s'éloigna sans regarder si son écuyer le suivait. Le tavernier s'en prit alors à Sancho, lequel répondit que ce ne serait point du devoir de l'écuyer de contrevenir autant aux usages qu'à la volonté de son seigneur.

Or, la mauvaise fortune voulut pour Sancho qu'il se

Le malheureux Sancho fut conduit dans la cour et berné....

trouva, parmi les gens qui étaient en la taverne, quatre mégissiers de Ségovie, trois marchands de Cordoue et trois halliers de Séville, tous gaillards et amis de la plaisanterie, lesquels, comme poussés par une même pensée, s'approchèrent de Sancho et l'ayant fait descendre de son âne, tandis que l'un de ces gens ayant pris une couverture dans la taverne, le malheureux Sancho fut conduit dans la cour et berné comme on le fait aux chiens à carême prenant.

Les cris aigus du pauvre berné parvinrent jusqu'aux oreilles de son maître, lequel ayant tourné bride revint vers la taverne qu'il trouva close, et tournant à l'entour, mais en vain, pour trouver une entrée, ce ne fut que par-dessus les murs qu'il put contempler l'agilité à lui inconnue du bon écuyer, et notre chevalier se fût mis à rire de bon cœur s'il avait pu être tout à fait délivré de sa colère. Il voulut monter de son cheval sur le mur, mais ne le put, de là se mit à dire aux berneurs de telles vilenies qu'elles ne peuvent être rapportées ici, ce qui ne les arrêta pas plus que les prières ou les menaces de Sancho, et après qu'ils eurent cessé par lassitude, l'écuyer fut replacé sur son âne, et la bonne Maritorne lui ayant offert à rafraîchir, lui présenta une potée d'eau fraîche ; de son côté, le chevalier criait à Sancho : « Garde-toi, mon fils, de cette eau ; » et lui montrant la fiole qui contenait le fameux baume, lui dit : « J'ai ici de quoi te guérir. » A quoi Sancho répondit : « Merci de votre liqueur, je ne suis point chevalier et ne veux point rendre ce qui me reste d'entrailles. » Puis il se mit à boire, mais au premier trait ayant senti que ce n'était que de l'eau, il pria Maritorne de lui apporter du vin, ce qu'elle fit, et même le paya de ses deniers, car elle possédait encore quelque semblant de charité chrétienne.

Sancho ayant bu, donna du talon à son âne, et, bien que cette fois ce fut encore aux dépens de ses épaules qu'il sortit de là, il partit sans payer, car les joyeux berneurs ne voulurent pas permettre au tavernier de barrer sa porte comme il le voulait faire.

8.

CHAPITRE XVII

Où il est rapporté un discours que Sancho tint à son maître et d'autres aventures dignes d'être racontées.

Sancho ayant rejoint son maître, était si moulu qu'il pouvait à peine se tenir sur son âne ; ce que voyant, le chevalier lui dit : « Cette fois, ami, tu ne peux nier que ce château ou taverne est enchanté, car ceux qui se sont amusés de toi ne peuvent être autres que fantômes ou gens de l'autre monde ; et s'il en eût été autrement, j'eusse pu franchir la muraille et te porter aide et secours. — Je ne sais, dit Sancho, mais je tiens pour assuré que ceux qui se sont ainsi amusés étaient gens de chair et d'os, et je les ai ouï appeler par leurs noms, tandis qu'ils me bernaient : l'un se nommait Pedro Martinez, l'autre Tenorio Hermandez, et pour le tavernier il avait nom Jean Palomèque le gaucher ; il y a une autre cause qu'enchantements de ce que vous ne pûtes franchir la muraille ou descendre de cheval, et mon simple entendement me dit que le meilleur pour nos membres serait de retourner en notre village et soigner notre bien en ce temps de moisson, sans aller à tout vent et comme on dit du pot à la terrine.

— Que tu sais peu de chose, reprit Don Quichotte, en fait de chevalerie ; prends patience, et un jour viendra où tu pourras reconnaître que rien n'est au-dessus de cette profession, car, dis-moi, quel plaisir au monde est plus grand que celui de vaincre son ennemi et de triompher dans un combat ? — Cela peut être vrai, reprit Sancho, mais mon ignorance cependant me permet de savoir que depuis que nous faisons profession de chevaliers errants, vous du moins (car j'en suis indigne), nous n'avons encore gagné qu'une bataille, celle contre le Biscaïen, et encore Votre Honneur y a-t-elle laissé la moitié de son oreille et une partie de sa salade ; mais depuis ce n'a été que bastonnade et coups de poings, puis, par-dessus le marché, j'ai eu l'avantage d'être berné par des enchanteurs, sans pouvoir en tirer vengeance, ce qui est plaisir infini au dire de Votre Grâce. — C'est là ma disgrâce, repartit Don Quichotte, mais j'espère d'ici à peu posséder une épée si artistement forgée qu'elle sera à l'abri de tout enchantement, et ma bonne étoile voudra peut-être que ce soit celle que portait Amadis quand il s'appelait le *Chevalier de l'ardente épée*, laquelle tranchait comme un rasoir et de plus brisait n'importe quelle armure, enchantée ou non. — Cela n'est bon, dit Sancho, que pour ceux qui sont armés chevaliers, mais il en est de même que de ce fameux baume, pour les pauvres écuyers ; bonsoir. — Sois donc sans crainte, dit Don Quichotte, le ciel te sera plus propice. »

Pendant que nos deux cavaliers discouraient ainsi, Don Quichotte découvrit devant lui une nuée de poussière, et se tournant vers Sancho, lui dit : « Ami, voici le jour où, par la force de mon bras, je vais accomplir telles œuvres qu'elles seront inscrites pour toujours dans le livre de la renommée. Cette poussière que tu vois couvre une armée considérable formée de toutes les nations du monde. — A ce compte, reprit Sancho, il doit y avoir deux armées, car de ce côté il s'élève un pareil nuage. » Don Quichotte vit que son écuyer disait vrai, ce qui le réjouit beaucoup, car il crut que c'étaient deux armées qui venaient se livrer bataille dans cette plaine ; ce que voyaient nos aventuriers n'était rien moins que deux puissantes armées, mais deux troupeaux de moutons qui soulevaient cette poussière si épaisse que l'on ne pouvait reconnaître la cause que d'une distance assez rapprochée. Et Don Quichotte affirmait avec tant d'assurance que c'étaient deux armées, que Sancho finit par le croire et s'écria : « Seigneur, qu'allons-nous faire ? — Ce que nous allons faire ? dit Don Quichotte : mais secourir les opprimés ; tu sauras, ami, que cette armée qui marche droit à nous est conduite par le grand empereur Alifanfaron, seigneur de l'île de Trapobane, et que celle qui vient derrière nous est celle de son ennemi le roi des Garamantes, Pentapolin au *bras retroussé*, ainsi surnommé parce qu'il entre en combat le bras nu jusqu'à l'épaule.

— Mais, demanda Sancho, pourquoi ces deux seigneurs se font-ils la guerre ? — Parce que, dit Don Quichotte, Alifanfaron, qui est un païen, veut obtenir la main de la fille de Pentapolin, qui est très-gracieuse et très-chrétienne personne, tandis que son père voudrait, pour y consentir, que ce roi païen quittât la loi de Mahomet.— Par ma barbe, dit Sancho, Pentapolin fait très-bien et je l'aiderai autant qu'il me sera possible.— Et bien tu feras, lui répondit Don Quichotte, car pour cela il n'est point requis d'être chevalier ; mais afin de mieux voir les principaux chevaliers qui sont en ces deux armées et te les nommer, montons sur cette éminence, afin de mieux découvrir les deux camps. » Puis ayant gravi la hauteur d'où ils auraient pu voir que ce que Don Quichotte prenait pour deux armées n'était que deux troupeaux de moutons, si la poussière ne les en eût empêchés, autant que la folle imagination du chevalier, notre héros se mit à citer d'une voix éclatante des noms fournis par son étrange folie : Le valeureux Laurcalco de la Plata, le redouté Mirocolembo de Quirocia, le hardi Brandabarbaran de Boliche, Timonel de Carcassonne, le fiancé de la nonpareille princesse Miauline, puis le chevalier Papin, seigneur des baronnies d'Utrique, le puissant duc de Nervie, Espartafilando du Bois. Puis après avoir nommé les chefs, désigna les nations, c'étaient ceux qui boivent du fameux Xante, les montagnards Massiliens, les habitants de l'heureuse Arabie et des rives du limpide Thermodon, ceux qui soignent le doré Pactole, les Numidiens, les Mèdes, les Arabes nomades, les Scythes, les Éthiopiens, etc., etc., ceux qui s'abreuvent des eaux du Bétis, ceux qui se baignent dans les eaux du Tage, les habitants des champs Tartésiens, des prairies de Xérès, les Manchègues, les descendants des Goths, les habitants de la Guadiana, des Pyrénées, et finalement tout ce que l'Europe renferme.

Sancho, bien que très-attentif à écouter toutes ces balivernes que notre chevalier débitait avec bonheur, retournait la tête de temps à autre, afin de voir ces chevaliers et géants que nommait son maître, lui dit : « Je ne vois rien de tout ce que vous me dites, et cela me paraît enchantements comme les fantômes d'hier au soir. — Comment ! s'écria Don Quichotte, n'entends-tu pas le hennissement des chevaux, le son des trompettes, le bruit des tambours ? — Hélas ! reprit Sancho, je n'entends autre chose que le bêlement des moutons. » Ce qui était exact, car les deux troupeaux s'étaient rapprochés. « L'appréhension, dit Don Quichotte, trouble la raison ; si tu as si grande peur, éloigne-toi, car à moi seul je suffirai pour faire obtenir la victoire à la partie que je favoriserai de mon aide. » Puis incontinent piqua Rossinante, et, la lance en arrêt, fondit sur le troupeau en criant : « Suivez-moi ! vous autres chevaliers qui combattez pour le valeureux Pentapolin ; vous verrez avec quelle facilité je le vengerai de son ennemi Alifanfaron de la Trapobane. » Il frappait les moutons de sa lance, comme s'ils eussent été ses mortels ennemis. Ce que voyant, les pasteurs criaient : « Arrêtez ! » Mais voyant que leurs cris étaient inutiles, ils prirent leurs frondes et saluèrent les oreilles du chevalier avec des pierres aussi grosses que les poings. Don Quichotte n'en prenait aucun souci, et courait de toutes parts, disant : « Où es-tu, superbe Alifanfaron ? viens à moi, qui suis un seul chevalier qui désire seul à seul éprouver tes forces et t'ôter la vie pour la peine que tu donnes au valeureux Pentapolin, roi des Garamantes. » Une amande de ruisseau vint en ce moment lui enfoncer deux côtes. Or, se voyant si maltraité, il se crut mort ; puis se ressouvenant de son baume, il tira sa bouteille, et se mettait en mesure d'en introduire quantité suffisante dans son estomac, lorsqu'une autre amande assez bien adressée vint lui briser la bouteille dans la main, lui enlevant au passage trois ou quatre dents. Tels furent ces deux coups, que force fut au chevalier de se laisser tomber de son cheval.

Les bergers s'étant approchés, le tinrent pour mort ; ils rassemblèrent alors leurs troupeaux, chargèrent sur leurs épaules leurs brebis mortes et prirent la fuite.

Sancho, qui était resté sur le coteau, voyant les folies de son maître, s'arrachait la barbe, maudissant l'heure où la fortune lui avait fait faire connaissance de notre chevalier, puis voyant que les bergers s'en étaient allés, il descendit le coteau, et s'approchant de Don Quichotte, lui rappela que ce n'était pas sans raison qu'il n'avait point partagé son erreur à l'endroit des deux armées qui, en réalité, n'étaient que deux troupeaux de moutons.

« Sachez, Sancho, dit Don Quichotte, que ce larron de magicien, mon ennemi, ayant reconnu tout ce qui devait dans ce combat tourner à ma gloire, a converti les escadrons des ennemis en troupeaux de moutons ; mais fais une chose, ami Sancho, monte sur ton âne, suis-les pendant quelque temps, et tu verras que bientôt ils reviendront des hommes, des hommes comme je te les ai dépeints premièrement ; attends cependant, car j'ai besoin de ton aide, approche-toi de moi et regarde combien de dents me manquent, car il me semble qu'il ne m'en est pas demeuré une seule dans la bouche. »

Sancho s'étant approché, avait presque les yeux dans la bouche de son maître, lorsque le baume ayant produit son effet dans l'estomac de Don Quichotte, en partit avec tant d'impétuosité que tout le visage de Sancho en fut inondé.

« Sainte Marie! dit Sancho, qu'est ceci? mon pauvre maître est blessé à mort, puisqu'il jette son sang par la bouche. » Mais considérant mieux l'affaire, il reconnut à la couleur, odeur et saveur, que ce n'était pas du sang, mais bien le baume qu'il lui avait vu boire. Et il lui en prit tellement mal au cœur, que, sans avoir le temps de tourner la tête, il envoya au nez de son maître tout ce que renfermaient ses tripes, et demeurèrent tous deux en fort plaisant état. Sancho courut à son âne pour prendre de quoi se nettoyer et panser son maître; mais n'ayant point trouvé son bissac, il pensa en perdre la raison, et se donnant mille malédictions, il forma de nouveau le projet de retourner à son village, abandonnant ainsi son maître et ses espérances du gouvernement de l'île qui lui avait été promise. Don Quichotte parvint cependant à se lever, et mettant sa main gauche sur sa bouche, de peur que le reste de ses dents n'en sortît, il empoigna les rênes de Rossinante qui n'avait pas bougé des côtés de son maître, tant il était de bon naturel, et ayant notre chevalier rejoint le bon Sancho, qui, appuyé sur son âne, la joue dans la main, donnait cours à ses projets rétrogrades : « Ami Sancho, lui dit le chevalier, sachez que ces orages dont nous venons d'être assaillis sont des signes d'un temps meilleur, le bien comme le mal a son terme, et d'ailleurs, pour les disgrâces qui m'arrivent, ce n'est pas toi qui en souffres.

— Comment! répondit Sancho, est-ce par aventure que celui que l'on berna hier était autre que le fils de mon père? et le bissac qui me manque aujourd'hui avec tout mon bagage était-il à un autre qu'à moi? — Quoi! tu n'as plus de bissac? s'écria Don Quichotte; nous voilà donc réduits à jeûner aujourd'hui? — Cela serait, répondit l'écuyer, si ces herbes, que vous connaissez et qui sont bonnes pour nourrir les chevaliers errants, manquaient dans ces prés.

— Néanmoins, dit Don Quichotte, je prendrais plus volontiers à cette heure un quartier de pain bis et deux têtes de harengs saurs que toutes ces plantes que décrit Dioscoride, même aidé des Commentaires du célèbre docteur Laguna ; mais enfin, monte sur ton âne et suis-moi ; Dieu, qui pourvoit à toutes choses, ne nous abandonnera pas, en voyant ce que nous faisons pour son service, car il ne manque ni aux moucherons de l'air, ni aux vermisseaux de terre ; et si grande est sa miséricorde qu'il fait luire le soleil sur les bons et sur les mauvais, et qu'il répand sa rosée sur le juste comme sur le méchant.

— Vous eussiez été meilleur, dit Sancho, pour être prédicateur. — Les chevaliers errants ne doivent rien ignorer, dit Don Quichotte, et l'on en a vu jadis s'arrêter au milieu d'une armée et faire un sermon aussi bien qu'un gradué de l'université, d'où l'on peut inférer que jamais la lance n'a émoussé la plume, ni la plume la lance. — Qu'il en soit comme vous le dites, reprit Sancho, mais allons-nous-en chercher à loger pour cette nuit, et Dieu veuille que ce soit en un lieu où n'y ait ni berneurs, ni fantômes, ni More enchanté, sinon je jette le manche après la coignée. — Demande-le, à Dieu, mon fils, dit Don Quichotte, et guide-nous par où tu voudras, car cette fois je veux te laisser le soin de nous loger ; mais donne-moi un peu la main et me tâte avec le doigt combien de dents me manquent au côté droit de la mâchoire supérieure, car là est logée ma douleur. » Sancho lui mit le doigt dans la bouche et lui dit : « Votre Grâce possède encore deux dents et demie dans le côté d'en bas, mais pour le haut il est aussi ras que la paume de la main.

— Pauvre infortuné que je suis ! s'écria Don Quichotte à cette triste nouvelle ; j'eusse mieux aimé perdre un bras, pourvu que ce ne fût pas celui qui tient l'épée : car tu sauras, mon fils, qu'une bouche sans dents est comme un moulin sans meules, et que l'on doit beaucoup plus estimer une dent qu'un diamant ; mais c'est notre lot à nous, pauvres chevaliers errants : marche donc, ami, car je te suivrai au train que tu voudras. » Sancho choisit donc le côté qui lui parut le plus favorable pour trouver un gîte sans s'éloigner de la route royale, et tous deux marchaient à petits pas, afin de ne pas augmenter la douleur que causait au chevalier sa mâchoire disloquée. Sancho alors voulut distraire son maître en lui contant entre autres choses ce qui sera dit au chapitre suivant.

CHAPITRE XVIII

Des sages discours que Sancho tenait à son maître, et de la rencontre qu'ils firent d'un corps mort ainsi que d'autres accidents fameux.

Il me semble, seigneur, que toutes les mésaventures que nous avons endurées ces jours passés sont causées par le péché que vous avez commis contre l'ordre de chevalerie, parce que vous n'avez pas accompli votre serment de ne point manger pain sur nappe et autres choses, sans avoir ôté cet armet de Malendrin ou comme s'appelle ce More dont le nom ne me revient pas.
— J'en conviens, Sancho, mais je dois te le dire, c'est ma mémoire qui est coupable, et c'est à cause que tu ne m'en as point parlé en temps et lieu que tu as été berné; toutefois j'en payerai l'amende. — Mais, reprit Sancho, ai-je d'aventure juré quelque chose? — Il suffit que je le pense, dit Don Quichotte, pour que tu sois quelque peu participant du serment; dans tous les cas, il ne serait point mal fait de nous pourvoir du remède. — Admettons-le, reprit Sancho, mais faites en sorte que votre mémoire soit plus heu-

reuse, afin de nous mettre à l'abri de ces fantômes, de crainte que l'envie ne leur revienne de se divertir encore à nos dépens. »

Ils continuaient leur route au milieu de l'obscurité, mais suivant toujours le même chemin, Sancho espérant par là arriver plus prochainement à une taverne.

Ils marchaient ainsi, l'un mourant de faim, l'autre ayant bonne envie de manger, lorsqu'ils aperçurent venant droit à eux quelque chose qui ressemblait à des étoiles mouvantes; ce que voyant, Sancho se pâma d'effroi, et Don Quichotte ne fut pas sans penser à sa conscience; l'un tira son âne par le licol, l'autre retint la bride de son cheval, et se tenant coi; ils regardèrent ce que cela pouvait être : ils virent que ces lumières s'approchaient d'eux et alors qu'elles paraissaient plus grandes. A cette apparition, Sancho eut le frisson, tandis que la barbe se dressait à Don Quichotte, lequel voulant se donner du courage, dit à Sancho : « Ceci doit être une aventure où je serai forcé de montrer toute ma valeur et mon courage.

— Malheureux que je suis! dit Sancho, si cette aventure est de fantômes, comme cela me paraît être, où trouverai-je des côtes pour y suffire? — Fantômes ou autres, reprit Don Quichotte, je ne leur permettrai pas de toucher un seul poil de ton vêtement, car nous sommes ici en rase campagne, et je pourrai jouer de l'épée. — Mais, repartit l'écuyer, s'ils vous enchantent comme l'autre fois, à quoi cela servira-t-il d'être en champ ouvert ou non. — Prends courage, reprit Don Quichotte, car l'expérience te montrera ce dont je suis capable. — Je ferai pour le mieux, dit Sancho. » Et s'étant tous deux mis à l'écart, ils regardèrent attentivement ce que ce pouvait être que ces lumières qui cheminaient, et de là découvrirent plusieurs personnes qui leur semblaient avoir leur chemise par-dessus leur vêtement. A cette vue, Sancho fut pris d'un claquement de dents, et sa frayeur augmenta encore après qu'il eut compté jusqu'à vingt de ces hommes ainsi vêtus, tous à cheval et portant des torches allumées; après eux venait une litière couverte de deuil, suivie de six autres chevaliers couverts également de deuil jusqu'aux pieds de leurs mules.

Le courage de Sancho avait déjà fait naufrage, tandis que Don Quichotte se représentait que cela était une aventure de ses livres. Il se figura que cette litière portait quelque chevalier mort ou blessé, dont la vengeance lui était réservée; aussi, prenant une gaillarde contenance, alla-t-il se camper au milieu du chemin, et quand il les vit assez proche, il leur dit d'une voix terrible : « Arrêtez! chevaliers, et me rendez compte de ce que vous êtes, où vous allez, et qui vous menez sur ce brancard? car, selon les apparences, vous avez reçu ou causé quelque déplaisir, il convient donc que je le sache pour vous punir ou pour vous venger. — Nous sommes pressés de gagner une hôtellerie, répondit l'un des cavaliers, et nous ne pouvons vous répondre. » Puis, donnant des éperons à sa mule, il passa outre.

Don Quichotte se sentit grandement offensé de cette réponse, et saisissant les brides de la mule, s'écria : « Soyez plus poli et me répondez, sinon préparez-vous à combattre. » La mule, qui était ombrageuse, se cabra et mit son cavalier par terre ; ce que voyant, un des valets se mit à dire des injures à Don Quichotte, lequel déjà tout plein de colère, fondit sur un des cavaliers et l'étendit par terre, puis assaillit les autres et les mit en désarroi et avec une telle promptitude, qu'il semblait qu'il fût venu des ailes à Rossinante, tant il était vif et superbe.

Ces gens, vêtus de blanc et sans armes, quittèrent bien vite le combat, s'enfuyant à travers les champs avec leurs torches allumées, ce qui les faisait ressembler à une mascarade se promenant pendant une nuit de fête. Ceux vêtus de noir, fort empêtrés dans leurs manteaux, ne pouvaient remuer, de sorte que Don Quichotte se rendit facilement maître du champ de bataille. Tous pensèrent que c'était le diable qui venait leur enlever le mort qui était dans la litière, et Sancho admirait son maître et se demandait s'il n'avait pas réellement toute la valeur qu'il disait posséder.

Don Quichotte découvrit, à la lueur d'une torche qui finissait de brûler, le premier cavalier qu'il avait renversé, il courut à lui et lui mettant sa lance sur le visage, lui dit de se rendre; lequel répondit : « Je suis assez rendu, puisque je ne puis plus bouger, et je crois avoir une jambe cassée; si vous êtes chrétien, je vous supplie de ne pas me tuer, car vous commettriez un sacrilége, parce que je suis licencié et j'ai reçu les premiers ordres.

— Mais, dit Don Quichotte, quel diable vous amène ici, étant homme d'église? — Ma mauvaise étoile, répliqua celui qui était par terre. — Elle peut devenir plus mauvaise encore, reprit Don Quichotte, si vous ne me répondez pas à tout ce que je vous ai demandé. — Vous serez satisfait,

9.

dit le licencié : mon nom est Alphonse Lopez, je suis né à Alcovedas et je viens de Baeça, en compagnie des onze prêtres qui se sont enfuis avec les flambeaux. Nous conduisons le corps d'un chevalier mort à Baeça, et qui a voulu être enterré à Ségovie, lieu de sa naissance. — Et qui l'a tué? demanda Don Quichotte. — Dieu, par une fièvre maligne qu'il lui a envoyée, répondit le licencié. — Dans ce cas, reprit Don Quichotte, Dieu m'a relevé de la peine que j'aurais prise de venger sa mort, il n'y a plus qu'à s'incliner, comme je le ferais pour moi-même, si mon heure était sonnée. Maintenant, seigneur licencié, que Votre Révérence apprenne que je suis un chevalier du pays de la Manche, mon nom est Don Quichotte, et que mon office est d'aller par le monde défaire les injures et redresser les torts.

— Je ne sais ce que vous appelez redresser les torts, reprit le licencié, mais de droit que j'étais vous m'avez rendu tors, et de ma vie je ne crois pas que vous soyez en cas de me rendre droit, et ç'a a été pour moi une mésaventure que de vous rencontrer cherchant des aventures.

— Tout ne réussit pas, dit Don Quichotte, et le mal, seigneur licencié, est venu de ce que, vêtus comme vous étiez, marchant avec vos lumières et récitant vos heures, vous ressembliez à des gens de l'autre monde ; je n'ai donc pu faire que ce qui est de mon devoir, et je l'eusse fait de même si vous aviez été, comme on pouvait le croire aussi, des diables échappés de l'enfer.

— Or, puisque mon malheur l'a voulu, reprit le bachelier, je vous supplie, seigneur chevalier errant, qui m'avez causé une si mauvaise aubaine, de m'aider à sortir de dessous cette mule qui me tient une jambe prise entre la selle et l'étrier. — Vous parliez pour demain, dit Don Quichotte, qu'attendiez-vous donc pour me dire votre cas? » Puis il cria à Sancho de venir, mais le bonhomme ne se pressait pas, parce qu'il s'amusait à dévaliser un mulet que ces bons seigneurs avaient chargé de provisions pour manger. Sancho fit un sac de son manteau, et l'ayant rempli tant qu'il en put tenir, le chargea sur son âne, puis accourut à son maître pour l'aider à tirer le licencié de dessous sa mule, et l'ayant remis en selle, Don Quichotte lui rendit sa torche en lui disant de suivre la route de ses compagnons, le chargeant de leur demander pardon de sa part de l'offense qu'il n'avait pu s'abstenir de leur faire. Sancho ajouta : « Si ces messieurs veulent savoir quel est ce valeureux chevalier à qui ils ont eu affaire, vous leur direz que c'est le fameux Don Quichotte de la Manche, surnommé le *Chevalier de la Triste Figure*. »

Le licencié s'étant éloigné, Don Quichotte demanda à Sancho pourquoi il l'avait à cette heure, plutôt qu'à toute autre, appelé Chevalier de la Triste Figure. « C'est, répondit Sancho, que je vous ai contemplé à la lueur du flambeau que porte ce pauvre diable, et vous ai trouvé la plus mauvaise figure que j'aie jamais vue, ce qui a sans doute pour cause les fatigues du combat ou la perte de vos dents.

— Ce n'est point cela, répondit Don Quichotte, mais c'est que ce sage qui doit un jour écrire l'histoire de mes faits, aura voulu me faire prendre un surnom comme l'ont fait jadis les autres chevaliers qui s'appelaient : l'un de *l'Ardente épée*, l'autre *du Griffon*, celui-ci *des Demoiselles*, celui-là *du Phénix*, cet autre *de la Mort*, et étaient ainsi connus par toute la terre, c'est donc par l'inspiration de ce sage que tu m'as ainsi nommé *Chevalier de la Triste Figure*, surnom que je veux conserver désormais, et pour m'en assurer la possession, je suis résolu de faire peindre à la première occasion une fort triste figure sur mon écu.

— Vous pouvez épargner cette dépense, dit Sancho, il suffira de vous découvrir le visage, pour être ainsi nommé par ceux qui vous regarderont, et croyez-moi, seigneur, la faim et la perte de vos dents vous font une telle figure que vous pourrez bien pour la peinture passer outre. »

Don Quichotte se mit à rire de la plaisanterie de Sancho, mais il n'en persista pas moins dans son projet, puis il ajouta : « Je pense, Sancho, que je suis excommunié pour avoir touché aux choses sacrées, sinon de la main, au moins de cette lance et sans intention ou volonté, puisque je croyais avoir affaire à des fantômes ou à des spectres de l'autre monde. » Puis il cita le Cid Ruy-Diaz, Rodrigo de Vivar.

Le licencié s'en alla sans répliquer, et Don Quichotte eût bien voulu voir si le corps que l'on portait était d'os ou non, mais il en fut empêché par Sancho, qui lui fit remarquer que cette aventure s'était bien finie et mieux qu'aucune autre, et qu'il se pourrait que ces gens, quoique mis en déroute, vinssent à réfléchir qu'un seul homme leur avait à lui seul causé cette mésaventure, et qu'ils pourraient dans ce cas leur tailler trop de besogne, que d'ailleurs l'âne était bien pourvu et la faim proche. « Nous n'avons, dit-il, qu'à suivre le proverbe qui dit : *Le mort à la sépulture, le vivant à la pâture.* Cet avis fut trouvé bon, et tous deux se retirèrent dans une vallée, où Sancho dressa le couvert sur l'herbe ; là ils firent d'un coup leurs quatre repas avec de bonnes viandes froides que messieurs les licenciés, qui endurent rarement la diète, avaient amenées avec eux ; mais il leur arriva un malheur que Sancho tint pour très-grand, c'est qu'ils n'avaient ni vin, ni eau pour se mouiller la bouche. Sancho, après avoir remarqué que le pré où ils étaient, se trouvait bienvenant, parla comme il est dit au chapitre suivant.

CHAPITRE XIX

De l'aventure sans pareille qui soit jamais arrivée à aucun chevalier et comment s'en tira le valeureux Don Quichotte.

L'HERBE, dit-il, que nous voyons, est une preuve qu'il y a près d'ici quelque fontaine ou ruisseau ; nous devons donc, en allant un peu en avant, trouver de quoi apaiser cette soif qui nous tourmente et qui est plus terrible que la faim. » Don Quichotte partagea cet avis, et ayant pris Rossinante par la bride, et Sancho son âne par le licol après l'avoir chargé des reliefs du festin, ils se mirent à cheminer à tâtons, parce que l'obscurité était grande ; à peine avaient-ils fait deux cents pas, qu'ils entendirent quelque chose qui ressemblait à un bruit d'eau tombant du haut d'un rocher, ce qui leur causa quelque plaisir ; mais bientôt un autre bruit plus grand qui ressemblait à un bruit de chaînes, ce qui, joint au tapage de l'eau, donna une grande frayeur à Sancho, dont le naturel était d'être très-poltron et aurait pu effrayer tout autre que Don Quichotte ; à cela se joignait encore un bruissement de feuilles des grands arbres qui se trouvaient en cet endroit. Notre chevalier armé de son courage, exempt de crainte, sauta sur Rossinante, embrassa son écu, coucha sa lance, et dit : « Ami Sancho, apprends que je suis né en cet âge de fer pour faire revivre celui d'or, que les valeureux exploits et les grands faits me sont réservés, et que je suis né pour faire revivre ceux de la Table-Ronde, des Douze Pairs et des Neuf Preux, que je dois faire oublier les Platir, Tiran-le-Blanc, Olivantes, Phœbus, Belianis et tous les chevaliers errants du temps passé, faisant en cette occasion-ci tant d'étranges exploits et faits d'armes qu'ils doivent effacer les plus fameux qu'ils firent jamais.

« Remarque bien, écuyer fidèle et loyal, les ténèbres de cette nuit, le sourd et confus murmure de ces arbres, l'épouvantable bruit de cette eau que nous allons chercher, laquelle semble tomber des montagnes de la lune, et ce battement qui nous offense les oreilles, toutes choses qui, chacune à part, suffirait pour causer de l'effroi à Mars lui-même. Or, tout ceci fait que déjà le cœur me bat du désir d'entreprendre cette aventure tant périlleuse qu'elle paraisse être ; serre un peu les sangles à Rossinante, et Dieu te garde ! Tu m'attendras ici pendant trois jours ; après quoi, tu pourras retourner en notre village, et puis tu me feras le plaisir d'aller au Toboso dire à l'incomparable Dulcinée que je suis mort pour avoir entrepris des choses dignes de me faire nommer son chevalier. » Sancho ayant ouï ces paroles, se mit à pleurer le plus tendrement du monde, et dit à son maître : « Qui vous oblige d'entreprendre une aussi terrible aventure ? la nuit nous couvre et nous pouvons, sans être vus, suivre un autre chemin, dussions-nous ne point boire de trois jours. J'ai plusieurs fois entendu dire par notre curé que *celui qui cherche le danger y périt*, et qu'il n'est pas bon de tenter Dieu ; comment donc échapper autrement que par miracle à l'aventure qui se présente ? le ciel n'en a-t-il pas fait assez pour vous en vous évitant d'être berné comme je l'ai été et en vous rendant victorieux, libre et sauf de tant d'ennemis qui accompagnaient le défunt ? Et quand cela ne suffirait pas pour amollir ce dur cœur, qu'au moins l'émeuve la pensée qu'à peine serai-je séparé de vous, que par peur je donnerai mon âme à qui la voudra prendre, j'ai quitté ma famille pour vous servir et croyant valoir plus, mais la trop grande convoitise rompt le sac, et je vois aussi qu'au lieu de cette île que vous m'avez tant promise, vous me voulez abandonner à cette heure ; si Votre Grâce ne se veut désister de cette entreprise, qu'elle diffère au moins jusqu'à demain matin, car, d'après ce que j'ai appris étant berger, il s'en faut seulement de trois heures d'ici à l'aube du jour, ce que je vois à divers signes de la Petite-Ourse. — Comment peux-tu voir cela, dit Don Quichotte, la nuit est si obscure qu'il ne paraît aucune étoile dans tout le ciel ? — La peur a des yeux, dit Sancho, et elle voit les choses dessous la terre, combien mieux alors celles qui sont dans le ciel, et encore est-il facile de dire que le jour est peu éloigné. — Qu'il en soit ce qu'il voudra, reprit Don Quichotte, il ne sera pas dit qu'à cette heure ou en quel temps que ce soit, les larmes ou les prières m'aient arrêté dans mon devoir de chevalier errant. Donc, Sancho, je t'invite à te taire, car, Dieu qui m'a mis au cœur cette épouvantable entreprise, aura soin de mon âme et de consoler ta tristesse. Ce que tu as à faire, c'est de serrer les sangles de Rossinante et te tenir ici, car je reviendrai bientôt mort ou vif. »

Sancho, voyant que ses larmes et ses prières ne servaient à rien, eut recours à son industrie pour faire attendre le jour à son maître. Il prit donc le licol de son âne, et, sans être vu, il lia les deux jambes de Rossinante, de sorte que quand Don Quichotte voulut partir, il en fut empêché, parce que son cheval ne se pouvait mouvoir qu'en sautant. Sancho voyant sa finesse réussir, dit à son maître : « Vous le voyez, seigneur, le ciel ému de mes larmes a ordonné que Rossinante ne pût bouger. » Don Quichotte se désespérait, car plus il piquait son cheval, moins il pouvait le faire marcher, et sans s'apercevoir de la ruse de son écuyer, il résolut d'attendre que le jour vînt ou qu'il plût à Rossinante de remuer. « Bien que je pleure le temps perdu, dit-il, je suis bien aise d'attendre que l'aube paraisse. — Il n'y a pas sujet de pleurer, ajouta Sancho, car d'ici au jour je vous conterai quelque chose, à moins qu'il ne vous plaise de mettre pied à terre et de dormir sur l'herbe à la façon des chevaliers errants, afin de vous trouver un peu plus dispos pour tenter cette grande aventure quand le jour sera venu.— Je ne suis pas, dit Don Quichotte, de ceux qui prennent du repos au moment du péril. Dors, toi, si tu es né pour dormir, fais d'ailleurs ce que bon te semblera. — Ne vous fâchez pas, seigneur, dit Sancho, car je ne le dis pas pour cela. » Et s'approchant de son maître, il lui prit la jambe et la tint fortement embrassée sans oser s'éloigner d'un doigt, tant les coups qui continuaient lui causaient de frayeur.

Don Quichotte lui dit donc de commencer ce conte qu'il lui avait promis, Sancho répondit qu'il le ferait volontiers s'il n'était poursuivi par cette peur dont il ne se pouvait séparer. « Mais je dois, si la chose n'éprouve pas d'obstacle, vous narrer la plus singulière histoire qui puisse être contée, si vous voulez me prêter quelque attention : souvenez-vous d'abord de cette sentence de Caton le censeur, qui dit que *le mal vient pour celui qui le va chercher*, ce qui vient ici à propos, comme un anneau au doigt; tenez-vous donc tranquille, à moins qu'il ne vous plaise de prendre un autre chemin, puisque personne ne nous force de suivre celui-ci. — Poursuis ton conte, Sancho, dit Don Quichotte, et me laisse le soin du chemin que nous devons prendre.

— Je dis donc, poursuivit Sancho, qu'il y avait dans certain endroit de l'Estramadure, un chevrier ou gardeur de chèvres qui avait nom Ruy Lopez, lequel Lopez aimait une bergère appelée Torralva, laquelle Torralva était fille d'un riche berger, et ce riche berger.... — Si tu continues ainsi, dit Don Quichotte, tu n'auras pas fini dans huit jours; poursuis donc comme un homme d'entendement, sinon ne dis mot. — C'est, dit Sancho, la manière de conter dans

mon pays, et je ne suis pas homme à changer les usages.
— Dis donc comme tu le pourras, reprit Don Quichotte, il
est dit que je suis condamné à t'écouter. — Donc, poursuivit Sancho, ce pasteur était épris de la bergère Torralva,
qui était une grosse fille ornée d'une moustache comme un
homme et qu'il me semble voir encore à cette heure.

— Tu l'as donc connue? repartit Don Quichotte.— Point
du tout, dit Sancho; mais celui qui m'a conté cette histoire me l'a donnée comme véritable, à ce point que je
pourrais à l'occasion dire que je l'ai vue. Or donc, le diable
y mettant le nez, il arriva que l'estime que le berger avait
pour la bergère se changea en haine, ce qui fut causé,
disent les mauvaises langues, par quelques sujets de jalousie que lui donna la Torralva, et qui passaient la per-

mission. Tellement que le berger voulait quitter le pays ; la Torralva, se voyant dédaignée, se mit à aimer le berger Ruy Lopez plus que cela lui était arrivé. — C'est le propre des femmes, dit Don Quichotte, elles dédaignent qui les aime et aiment qui les hait. Continue. — Il arriva, dit Sancho, que le berger, poussant ses chèvres devant lui, s'achemina devant les plaines de l'Estramadure, pour passer de là en Portugal. La Torralva ayant appris cela, le suivit de loin nu-pieds, un bourdon à la main et un petit sac attaché à son col, dans lequel il y avait un morceau de miroir, un restant de peigne et une boîte à fard pour le visage, mais peu importe.

« Le berger étant donc arrivé aux bords du Guadiana, ne trouva, ni bateau, ni batelier pour le lui faire traverser, ce qui l'affligea beaucoup, parce qu'il voyait la Torralva qui le suivait de près ; il avisa cependant un pêcheur qui avait un bateau si petit qu'il ne pouvait contenir qu'une personne et une chèvre à la fois ; il fit donc marché avec ce pêcheur, pour lui et les trois cents chèvres qu'il menait ; le pêcheur en passa une, puis une autre, une autre encore, retenez bien le nombre des chèvres qu'il passa de l'autre côté, autrement le conte serait fini. Je poursuis donc. L'autre côté de la rive étant très-glissant, le pêcheur mettait beaucoup de temps pour aller et venir ; cependant il en revint quérir une autre, puis une autre et encore une autre. — Dis donc, reprit Don Quichotte, qu'il les passa toutes et ne t'amuse pas à aller et venir de cette façon, si tu ne veux faire durer cette histoire pendant plus d'un an.

— Combien y en a-t-il de passées ? demanda Sancho. — Et qui donc le saurait ? repartit Don Quichotte, supposes-tu que je les aie comptées ? — Voilà ce que je craignais, dit Sancho, vous n'avez pas retenu le nombre des chèvres qui étaient passées, mon conte est terminé, car tout ce qui me restait à dire est parti de ma mémoire. — De façon, ajouta Don Quichotte, que ton histoire est achevée ? — Aussi bien que la vie de ma mère, répondit Sancho. — Eh bien ! je te l'avoue, dit Don Quichotte, ce conte est aussi merveilleux que la manière de raconter ; donc je pense que ce bruit qui ne cesse t'a dérangé la cervelle. — Cela se peut, dit l'écuyer, mais ce qui est certain, c'est que mon conte s'achève là où commence l'oubli du nombre des chèvres. — Eh bien ! dit Don Quichotte, que ce soit où il voudra ; voyons si Rossinante peut marcher. » Et il se mit à donner des éperons à son cheval qui recommença à sauter sans bouger de place, tant il était bien attaché. En ce moment, soit à cause de la fraîcheur du matin qui se faisait sentir, soit qu'il eût mangé quelques viandes laxatives ou peut-être par un effet naturel, Sancho se sentit chargé d'un fardeau dont lui seul pouvait se débarrasser, mais la peur qui le tenait fut si grande qu'il n'osa s'éloigner ; cependant il se trouvait de plus en plus incommodé ; pour sortir d'embarras, il lâcha l'arçon de la selle qu'il tenait de la main droite et détacha l'aiguillette qui retenait ses chausses, lesquelles descendirent sur ses talons et demeurèrent là comme s'il eût eu les fers aux pieds, puis il mit au vent ce que cachait le fond de ses chausses ; cela fait, qui lui paraissait le plus difficile, il se présenta un autre obstacle, celui d'agir sans être entendu ; il se mit donc à grincer les dents, à serrer les épaules et à retenir son haleine, et tout cela n'empêcha pas qu'il fut assez malheureux pour faire entendre un bruit tout autre que celui qui lui faisait tant de peur. « Quel est ce bruit ? demanda Don Quichotte. — Je ne sais, répondit Sancho, mais ce doit être quelque chose de nouveau, car c'est de près que se suivent les aventures et mésaventures. » Puis ayant derechef tenté la fortune, il parvint à se débarrasser de son fardeau sans tambour ni trompette. Mais Don Quichotte, qui avait le nez aussi fin que l'oreille, ne tarda pas à sentir les vapeurs qui lui arrivaient en droite ligne jusqu'au nez, auquel il porta secours en le serrant de ses deux doigts ; puis il s'écria d'un ton tant soit peu nasillard : « Il me semble, Sancho, que tu as bien peur ? — Beaucoup, répondit Sancho ; mais pourquoi Votre Grâce s'en aperçoit-elle plutôt à cette heure qu'auparavant ? — C'est que cela ne sent pas l'ambre ! répondit le chevalier. — C'est à vous la faute, ajouta Sancho, qui me conduisez à cette heure et en de tels endroits. — Mon ami, dit Don Quichotte tenant toujours son nez entre

ses doigts, éloigne-toi au moins de quelques pas, et dorénavant ne t'écarte pas du respect que tu me dois, car, je le pense, la trop grande familiarité dont j'ai usé avec toi a engendré ce mépris. — Je gagerais, dit Sancho, que Votre Grâce m'accuse d'avoir fait quelque chose qui n'est pas permis? — N'en parlons plus, dit Don Quichotte, ce serait encore pis de le remuer. »

Le maître et le valet passèrent ainsi la nuit, et Sancho

voyant le jour arriver, remit ses chausses et délia tout doucement Rossinante, lequel se sentant libre bien que peu vigoureux de son naturel, commença à remuer les pieds de devant, car des courbettes, je lui en demande pardon, il n'en savait point faire ; ce que voyant, notre chevalier en tira bon augure pour commencer cette téméraire entreprise. Cependant l'aube ayant permis de distinguer les choses, Don Quichotte se trouva au milieu de grands châtaigniers et le bruit continuait; puis n'en sachant la cause, il piqua des éperons, donnant congé à son écuyer et lui rappelant l'ambassade dont il l'avait chargé. Quant à ses gages, il lui assura que son testament en faisait mention, et que, s'il revenait, Sancho pouvait attendre le gouvernement de l'île qu'il lui avait promis. L'écuyer, les larmes aux yeux, prit la résolution très-honorable de ne point quitter son maître, d'où l'auteur tire cette induction : que ledit Sancho devait être bien né et tout au moins de vieux chrétiens. Don Quichotte était attendri, mais son courage ne faillit point. Il chemina donc vers le lieu d'où paraissait venir ce bruit; Sancho le suivait à pied, tenant par le licol son âne, fidèle compagnon de sa bonne et mauvaise fortune. Ayant cheminé quelque temps, ils arrivèrent au pied de grands rochers d'où tombait un torrent d'eau, et virent bientôt quelques vieilles masures. Cependant le bruit continuait, ce qui effaroucha Rossinante ; Don Quichotte l'apaisa, ensuite se recommanda à sa dame, afin qu'elle voulût bien ne pas l'oublier. Sancho suivait, regardant entre les jambes de Rossinante pour voir s'il pourrait découvrir d'où venait ce bruit qui lui causait tant d'épouvante. Quand ils eurent fait encore environ cent pas, ils virent (qu'il ne t'en déplaise, cher lecteur !) six marteaux à foulons qui faisaient cet horrible tapage. A cette vue, la parole manqua à Don Quichotte, il tourna les yeux sur Sancho dont les joues enflées annonçaient une grande envie de rire, ce qui excita l'hilarité du chevalier; Sancho alors s'en donna tellement qu'il fut obligé de se serrer les côtes pour n'en pas crever, et quatre fois recommença avec la même impétuosité.

10.

Don Quichotte se donnait au diable encore quand il entendit Sancho lui répéter tout ce que le chevalier lui avait dit lorsqu'ils furent surpris par l'épouvantable bruit. Puis il se fâcha tellement qu'ayant levé sa lance il en déchargea deux si rudes coups sur les épaules du pauvre écuyer, que celui-ci n'aurait point eu des gages à espérer si les coups eussent porté sur la tête. Sancho voyant ses moqueries si mal accueillies, dit à son maître : « Apaisez-vous, seigneur, Votre Grâce ne voit-elle pas que je plaisante ? — Je ne plaisante pas ! reprit Don Quichotte, et sachez que je ne suis pas forcé de connaître tous les sons que j'entends, et que, de ma vie, je n'ai entendu le bruit de marteaux à foulons ; faites donc, vilain que vous êtes, que ces six marteaux se changent en autant de géants, mettez-les-moi à la barbe un à un ou tous ensemble, et si je ne les mets à vos pieds, moquez-vous alors autant que vous voudrez.

— Je conviens que j'ai trop donné cours à ma bonne humeur, dit Sancho ; mais maintenant que l'orage est passé, veuillez bien reconnaître qu'il y avait de quoi rire et que la chose est belle à raconter, à cause de la peur que nous avons eue, du moins votre serviteur, car vous ne connaissez point la crainte, même de nom. — Je le veux bien, dit Don Quichotte, mais ce n'est pas affaire à raconter, car toutes les personnes qui vous écoutent ne sont pas assez discrètes pour mettre les choses à leur vrai point. — Du moins, dit Sancho, on ne le dira pas de votre lance, car, sans la grâce de Dieu et le soin que j'ai eu de l'esquiver, elle était bien à son point ; mais tout s'en va à la lessive, et puis on dit : *Celui-là te veut du bien qui te fait pleurer*, et encore que les grands seigneurs, après avoir injurié un valet, ont coutume de lui donner une paire de chausses ; je suppose donc que, pour des coups de bâton, les chevaliers errants donnent des îles ou des royaumes en terre ferme.

— Le hasard pourrait te faire dire vrai ! répliqua le chevalier ; oublie donc le passé, car tu as assez de savoir-vivre

CHAPITRE XIX

pour reconnaître que l'homme n'est pas toujours maître de ses premiers mouvements ; d'ailleurs, sois désormais moins bavard, car, dans tous les livres de chevalerie que j'ai lus, il n'est nulle part fait mention d'un écuyer ayant la langue aussi libre que tu l'as, et la faute en est à nous deux, car les histoires nous disent que Gandalin, écuyer d'Amadis de Gaule et comte de l'île de Ferme, ne parlait à son maître que le bonnet à la main et le corps incliné ; et Gasabal, écuyer de Don Galaor, qui était si modeste que, dans toute cette merveilleuse histoire, son nom n'est cité qu'une fois. Or donc, Sancho, tu dois inférer de là qu'il y a une distance de maître à valet, de chevalier à écuyer, et t'abstenir de badinage, car les promesses que je vous ai faites viendront à temps, et d'ailleurs votre salaire ne sera pas perdu. — Dans ce cas, dit Sancho, si le temps de la récompense n'arrivait pas, veuillez me dire combien, à l'époque de la chevalerie, gagnait un écuyer errant, et s'il était payé par mois ou par jour, comme un garçon maçon ? — Je ne crois pas, dit Don Quichotte, que jamais aucun écuyer ait reçu de salaire, et si je t'en ai assigné par testament, c'est en raison de l'incertitude du temps calamiteux où nous vivons et pour épargner aucun souci à mon âme en l'autre monde, car c'est un état fort dangereux que celui d'aventurier. — La chose est exacte, dit Sancho, quand on se rappelle que des maillets à foulons ont pu troubler une âme aussi ferme que celle de Votre Grâce. Mais enfin vous pouvez compter, seigneur, que désormais je n'ouvrirai la bouche pour badiner, mais seulement pour vous honorer comme mon seigneur et maître. — De cette façon, dit Don Quichotte, tu vivras suivant les commandements, car, après ses père et mère, ce sont les maîtres qu'il faut respecter.

CHAPITRE XX

Qui traite de la haute aventure et de la riche conquête de l'armet de Mambrin et autres choses arrivées à notre invincible chevalier.

En ce moment la pluie commença à tomber, et Sancho eût bien voulu se mettre à couvert dans ces moulins à foulons, mais Don Quichotte leur ayant gardé rancune, ne voulut pas y mettre le pied ; ils prirent de là un autre chemin que celui qu'ils avaient suivi le jour précédent. Ils avaient fait quelques pas, lorsque le chevalier découvrit un homme portant sur sa tête quelque chose de si brillant que l'on eût pu croire que c'était d'or, et à peine l'eut-il vu, qu'il se tourna vers Sancho et lui dit : « Les proverbes sont souvent véridiques, et spécialement celui qui dit que : *Là où une porte se ferme l'autre s'ouvre*, si donc la fortune nous ferma la porte de l'aventure que nous cherchions en nous trompant avec ces maillets, à cette heure elle nous en ouvre une à deux battants pour une autre bien plus certaine, et de laquelle ce sera par ma faute si je n'en viens à bout, car je ne le pourrai attribuer à mon ignorance du bruit ou à l'obscurité de la nuit. Je dis cela, parce que je vois venir droit à nous un homme qui porte sur sa tête l'armet de Mambrin pour lequel j'ai fait le serment que tu sais. — Méfiez-vous de ce que vous dites et aussi de ce que vous faites, répondit Sancho, car je ne voudrais pas que ce fussent d'autres marteaux à foulons qui achevassent de nous fouler le bon sens.—Quel diable d'homme tu es! répliqua Don Quichotte; qu'y a-t-il de commun entre l'armet et les marteaux? ne vois-tu pas, traître scrupuleux, que ce chevalier qui vient à nous sur un cheval gris pommelé, porte sur sa tête un armet d'or?— Ce que je vois, reprit Sancho, est un homme monté sur un âne gris semblable au mien, et qui porte sur la tête quelque chose qui reluit. — Eh bien! c'est l'armet de Mambrin, dit le chevalier; éloigne-toi et ne dis mot, tu verras qu'en peu de temps je deviendrai maître de cet armet.

— De m'écarter j'en suis, répondit Sancho, et Dieu veuille que ce ne soit pas aussi dur que des marteaux! — Je vous ai déjà dit, frère, ajouta Don Quichotte, qu'il ne soit plus question de ces marteaux, si tu ne veux que je te foule l'âme au fond du corps. » Sancho se tut dans la crainte que son maître n'accomplît sa promesse, qu'il avait faite avec une extrême colère.

Or, le cavalier que Don Quichotte voyait était un barbier qui allait d'un village à un autre pour l'exercice de sa profession, et qui était seul pour le service de ces deux endroits ; il allait donc pour un malade qui avait besoin d'être saigné et un quidam qu'il avait à raser ; ayant été surpris par la pluie, il avait, pour garantir son chapeau, posé dessus son bassin qui était de cuivre et tant luisant, qu'il brillait à une demi-lieue. Ce cheval que le chevalier voyait gris pommelé, était bonnement un âne comme Sancho l'avait dit. Mais Don Quichotte accommodait tout cela à ses folles pensées de chevalerie errante. Voyant donc le cavalier qui approchait, il courut sus, la lance en arrêt, avec intention de le traverser de part en part. S'étant donc approché et sans ralentir la course de Rossinante, il lui dit : « Défends-toi, chétive créature, et me rends de bon gré ce qui m'est dû si justement. » Le barbier voyant fondre sur lui ce fantôme, ne trouva rien de plus à propos, pour esquiver le coup, que de se laisser choir de son âne, et dès qu'il fut par terre, se permit une course telle que le vent ne l'eût pu atteindre, abandonnant son âne et son bassin. Don Quichotte ordonna à Sancho de ramasser l'armet, disant que le païen avait imité le castor qui, poursuivi par les chasseurs, leur laisse ce que son instinct lui dit être cause de leurs poursuites. Sancho ayant pris le bassin dans ses mains, s'écria : « Ce plat à barbe est bon et vaut une piastre comme un maravédis. » Puis l'ayant donné à son maître, celui-ci se le mit sur la tête, et l'ayant tourné de tous côtés, s'écria : « Le païen, pour qui fut forgé cette salade, devait avoir une bien grosse tête, et le pis est qu'il en manque la moitié. » Quand Sancho entendit son maître parler ainsi, l'envie de rire lui revint ; aussi Don Quichotte lui demanda-t-il ce qui causait son hilarité ; à cela l'écuyer répondit que c'était de voir que cette salade ressemblait grandement à un bassin de barbier. « Sais-tu bien, dit le chevalier, qu'il m'est avis que cet armet enchanté est tombé entre les mains de quelque sot qui en aura fondu la moitié pour en faire son profit, parce qu'il est d'or pur, et qu'il aura laissé le reste en cet état qui le fait comme tu le dis ressembler à un plat à barbe; mais n'importe la transformation, je sais ce qu'il vaut et le ferai réparer à la première occasion, de telle sorte qu'il l'emportera sur celui que Vulcain forgea pour le dieu des batailles. En attendant je le porterai tel, vu qu'il vaut mieux quelque chose que rien, puis il est assez bon pour me défendre des coups de pierres. — Oui, dit Sancho, si les pierres ne sont pas envoyées avec des frondes comme on vous en expédia dans ce combat où l'on vous mit la mâchoire en pièces, ainsi que la burette dans laquelle était ce précieux breuvage qui me fit rendre tripes et boyaux. — La perte n'est pas grande, dit Don Quichotte, car tu le sais, la recette n'en est pas perdue. — C'est vrai, dit Sancho, mais jamais je n'en tâterai de ma vie, et de plus, je compte employer mes cinq sens à éviter toute occasion d'en avoir besoin, me gardant d'être blessé ou de blesser personne. Quant à être berné, je n'en fais pas mention, car on ne peut pas toujours éviter cette disgrâce; mais à l'occasion il suffit de serrer les épaules, retenir son haleine, puis fermer les yeux et se laisser aller où la fortune et la couverture nous envoient.

— Tu es un pauvre chrétien, dit Don Quichotte, car tu n'oublies jamais les injures; sache donc que c'est le fait des cœurs nobles de ne point tenir compte de ces vétilles; quel pied as-tu donc d'estropié, quelle côte de rompue, quelle tête de cassée, pour ne pas oublier cette plaisanterie, et, à bien considérer la chose, ce n'est pas plus, car autrement je serais déjà retourné là pour te venger, et j'aurais fait plus de dommage, ajouta-t-il avec un profond soupir, que n'en firent les Grecs à cause de la belle Hélène, qui n'eût pas eu pour sa beauté autant de renommée, si ma chère Dulcinée eût existé dans ce temps-là. — Admettons que ce soit une plaisanterie, dit Sancho, mais le souvenir ne s'ôtera pas plus de ma mémoire que de mes épaules. Enfin laissons cela, et dites-moi, seigneur, ce que nous ferons de cet âne que Votre Grâce trouve être un cheval gris pommelé, car, à la course que nous avons vu

prendre à ce Martin, il n'est pas à supposer qu'il revienne?
— Je n'ai pas pour habitude, dit le chevalier, de dépouiller les vaincus, et l'usage de la chevalerie n'autorise à prendre la monture du vaincu que si par cas le vainqueur a perdu son cheval dans la bataille, tellement, Sancho, que je t'ordonne de laisser là ce cheval ou cet âne, car bientôt son maître, nous voyant éloignés, ne tardera pas à venir le reprendre. — Dieu m'est témoin, dit Sancho, si j'aurais envie de l'emmener et tout au moins de le changer contre le mien qui ne me semble pas aussi bon; je dois le dire, les lois de la chevalerie me paraissent bien étroites, puisqu'elles ne permettent pas de troquer un âne pour un autre, je voudrais savoir au moins si je ne pourrais changer le harnais. — Je n'en suis pas fort assuré, dit Don Quichotte, et à cause de ce doute, je suis d'avis que tu peux faire l'échange si tu en as une grande nécessité. — Il en est ainsi, répondit Sancho. » Et incontinent usant de la permission, il fit *mutatio capparum*, accoutrant son âne qui lui parut avoir beaucoup gagné en beauté. Cela fait, ils déjeunèrent du reste des dépouilles du camp et burent l'eau du ruisseau qui venait des moulins à foulons, mais sans les regarder, à cause de la mésaventure de la nuit. Leur colère s'étant apaisée, ils montèrent à cheval et sans prendre d'autre direction que celle donnée par Rossinante, lequel était toujours suivi de l'âne; ils arrivèrent sur le grand chemin qu'ils suivirent sans dessein arrêté.

Sancho dit à son maître : « Seigneur, permettez-moi de vous faire part d'une pensée qui m'est venue; car depuis que vous m'avez ordonné de me taire, il s'en est égaré plusieurs dans ma tête et je ne voudrais pas qu'il en fût de même à l'égard de celle qui à cette heure est sur le bout de ma langue. — Dis-la donc, répondit Don Quichotte, mais sans longueur, car les longs discours sont monotones.
— Je dis donc, seigneur, répondit Sancho, qu'à mon avis, il n'y a aucun profit à chercher des aventures par les déserts, et encore, quand on les mène à bonne fin, elles demeurent inconnues, ce qui les rend sans mérite; il serait

donc plus avantageux pour nous d'aller mettre au service de quelque prince ou empereur votre vaillance et entendement, ce qui l'obligerait de récompenser chacun de nous suivant son mérite, et ensuite il ne manquerait pas que quelqu'un mît en écrit vos grandes prouesses pour en perpétuer la mémoire ; je ne parle pas des miennes, parce

que si c'était la coutume d'écrire les faits et gestes des écuyers, les miens ne mériteraient pas cet honneur. — Tu parles bien, répondit Don Quichotte, mais avant d'arriver là, il nous faut faire nos preuves, afin qu'en arrivant à la cour le chevalier soit déjà connu par ses œuvres, et qu'à peine arrivé à la porte de la ville, les enfants l'environnent, disant à haute voix : « Voici le chevalier du soleil ou du serpent, ou bien de toute autre enseigne sous laquelle il pourrait avoir fait quelque grand exploit ; c'est lui, diront-ils, qui a vaincu le géant Brocabruno, c'est lui qui a désenchanté le grand Mamelouck de Perse, dont l'enchantement avait duré neuf cents ans ; » et comme ils iront publiant ses hauts faits, le bruit en arrivera jusqu'au roi, qui, se mettant alors à la fenêtre de son palais royal, et reconnaissant le susdit chevalier soit à sa devise ou à ses armes, sera forcé de dire : « Que tous les chevaliers de ma cour aillent recevoir la fleur de chevalerie que voici venir ! » et lui-même descendant jusqu'au milieu de l'escalier, embrassera au front le chevalier et le conduira par la main en la chambre de la reine où le dit chevalier la trouvera avec l'infante sa fille, qui sera la personne la plus parfaitement belle qui se puisse rencontrer sur la surface du globe. Il arrivera ensuite qu'ayant jeté les yeux sur le chevalier et lui les siens sur elle, l'un et l'autre paraîtront à chacun chose plutôt divine qu'humaine, et, sans connaître pourquoi, ils se trouveront bientôt embrasés sans savoir l'un et l'autre comment se découvrir leurs peines et douleurs. Le chevalier sera ensuite conduit dans quelque riche appartement, puis après l'avoir débarrassé de ses armes, on lui présentera pour se couvrir un riche manteau d'écarlate, et s'il avait bonne grâce étant armé, que sera-t-il en pourpoint ! La nuit venue, il soupera avec le roi, la reine et l'infante ; il regardera sans cesse cette dernière pendant le souper ; de son côté, l'infante en fera de même, mais à la dérobée, parce que je l'ai dit, c'est une discrète personne. Le souper terminé, on verra entrer un affreux petit nain suivi d'une belle dame entre des géants, laquelle proposera une aventure imaginée par un ancien sage et dont le chevalier qui en sortira victorieux sera proclamé le premier chevalier de la terre. Le roi en commandera l'épreuve à tous ceux qui seront présents, mais aucun ne la mettra à fin, sinon le nouveau chevalier venu, au grand accroissement de sa gloire et plaisir de l'infante, qui demeurera contente et satisfaite d'avoir placé ses pensées en si haut lieu. Ensuite le roi, prince ou autre étant en guerre avec un puissant comme lui, le chevalier lui demandera la permission de le servir en cette guerre, ce que le roi lui accordera; le chevalier lui baisera les mains, et, dans la nuit, prendra congé de l'infante par le treillage d'un jardin voisin de la chambre où elle couche, et cela en présence d'une confidente; l'infante s'évanouira en entendant les soupirs du chevalier. Puis, après que l'infante sera revenue de sa pamoison, elle baillera au chevalier et à travers le treillage ses mains blanches à baiser, il les baignera de ses larmes et manquera de mourir de douleur; ensuite se rendra à sa chambre, il ne pourra dormir, et le lendemain se présentera au roi pour lui faire ses adieux; la reine sera présente, mais l'infante fera dire qu'elle est indisposée; le chevalier pensera que c'est de déplaisir, et peu s'en faudra qu'il ne laisse découvrir ses peines; la confidente ira reporter cela à sa maîtresse, qui lui fera part de ses doutes à l'endroit de la généalogie du chevalier; la confidente l'assurera qu'il ne pourrait exister tant de vaillance et de courtoisie chez un chevalier qui ne serait de sang royal. La pauvre affligée tâchera de se consoler, et, au bout de deux jours, reparaîtra en public.

De son côté, le chevalier parti pour la guerre ayant vaincu les ennemis du roi, gagné des villes et triomphé en plusieurs batailles, reviendra à la cour et demandera la main de l'infante pour récompense de ses services, le roi refusera; mais soit qu'un enlèvement ou autre aventure fasse que le chevalier devienne le mari de l'infante, le roi le trouvera bon, ayant été informé que le chevalier est fils de roi de je ne sais quel royaume, parce qu'il n'est pas sur la carte. Le père vient à mourir, l'infante est héritière, et voilà le chevalier devenu roi; c'est le moment de donner des récompenses à son écuyer et à ceux qui l'auront aidé à monter si haut; il marie alors son écuyer avec une demoiselle de l'infante, la confidente sans doute, qui de plus est fille d'un puissant duc. — Approuvé, dit Sancho, et cela arrivera de point en point si vous vous faites appeler le *Chevalier de la Triste Figure.* — N'en doutez point, Sancho, dit Don Quichotte. Mais il reste à cette heure à connaître quel roi, parmi les chrétiens ou païens, a guerre et belle fille ; aussi avons-nous le temps d'y penser, car, comme je te l'ai dit, il faut acquérir de la renommée avant d'aller à la cour. Mais le cas admis que je sois en possession de cette renommée, qu'il y ait un roi ayant guerre et belle fille, je ne sais comment il se pourra faire que je sois ou de lignée royale, ou au moins cousin germain d'empereur. J'ai donc à craindre de perdre ce qu'aura mérité la valeur de mon bras. Il est bien vrai que je suis gentilhomme de maison bien connue, et je ne mets pas en doute que le sage qui écrira mon histoire ne parvienne à trouver que je suis cinquième ou sixième neveu de roi. Car tu sauras, Sancho, qu'il y a deux sortes de lignée au monde, les unes ont leur origine de princes et monarques que le temps a peu à peu défaits, et qui sont terminées en pointe comme une pyramide ; les autres ont au contraire commencé par être peu et sont parvenues, de sorte que les unes sont descendues et les autres se sont élevées. Je pourrais bien être de ceux dont, après information, on trouverait avoir eu un commencement grand et fameux, ce qui satisferait le roi mon futur beau-père, et, dans le cas contraire, l'infante m'aimerait assez pour me reconnaître pour son seigneur, si je n'étais qu'un fils de porteur d'eau, et ce serait alors qu'il faudrait l'enlever, car *le temps est un grand maître* qui mettrait tout à bonne fin. — Tout cela est bien, dit Sancho, mais le mal est que le pauvre écuyer pourrait rester la bouche béante en attendant la récompense promise, à moins que la demoiselle confidente ne suive l'infante et qu'ensuite le maître la lui fasse épouser. — Je n'y vois pas d'empêchement, dit Don Quichotte. — Eh bien ! ajouta Sancho, il suffit de s'abandonner au hasard après s'être recommandé à Dieu.

— Je suis fils de vieux chrétiens, répéta Sancho, est-ce assez pour devenir comte ? — C'est trop, répondit Don

Quichotte, car étant roi, je te pourrai octroyer la noblesse, et, en dépit des envieux, on te traitera de seigneurie. — Je pourrai bien tenir mon rang, répondit Sancho, car j'ai été dans le temps bedeau d'une confrérie, et la robe m'allait si bien que tout le monde me trouvait digne d'être marguillier; que sera-ce quand je mettrai le manteau ducal et que je serai habillé d'or et de perles comme un comte étranger? je pense que l'on me viendra voir de cent lieues à la ronde. — Tu seras beau à voir, dit Don Quichotte, mais il faudra te raser au moins tous les deux jours,

car tu as une barbe si drue et si crasseuse, que l'on te reconnaîtra à une portée d'escopette. — Eh bien! ajouta Sancho, il n'y a qu'à prendre un barbier à gages à la maison, et s'il est besoin, je le ferai suivre après moi comme un écuyer de grand seigneur. — Comment sais-tu, demanda Don Quichotte, que les grands seigneurs se font suivre par leurs écuyers? — Je vais vous le dire, reprit Sancho : étant à la cour, il y a quelques années, je vis se promener un seigneur fort petit et qu'on disait être un grand, un homme à cheval le suivait pas à pas ; je demandais pourquoi cet homme marchait par derrière et point à côté, on me répondit que c'était son écuyer, et que la coutume le voulait ainsi. — C'est bien cela, dit Don Quichotte, et comme les usages ne datent pas du même jour, tu pourras mener ton barbier après toi, c'est d'ailleurs une charge plus importante que de seller un cheval.

— Laissez-moi donc, dit Sancho, le soin de ce qui touche le barbier ; songez seulement à devenir roi et à me faire comte. — Il en sera ainsi ! » répondit le chevalier, qui, levant les yeux, aperçut ce qui sera dit au chapitre suivant.

CHAPITRE XXI

De la liberté que Don Quichotte fit donner à des malheureux que l'on conduisait où ils se souciaient peu d'aller.

Cid Ben-Engeli, l'auteur de cette surprenante histoire, rapporte qu'après que le fameux Don Quichotte et son écuyer Sancho eurent terminé leur discours, comme il est dit au chapitre précédent, le chevalier aperçut dans le chemin douze hommes à pied, attachés comme des grains de chapelets et tenus tous ensemble par une chaîne au col; ils étaient escortés par deux cavaliers et deux hommes à pied, les cavaliers étaient armés d'arquebuses, les autres avaient des piques et des épées. « Voilà, dit Sancho, une chaîne de forçats que l'on mène servir le roi aux galères. — Il est impossible, dit Don Quichotte, que le roi force aucune personne. — Je dis, répliqua Sancho, que ce sont des gens qui, pour leurs crimes, ont été condamnés à servir sur les galères du roi. — Enfin, dit Don Quichotte, ces gens sont forcés, puisqu'ils y vont par force et non de leur bon gré; or, l'exécution de mon office qui est de secourir les opprimés, vient ici à point. — Prenez garde! seigneur, dit Sancho, la justice, qui est le roi lui-même, ne fait violence, ni injure à de telles gens, mais elle les punit pour leurs crimes. » Sur ces entrefaites arriva la chaîne, et Don Quichotte, avec des paroles fort polies, requit les gardes de lui dire la cause ou les causes pour lesquelles ils menaient ainsi ces gens. L'un d'eux lui répondit que c'étaient des forçats qui allaient aux galères pour le service de Sa Majesté. Il ajouta : « Je n'ai rien de plus à vous dire et vous n'avez que faire d'en savoir davantage. — Néanmoins, reprit le chevalier, je serais curieux de savoir de chacun d'eux en particulier la cause de sa disgrâce. » Et il dit cela avec tant de courtoisie, que l'autre cavalier lui répondit : « Si, par hasard, nous avions ici les registres des sentences prononcées contre ces misérables, il ne serait pas à propos de les lire; demandez-leur à eux-mêmes et je ne doute pas qu'ils aient autant de plaisir à vous dire leurs méfaits qu'ils en ont eu à les commettre. » Avec cette permission, laquelle Don Quichotte eût prise si on ne la lui avait pas donnée, il s'approcha de la chaîne et demanda au premier pour quel péché il était en ce pauvre équipage. Il lui répondit que c'était pour avoir été amoureux. « Eh quoi! dit le chevalier, si on envoie les hommes aux galères parce qu'ils sont amoureux, il y a longtemps que j'aurais dû tirer la rame. — Ce sont d'autres amours que celles que vous supposez, dit le forçat; les miennes furent que j'aimais tant une corbeille à lessive pleine de linge blanc que, l'ayant fortement embrassée, je la tiendrais encore si les gens de justice n'y avaient mis obstacle; ayant été pris sur le fait, la question fut inutile, j'eus les épaules chatouillées par cent coups de fouet, et, de plus, on me condamna à trois ans de *pré*, ensuite je ne devrai plus rien. — Que veut dire *pré?* demanda Don Quichotte. — Le *pré*, ce sont les galères, » répondit le forçat qui était un jeune homme d'environ vingt-quatre ans, natif de Piedrahita. Don Quichotte s'adressa au second, qui ne répondit pas, tant il était mélancolique : mais le premier répondit pour lui, et dit au chevalier : « Celui-là va aux galères en qualité d'oiseau chanteur. — Comment cela! va-t-on maintenant aux galères pour des chansons? — Oui, seigneur, répondit le forçat, car il n'y a rien de pire que de chanter dans la gêne. — Comment? dit Don Quichotte, j'ai ouï dire: *Qui chante, son mal enchante.* — C'est au rebours, dit le forçat, car qui chante une fois pleure toute sa vie. — Je n'y comprends rien, répondit Don Quichotte. — Pour ces honnêtes gens, dit un des gardes, chanter en la gêne veut dire confesser en la torture; ce drôle a subi la torture et a avoué être voleur de bétail. Cela lui a valu deux cents coups de fouet, et, de plus, il subira six ans de galères; il est toujours mélancolique, parce que ses camarades se moquent de lui pour n'avoir pas eu le courage de dire non ! car ils disent qu'il n'y a pas plus de lettres dans oui, et qu'un délinquant est trop heureux, quand il n'y a pas de témoins, d'avoir sa vie ou sa mort au bout de sa langue; et, ma foi, je pense qu'ils ne sont pas trop éloignés du chemin de la raison.

— Je l'entends ainsi, dit Don Quichotte, » lequel questionna le troisième, qui lui répondit d'un ton dégagé : « Je m'en vais pour cinq ans aux galères, faute de dix ducats. — J'en donnerais vingt, dit Don Quichotte, pour vous délivrer de cette peine. — Cela ressemble à quelqu'un qui a sa bourse pleine au fond de la mer et qui meurt de faim faute de pouvoir acheter ce qu'il a besoin. Si j'avais eu en temps et heure ces vingt ducats que vous m'offrez, j'aurais pu graisser la plume du greffier et éveiller l'esprit de mon procureur; de sorte qu'à cette heure je me promènerais sur la place de Zocodover à Tolède, et non pas attaché comme un chien sur ce chemin; mais Dieu est grand et ma patience aussi. »

Don Quichotte passa au quatrième, qui était un homme d'aspect respectable, lequel se mit à pleurer; le cinquième lui servit d'interprète et dit : « Ce digne personnage va aux galères pour quatre ans pour avoir été promené avec pompe et à cheval. — Cela s'appelle, dit Sancho, à ce qu'il me semble, avoir fait amende honorable. — C'est exact, dit le galérien; et c'est pour avoir été une sorte de maquignon que ce gentilhomme est ici, et, avec cela, pour quelques grains de sorcellerie. — Pour ce qui touche à la sorcellerie, dit Don Quichotte, je n'ai rien à y voir ; mais pour le reste, il ne mériterait pas d'aller aux galères, si ce n'est pour y commander, car le métier qu'il a fait est nécessaire dans une république bien gouvernée et pour lequel il conviendrait d'avoir des contrôleurs et des examinateurs, comme pour d'autres offices, tandis qu'au contraire ce métier est exercé par des idiots, des suivantes, des pages et des bouffons. Je voudrais bien expliquer ici mes raisons, mais ce n'est ni l'instant, ni le lieu, je les ferai savoir quelque jour à qui de droit ; seulement j'ajouterai que la douleur que m'a causée la vue de cette vénérable tête m'a été ôtée en apprenant qu'il se mêlait de sorcellerie, car, pour ce qui est de cela, je n'admets pas que l'on puisse par paroles, herbes et enchantements, produire plus que de rendre fous les pauvres diables qui ajoutent foi aux sortiléges. — C'est vrai, dit le vieillard ; mais pour le fait de sorcellerie, ma conscience est nette ; pour le reste, je ne le puis nier, et en cela je ne croyais pas faire mal, ce qui n'empêche pas que je vais en un lieu d'où je n'espère pas revenir. » Et le vieillard se remit à pleurer, ce dont Sancho fut tellement ému qu'il tira de sa poche une pièce de quatre réaux et la lui donna. Don Quichotte passa outre, et demanda à un autre quel était son crime. Celui-ci répondit avec aplomb qu'il avait travaillé de telle sorte pour l'accroissement de l'espèce humaine que le plus habile généalogiste n'aurait pu s'y reconnaître ; de sorte, ajouta-t-il, que j'ai frisé la potence, aussi j'ai été condamné à six ans de galères ; je me le suis tenu pour dit et n'ai point répliqué ; je suis jeune, et avec le temps cela se passera. Si vous pouvez, seigneur, soulager ces pauvres diables, Dieu vous le rendra en paradis et nous prierons pour vous sur la terre, afin que votre vie et votre santé soient aussi longues et bonnes que votre belle mine le mérite. » Ce dernier portait l'habit d'écolier, et l'un des gardes dit à Don Quichotte que c'était une langue dorée et qu'il possédait son latin.

Après ceux-ci venait un homme de belle apparence, seulement il avait les yeux un peu dépareillés, il était à la triple chaîne. Don Quichotte demanda pourquoi il était si bien ferré. « Ce garnement, répondit le garde, a fait pis à lui seul que tous les autres, et, malgré toutes les précautions que l'on a prises, nous craignons toujours qu'il nous échappe; il va pour dix ans aux galères, ce qui est autant que la mort civile. Que l'on ne s'en inquiète pas davantage, et qu'il vous suffise de savoir que ce gentilhomme est le fameux Ginès de Passamont, autrement nommé Ginésil de Parapilla. — Seigneur commissaire, dit alors le forçat, mon nom est Ginès et non Ginésil, Passamont est celui de ma famille, et non Parapilla comme vous le dites, mais que chacun regarde autour de soi et ce sera temps bien employé. — Parlez plus bas, répliqua le commissaire, si ne voulez que mon bâton vous fasse savoir que je suis là. — Je vous ferai bien savoir quelque jour, répondit le forçat, si je suis Ginès ou Ginésil. Puis, pour ce qui est de vous, seigneur chevalier, si vous voulez nous donner quelque chose, faites-le et vous en allez où Dieu voudra, car vos questions nous fatiguent : sachez d'ailleurs que je suis Ginès de Passamont, dont l'histoire est écrite de cette main. — C'est vrai, dit le commissaire, il a lui-même écrit sa vie, de sorte qu'il n'y a rien à redire, et il a laissé son livre en gage dans sa prison pour deux cents réaux. — J'ai bien espoir de le dégager, dit Ginès, y fût-il pour deux cents ducats. — Est-il bon? dit Don Quichotte. — Oui, répondit Ginès, et plus intéressant que Lazarille de Tormes; il contient des choses si remarquables, qu'il n'y a que des contes qui puissent lui être comparés. — Est-il achevé? demanda Don Quichotte. — Pas plus que ma vie, répliqua Ginès; mais il commence à ma naissance et se poursuit jusqu'à cette nouvelle fois que je vais aux galères. — Vous y avez donc été déjà? demanda le chevalier. — Oui, pendant quatre ans, aussi je connais le biscuit et le nerf de bœuf, répondit Ginès, et je ne suis pas trop fâché d'y retourner, parce qu'aux galères d'Espagne on a beaucoup de loisirs, et j'ai encore bien des choses à écrire; d'ailleurs il ne me faudra pas grand temps, parce que je sais par cœur ce qui me reste à dire.— Tu as de l'esprit, reprit Don Quichotte. — Et du malheur, répondit Ginès, car le malheur poursuit toujours l'esprit. — Il poursuit les coquins, dit le commissaire. — Je vous ai déjà dit de parler plus bas, répliqua Passamont, car on ne vous a pas donné cette verge à autre fin que pour nous conduire où le veut Sa Majesté. — Que l'on se taise et marchons! car c'est trop de sots propos. » Le commissaire leva sa verge pour répondre à Passamont, mais Don Quichotte le pria de n'en rien faire, disant que des gens si bien enchaînés devaient avoir au moins la langue libre; puis se tournant vers les forçats, il leur dit : « De tout ce que vous m'avez dit, mes frères, je conclus que vous n'allez pas de bon gré là où on vous conduit, tellement que celui-ci a manqué de courage, cet autre d'argent, enfin l'erreur des juges a été cause de votre ruine. Il m'est avis que c'est ici l'occasion de faire voir pourquoi le ciel m'a mis au monde et m'a inspiré de devenir chevalier errant pour secourir les malheureux contre l'oppression des grands, et sachant, comme l'ordonne la prudence, qu'il vaut mieux la prière que la force; je prie ces seigneurs gardes et commissaire de vous délier et vous laisser aller en paix, car c'est chose cruelle que de faire esclaves ceux que la nature a créés libres ; je vous le demande courtoisement, afin d'avoir sujet de vous remercier, sinon cette lance et cette épée, par la force de mon bras, pourront bien vous y contraindre. — Voilà une singulière plaisanterie! dit le commissaire, nous demander la liberté de ces forçats, comme si la chose dépendait de notre pouvoir et que vous eussiez celui de nous commander. Passez votre chemin, seigneur, sans vous inquiéter si notre chat n'a que trois pattes.

— C'est vous, dit Don Quichotte, qui êtes le chat, le rat et le poltron. » Et, sans lui donner le temps de se mettre en défense, il le renversa par terre d'un coup de lance. Les autres gardes ne furent pas peu surpris de la façon d'agir du chevalier, ils se préparèrent à tomber sur Don Quichotte qui les attendait de pied ferme ; mais les forçats, trouvant l'occasion favorable, cherchaient à rompre leur chaîne, ce qui obligeait les gardes à courir à droite et à gauche, et leur fit faire de la mauvaise besogne. De son côté, Sancho aida à délier Ginès de Passamont, qui, s'emparant de l'arquebuse du commissaire, menaçait tantôt l'un, tantôt

l'autre, sans faire feu, ce qui cependant, joint aux pierres qu'envoyaient les autres forçats, fit prendre la fuite à toute l'escorte et ils restèrent maîtres du terrain.

Sancho s'affligea fort de cette affaire, craignant que la

Sainte-Hermandad, avertie, ne se mît à leurs trousses ; il exprima sa pensée à son maître, l'engageant à fuir dans les montagnes les plus proches. « C'est bon, dit Don Quichotte, mais nous avons autre chose à faire. » Et appelant les forçats qui couraient pêle-mêle après avoir dépouillé le commissaire jusqu'à la peau, lesquels formèrent le cercle autour de lui pour voir ce qu'il lui plaisait de leur commander, il leur dit : « C'est le propre des gens bien nés d'être reconnaissants des bienfaits qu'ils reçoivent, tandis que l'ingratitude est un péché dont Dieu est le plus offensé ; or donc, pour prix du service que vous tenez de moi, je vous ordonne de vous rendre de suite en la cité du Toboso, et chargés de cette chaîne dont je vous ai délivrés, de vous présenter à madame Dulcinée et de lui dire que son chevalier qui est celui *de la Triste Figure*, se recommande à elle, et vous lui direz alors ce que j'ai fait pour vous, après cela vous pourrez aller où il vous plaira. » Ginès de Passamont répondit pour tous : « Nous ne pouvons, seigneur, faire ce que Votre Grâce nous commande, parce que nous devons nous séparer au plus tôt afin d'éviter les archers de la Sainte-Hermandad, qui ne tardera pas à nous poursuivre. Ce que vous pouvez faire, c'est de convertir le tribut de madame Dulcinée en une quantité de *Pater* et d'*Ave* que nous dirons à votre intention, ce qui se pourra faire à toute heure, en tout lieu, en paix comme en guerre. Mais nous demander de retourner aux marmites d'Égypte, je veux dire nous remettre à la chaîne pour aller au Toboso, ce serait penser qu'il fait nuit à dix heures du matin, ou demander des poires à un ormeau. — Eh bien ! fils de je ne sais qui, dit Don Quichotte plein de colère, Don Ginès ou Ginésil, vous irez tout seul, la chaîne sur le dos. » Passamont, qui n'était pas d'humeur facile et qui avait reconnu que notre chevalier n'avait pas le cerveau bien complet, fit de l'œil à ses compagnons, et tous s'étant mis à l'écart, firent pleuvoir un tel nuage de pierres sur le pauvre chevalier, que sa rondache ne les pouvait éviter toutes ; le pauvre Rossinante ne se souciait

CHAPITRE XXII

pas plus de l'éperon que s'il eût été de bronze ; Sancho s'était abrité derrière son âne ; Don Quichotte reçut par le corps une grêle si serrée que bientôt il fut renversé par terre ; aussitôt l'écolier se rua sur lui, s'empara du soi-disant armet qu'il mit en pièces, ensuite les forçats dépouillèrent Don Quichotte de son justaucorps, Sancho de son manteau, et, après avoir partagé les dépouilles du combat, ils se séparèrent plus préoccupés de la Sainte-Hermandad que d'aller se présenter à madame Dulcinée de Toboso.

L'âne, Rossinante, Sancho et Don Quichotte restèrent seuls, l'âne secouant de temps en temps les oreilles comme si la grêle le persécutait encore, Rossinante était étendu auprès de son maître, car il avait été renversé d'un coup de pierre, Sancho presque nu et tremblant à l'idée de la Sainte-Hermandad, et Don Quichotte navré de se voir si mal traité par ceux-là mêmes à qui il avait rendu un si grand service.

CHAPITRE XXII

De ce qui advint au fameux Don Quichotte en Sierra-Morena, qui fut une des aventures les plus extraordinaires racontées en cette véritable histoire.

Se voyant si mal accommodé, Don Quichotte dit à son écuyer : « Sancho, j'ai toujours entendu dire que faire du bien à des vilains, c'est porter l'eau à la rivière ; si je t'avais écouté, j'aurais évité ce désagrément, mais patience, et soyons prudents désormais. — Vous serez autant prudent que je suis Turc, dit Sancho ; mais à cette heure, si vous voulez m'en croire, nous ferons en sorte d'éviter la Sainte-Hermandad, qui ne se soucie pas plus de la chevalerie ou des chevaliers errants que d'un maravédis, et déjà les flèches des archers me sifflent aux oreilles. — Tu es naturellement un poltron, dit Don Quichotte, mais afin que tu ne dises pas que je suis entêté et que je ne fais jamais rien de ce que tu me conseilles, je consens à m'éloigner, à la seule condition que jamais tu ne diras et ne penseras même que c'est le danger qui me fait agir, mais seulement ta prière, car il me semble que l'envie me naît de rester ici tout seul et d'attendre non-seulement la Sainte-Hermandad, cette confrérie qui te cause tant d'épouvante, et encore tout ce qui est frère ou confrère, les douze tribus d'Israël, les frères Machabées, Castor et Pollux, etc. — Seigneur, reprit Sancho, se retirer n'est pas fuir, attendre le péril est imprudent quand il dépasse nos forces, il ne faut pas tout risquer en un jour, mais *se conserver aujourd'hui pour demain*. Or, sachez que tout grossier et rustre que je suis, je sais ce que c'est que le bon gouvernement, et vous ne vous repentirez pas d'avoir suivi mon conseil. Montez donc sur Rossinante, si vous le pouvez, sinon je vous aiderai, car j'ai dans la caboche qu'à cette heure nous avons plus besoin de nos pieds que de nos mains. » Don Quichotte remonta à cheval sans répliquer, et ayant suivi son écuyer, il entrèrent dans la Sierra-Morena, afin de la traverser tout entière, et, suivant l'intention de Sancho, de gagner Viso ou Almodovar del Campo, après s'être dérobés aux recherches des archers pendant quelques jours. Et ce qui les encourageait à cela, ce fut, ce que l'on peut regarder comme un miracle, que le sac aux vivres avait échappé aux recherches des forçats.

Cette nuit même ils arrivèrent au milieu de la Sierra, et Sancho proposa d'y rester quelques jours, c'est-à-dire tant que dureraient leurs provisions; ils y passèrent donc la nuit parmi des lièges et entre deux rochers. Mais la capricieuse fortune ou bien la destinée voulut que Passamont, ce maître larron pour qui avait été si à propos, pour le délivrer de la chaîne, la folie de Don Quichotte, avait également fui de ce côté, il avait eu le temps de reconnaître Don Quichotte, ainsi que son écuyer, il les laissa s'endormir et s'avisa de dérober l'âne de Sancho, ce qu'il fit sans doute au milieu de la nuit.

L'aurore parut pour réjouir la terre et attrister Sancho, lequel ne voyant plus son grison, poussa de telles lamentations qu'il réveilla Don Quichotte. Le pauvre écuyer pleurait et disait : « O fils de mes entrailles, enfant de ma maison, jouet de mes enfants, délices de ma femme, envie de mes voisins, compagnon de mes travaux, nourriture de la moitié de ma personne, puisque tu me nourrissais en

partie avec les vingt-six maravédis que tu me gagnais!... »
Don Quichotte, comprenant la cause de cette douleur,
essayait de consoler le malheureux Sancho avec de bonnes
raisons, mais il ne put y parvenir qu'en lui promettant
trois ânons sur cinq qu'il avait laissés à la maison. Sancho
sécha ses larmes, arrêta ses sanglots et remercia son
maître, lequel se réjouit fort de se trouver en ces lieux
qu'il jugea convenables pour les aventures qu'il cherchait.
Sancho, de son côté, se croyant en lieu sûr, n'avait d'autre
souci que de remplir son estomac des reliefs de la dépouille des prêtres ; il suivait son maître, et, de temps à
autre, tirait du bissac de quoi remplir sa panse, sans autre
souci des aventures.

En ce moment, il tourna ses yeux du côté de Don Quichotte, qui était arrêté et tâchait de ramasser quelque
chose avec le bout de sa lance ; Sancho se hâta de l'aider :
c'était une valise et un coussin attachés ensemble et presque
pourris ; Sancho, avec la permission de son maître, regarda ce qu'ils renfermaient ; il y trouva quatre chemises

de fine toile de Hollande, des hardes très-fines, et, dans un mouchoir, un bon tas de pièces d'or. A cette vue, il s'écria : « Béni soit le ciel qui nous envoie aujourd'hui une aventure profitable! » Et poursuivant, il trouva un joli souvenir. Don Quichotte lui dit : « Ceci est ma part; quant à l'argent, tu le peux prendre. » Sancho lui baisa les mains pour cette faveur, puis il mit les hardes et l'argent dans le bissac.

Don Quichotte exprima alors cette opinion : que quelque voyageur avait été assassiné, puis enterré dans ce lieu désert. « Cela ne se peut, dit l'écuyer, car ils n'auraient pas abandonné cet argent.— Tu parles bien, dit Don Quichotte, et je ne devine pas ce que cela peut être, mais voyons si ces tablettes ne nous en diront pas davantage. » Puis les ayant ouvertes, il y trouva un brouillon de sonnet qu'il lut à haute voix pour que Sancho l'entendît :

SONNET.

« Ou le dieu des amours n'a point de connaissance, ou
« le cruel a trop de rigueur, ou le feu qui me dévore n'est
« pas en rapport avec ce qui le cause.

« Mais si l'amour est dieu, il sait et voit tout, pourquoi
« donc l'accuser? il ne peut avoir tant de cruauté, c'est de
« l'excès du mal que j'endure en mon cœur que vient ma
« souffrance.

« Si je vous accuse, Philis, mon tort est grand, car com-
« ment le mal serait-il enfant du bien?. ce n'est donc pas
« du ciel que me vient cette infortune dure.

« Ce que je vois de plus certain, c'est de bientôt périr,
« car aux maux dont la source n'est pas connue, un mi-
« racle seul peut nous faire trouver un remède et nous
« empêcher de mourir. »

« Cette chanson, dit Sancho, nous laisse dans l'ignorance, à moins que ce fil dont elle parle ne nous fasse tenir le peloton du tout, car à l'échantillon se connaît la pièce. — De quel fil parles-tu? dit Don Quichotte.— N'avez-vous pas parlé de fil? » dit Sancho. Don Quichotte reprit : « C'est

Philis que j'ai dit, je suppose que c'est le nom de la dame dont se plaint l'auteur de ces vers, et je trouve sa poésie fort bonne, si je m'y connais. — Comment ! dit Sancho, est-ce que vous entendez à composer des vers ? — Assurément, répondit le chevalier, et je te le prouverai bientôt par la lettre que je te ferai porter à madame Dulcinée, qui sera en vers d'un bout à l'autre, car il faut l'apprendre que tous les chevaliers errants du temps passé étaient poëtes et musiciens, ces deux présents du ciel étaient communs aux amoureux errants ; il est vrai de dire que leurs poésies avaient plus d'énergie que de finesse.

— Lisez toujours, dit Sancho, vous trouverez peut-être ce que nous voulons savoir. » Don Quichotte tourna le feuillet et dit : « Ceci est de la prose et ressemble à une lettre d'amour. — Eh bien ! seigneur, dit Sancho, lisez tout haut, car ces choses d'amour me plaisent infiniment. — Je le veux bien, » répondit le chevalier. Et il lut ce qui suit :

« Tes fausses promesses et la certitude de mon malheur
« me conduisent en un lieu d'où tu apprendras plutôt la
« nouvelle de ma mort que les raisons de mes plaintes.
« Tu m'as repoussé, ô ingrate, pour un autre plus riche
« que moi, mais qui n'a pas plus de valeur, car si la vertu
« était autant estimée que la richesse, je n'envierais pas
« les bonnes fortunes d'autrui, et ne pleurerais pas mon
« malheur. Ce qu'avait fait naître ta beauté, ton inconstance l'a détruit ; par l'une, je te croyais un ange ; par
« l'autre, j'ai reconnu que tu n'étais qu'une femme. Vis en
« paix, toi qui es cause de mon tourment, et que le ciel
« te cache les tromperies de ton époux, afin que tu n'aies
« pas à te repentir de ce que tu as fait, et que je n'aie pas
« à tirer vengeance de ce que je ne désire pas. »

— Cette lettre, dit Don Quichotte, ne nous apprend autre chose sinon qu'elle est d'un amant dédaigné. » Et feuilletant tout le livret, il ne trouva que plaintes, lamentations, contentements et dédains. Pendant que Don Quichotte feuilletait le livre, Sancho fouillait et refouillait la valise, afin de ne rien laisser faute de soin, tant avait excité chez lui la friandise des écus dont il avait trouvé plus de cent ; il oublia très-bien le bernement de la couverture, le vomissement du baume, les bénédictions des prêtres, les coups de poing du muletier, la faim, la soif qu'il avait endurées au service de son bon maître, lui étant d'avis qu'il était suffisamment payé. Quant au Chevalier de la Triste Figure, il n'avait qu'un désir, celui de connaître le propriétaire de

la valise, conjecturant, par les objets qu'elle renfermait autant que par les pièces d'or et les écrits, qu'elle devait venir de quelque amoureux désespéré que les dédains de sa maîtresse avaient conduit à quelque parti extrême. Mais comme ce lieu lui semblait trop désert pour pouvoir espérer d'y rencontrer âme qui vive, il prit le parti de continuer son chemin, laissant cheminer Rossinante au hasard, espérant toujours rencontrer quelque aventure, et suivant ainsi sa route, il aperçut, sur une petite montagne qu'il avait devant lui, un homme sautant de rocher en rocher, de buisson en buisson, avec une grande légèreté; il avait les cheveux et la barbe en désordre, les jambes et les pieds nus, il avait les cuisses couvertes de chausses qui avaient été de velours, mais en si mauvais état, qu'on lui voyait la chair en plusieurs endroits; malgré la vitesse de sa course, le Chevalier de la Triste Figure avait eu le temps de distinguer ce que nous avons dit; il aurait voulu le suivre, mais la nonchalance de Rossinante s'y opposa. Don Quichotte pensa avec raison que c'était là le propriétaire de la valise, et il prit la résolution de le rejoindre, dût-il pour cela rester un an dans ces montagnes. Il commanda à Sancho de suivre un chemin et lui devant prendre l'autre, et par ce moyen il comptait rencontrer bientôt cet homme. « Mais, dit Sancho, cela ne se peut, parce que la peur s'emparera de moi, aussi je ne m'éloignerai de vous de la longueur d'un doigt. — J'y consens donc, répondit le chevalier; puisque tu veux te faire un bouclier de mon courage, il ne te fera pas défaut; suis-moi donc comme tu pourras et fais de tes yeux des lanternes, nous ferons le tour de cette montagne et peut-être rencontrerons-nous cet homme que nous avons vu, et qui, je le tiens pour vrai, est le maître de ce que nous avons trouvé. » A quoi Sancho répondit : « Il serait, je crois, préférable de ne point faire cette chasse, car si d'aventure nous parvenons à le joindre, et qu'il soit, comme vous le dites, le maître de cet argent que nous avons trouvé, il me le faudra restituer ; je pense donc qu'il serait mieux d'attendre cette rencontre du hasard, et que cela pourrait arriver alors que j'aurais tout dépensé, ce qui m'affranchirait de la restitution. — Tu es dans une erreur très-grande, dit Don Quichotte, car dès que nous supposons qu'il en est le maître, c'est un devoir de le chercher et de lui restituer. Ainsi, Sancho, mon ami, ne craignez pas cette recherche, parce que je serai relevé d'une grande peine si je le trouve. » Et disant cela, il piqua Rossinante ; Sancho le suivit tout chargé qu'il était, grâce à Dieu et à Ginésil de Passamont ; puis ayant tourné la montagne, ils virent par terre, près d'un ruisseau, une mule toute sellée et bridée, elle était morte et à moitié mangée, cela leur donna à penser que le maître de la valise était aussi celui de la mule. Après avoir regardé de tous côtés, ils entendirent le bruit d'un sifflet semblable à celui d'un berger qui rassemble son troupeau ; ils virent ensuite des chèvres et le berger qui les conduisait, lequel était un homme assez âgé. Don Quichotte l'appela, le priant de descendre ; le chevrier obéit après avoir demandé comment ils avaient pénétré dans un pareil endroit, fréquenté seulement par les chèvres et les loups ; puis s'adressant à Don Quichotte, il lui dit : « Vous regardez cette mule qui est morte dans ce ravin, il y a au moins six mois qu'elle est là. Mais n'avez-vous pas rencontré son maître ? — Nous n'avons rencontré personne, dit Don Quichotte, mais nous avons aperçu à quelques pas d'ici une valise et un coussin. — Je puis vous dire la même chose, répondit le berger, mais je n'ai pas voulu y toucher ni en approcher, pour qu'on ne m'accuse pas de l'avoir dérobée, car le diable est subtil et souvent il nous met sous les pieds quelque chose qui nous fait broncher sans savoir pourquoi ni comment. — C'est mon avis, répondit Sancho, et j'ai fait comme vous, parce que je n'aime pas à attacher le grelot au chien.

— Savez-vous, bonhomme, reprit Don Quichotte, quel est le maître de toutes ces choses ? — Tout ce que je puis vous dire, répondit le chevrier, c'est qu'il y a environ six mois, un beau jeune homme fort bien couvert et monté sur cette mule, vint à une hutte de bergers éloignée de deux ou trois lieues d'ici, il s'informa de l'endroit le plus désert de ces montagnes, nous lui avons répondu qu'il s'y trouvait, parce qu'en effet, si vous avanciez encore, il ne vous serait plus possible de trouver de chemin, et c'est chose curieuse que de voir que vous êtes parvenus jusqu'ici. Ce jeune homme ayant donc entendu notre réponse, s'en alla vers le lieu dont nous avons parlé, nous laissant dans l'admiration et aussi dans la surprise de le voir prendre une telle direction. Depuis lors nous ne l'avons point revu, sinon qu'un jour il rencontra un de nos camarades, l'accabla de coups, et après s'être emparé de nos provisions de pain et de fromage qui se trouvaient sur un âne, il prit la fuite à travers la montagne; et nous étant mis à sa poursuite, nous le trouvâmes dans l'endroit le plus épais, il était caché dans le creux d'un vieux liége. Il en sortit et vint à nous plein de calme, il avait les vêtements déchirés et le visage brûlé par le soleil. Après nous avoir salués courtoisement, il nous dit de ne pas être surpris de l'état où nous le trouvions, parce qu'il accomplissait une pénitence qu'il s'était imposée pour ses péchés; ensuite nous l'avons prié de nous dire où nous le pourrions trouver pour lui donner la nourriture qui lui était nécessaire, ou au moins qu'il vînt nous en demander, mais non l'arracher de force à nos bergers. Il nous remercia de notre offre et nous demanda pardon des choses passées, nous promettant de nous demander ce dont il aurait besoin pour l'amour de Dieu. Quant à sa retraite, il nous dit n'en avoir d'autre que celle que l'occasion lui procurait; après cela il se mit à pleurer à chaudes larmes, ce qui excita les nôtres, car il aurait fallu être bien sec pour ne pas se laisser attendrir; puis il s'arrêta tout court, fixa la terre pendant quelques instants, ensuite il ferma les yeux, fronça les sourcils, ce qui nous fit supposer qu'il avait quelque grain de folie, et il nous le prouva, car s'étant levé, il se jeta sur l'un de nous avec tant de furie, qu'il l'aurait tué à coups de poing, si nous n'étions parvenus à le lui arracher; en faisant cela, il s'écriait : « Parjure et déloyal Fernando, c'est ici que tu vas payer le tort que tu m'as fait, » et beaucoup d'autres propos qui s'attachaient à dire du mal de ce Fernando et à le taxer de trahison. Ensuite il nous quitta et courut se cacher parmi les buissons. Par cela, nous supposâmes que la folie le prenait de temps à autre, et qu'un certain Fernando lui avait rendu de mauvais services.

CHAPITRE XXIII

Où se continue l'aventure de la Sierra-
Morena.

E chevalier avait écouté le récit des chevriers avec une attention qui augmenta encore, lorsqu'ils ajoutèrent qu'ils avaient formé le dessein de le chercher afin de le conduire en la ville d'Almodovar, pour le faire traiter et s'enquérir de ses parents; cela fit prendre à Don Quichotte une plus ferme résolution de fouiller la montagne. Mais à cet instant même parut Cardenio; il prononçait des paroles inintelligibles, et, après s'être avancé, il adressa à la compagnie un salut auquel Don Quichotte répondit avec beaucoup de politesse. Puis notre chevalier descendit de cheval et donna l'accolade au jeune homme, comme à un ami de vieille date; après quoi Cardenio, lui ayant mis les mains sur les épaules, le fixa comme s'il eût voulu le reconnaître, non moins étonné de la taille, de l'armure et de la figure du chevalier, que l'était celui-ci de le voir en cet état. Enfin le premier qui parla fut l'inconnu. « Qui que vous soyez, dit-il, je vous rends grâce de la courtoisie dont vous avez usé envers moi, et je voudrais me trouver à même de vous en témoigner ma reconnaissance autrement que par des paroles; mais je ne puis vous offrir que des désirs sans effet. — Les miens, dit Don Quichotte, sont de vous servir, et tellement que j'avais résolu de ne point quitter ces montagnes avant de vous avoir rencontré et su de vous s'il n'y avait pas moyen de trouver quelque remède à vos chagrins, afin, en ce cas, de le chercher avec toute la diligence possible; et si votre malheur eût été de ceux qui ont fermé la porte à toute consolation, j'aurais essayé de vous aider à les supporter en les partageant, car c'est un soulagement à nos peines que de trouver des gens qui s'y montrent sensibles. Et si ma bonne volonté mérite quelque courtoisie, je vous supplie par celle que vous possédez, et vous conjure par l'objet que vous avez le plus aimé ou que vous aimez le plus, de me dire qui vous êtes et qui vous a conduit à cette extrémité de vivre ici comme une bête brute, ce qui n'est point d'accord avec ce que vous paraissez être. Je jure donc, ajouta Don Quichotte, par l'ordre de chevalerie que j'ai reçu, moi pécheur indigne, de vous aider en apportant remède à votre disgrâce, ou en partageant vos chagrins comme je l'ai dit. »

Le chevalier de la Montagne ne cessait de regarder celui de la Triste figure, et après l'avoir considéré des pieds à la tête, il lui dit: « Si vous avez de quoi manger, donnez-m'en pour l'amour de Dieu; après et en témoignage de votre bonne volonté, je ferai ce qu'il vous plaira. » Aussitôt Sancho tira de son bissac, et le berger de sa pannetière, de quoi apaiser la faim du pauvre désolé, lequel mangea avec tant de précipitation, qu'il engloutissait plutôt qu'il n'avalait, et pendant cela, ni lui ni les assistants ne disaient mot. Après avoir achevé de manger, il leur fit signe de le suivre et les conduisit dans un petit pré vert, au pied d'un rocher, où, après que chacun eut pris place, le pauvre fuyard leur dit: « Si vous voulez connaître l'histoire de mes malheurs, il faut que vous me promettiez de ne pas m'interrompre par aucune question, parce que cela mettrait fin à mon récit (cette demande rappela au chevalier le conte commencé par Sancho, lequel demeura inachevé à cause du nombre des chèvres qui avaient passé la rivière et qu'il n'avait pu retenir). Si je vous donne cet avis, ajouta-t-il, c'est afin d'achever promptement le récit de mes disgrâces, car les remettre en ma mémoire, cela ne sert qu'à les rendre plus douloureuses ; je vous promets aussi de ne point oublier aucun détail lorsqu'il aura quelque intérêt. » Don Quichotte lui promit donc le silence au nom de tous, et l'inconnu s'exprima ainsi :

« Mon nom est Cardenio, ma patrie une des principales villes de l'Andalousie, ma race est noble, mes parents sont riches, et mes malheurs sont si grands que mes parents les auraient pleurés sans pouvoir les adoucir avec leurs richesses, car la fortune sert peu à soulager de pareils chagrins. Dans la ville que j'habitais, il se trouva un ange du ciel en qui l'amour avait placé tous les charmes que j'aurais pu désirer : son nom était Lucinde, elle était noble et riche, et nous eûmes l'un pour l'autre cette amitié sincère qui accompagne le jeune âge. Nos pères connaissaient notre attachement et le voyaient sans déplaisir, parce qu'il avait pour but un mariage que notre position rendait convenable. Cependant, comme l'âge et notre passion allaient croissant, le père de Lucinde crut alors à propos de nous éloigner ; mais après bien des épîtres échangées, bien des chansons composées à l'intention de Lucinde, puis, pour arriver plus vite à mon but, je résolus de la demander à son père pour légitime épouse. A quoi il me fut répondu que la chose se pouvait faire, mais avec l'agrément de mon père ; je courus aussitôt près de ce dernier, et au moment où j'entrais dans sa chambre, il était occupé à lire une lettre du duc Richard, lequel voulait me placer près de son fils aîné, non comme un serviteur, mais en qualité de compagnon. Nous ne pûmes refuser une offre aussi gracieuse. Après avoir pris congé de Lucinde et de son père, et recueilli leurs serments et promesses, j'allai

trouver le duc Richard, qui me reçut avec une telle bonté
que les anciens serviteurs en eurent bien quelque peu
d'ombrage; Don Fernando le second fils du duc me témoigna
plus que du bon vouloir, mais une amitié qui paraissait
sincère. Il me traitait comme son meilleur ami, me con-
fiait tout ce qui le regardait, et entre autres choses, l'estime qu'il avait pour la fille d'un laboureur qui était fort
riche ; cette personne était si belle, si sage, si honnête, que
ceux qui la connaissaient ne pouvaient résoudre en laquelle de ces qualités elle était supérieure. Don Fernando
lui promit de l'épouser, et n'ayant pu le détourner de cette
résolution, je regardai comme un devoir de découvrir à
son père les projets de Don Fernando, ce dont il avait déjà
quelques soupçons. Don Fernando me proposa pour me
distraire de s'absenter pour quelques mois et venir en la
maison de mon père, sous prétexte d'acheter des chevaux
dans notre ville ; j'acceptai cette proposition avec une
grande joie, parce qu'elle me donnait occasion de revoir
Lucinde ; mais le duc me cacha qu'il avait secrètement
épousé la fille du laboureur et qu'il agissait ainsi pour
échapper aux reproches du duc Richard. Ayant donc fait
comme il avait été dit, nous arrivâmes en notre ville où
mon père reçut Don Fernando selon sa qualité.

« Après avoir revu Lucinde, je confiai au duc mes pensées et mes espérances, mais ainsi le voulut le hasard que
Don Fernando devint bientôt plus soucieux de ce qui le
concernait que je l'aurais attendu, et ayant toujours vu
notre correspondance, il advint que Lucinde m'ayant un
jour prié de lui faire avoir pour le lire un livre de chevalerie qui est *Amadis de Gaule*.... » Don Quichotte n'eut pas
sitôt ouï parler d'un livre de chevalerie, qu'il s'écria : « Si
vous m'eussiez dit, au commencement de cette histoire,
que mademoiselle Lucinde aimait la lecture de ces livres
de chevalerie, cela eût suffi pour que je la tienne pour la
plus belle et la plus discrète personne qu'il y ait au monde,
et je voudrais, Monsieur, qu'avec *Amadis de Gaule*, vous
lui eussiez envoyé aussi *Don Rugel de Grèce*, car je sais

que mademoiselle Lucinde eût vu avec plaisir Darayda et Garaya, puis les *discrétions* du pasteur Darinel, et ses bucoliques si remplies de grâce et de gaîté : mais c'est chose qu'il ne tiendra qu'à vous de réparer, car j'ai en mon village plus de trois cents de ces livres qui font les délices de mon âme et les joies de ma vie. Mais oubliez, Monsieur, que nous avons enfreint la loi convenue de ne point vous interrompre, car lorsqu'il est mention de ces choses de chevaliers et de chevalerie, il m'est aussi impossible de n'en point parler qu'aux rayons du soleil de ne pas échauffer et éclairer la terre; ainsi donc, veuillez poursuivre votre histoire. »

Malgré la prière de Don Quichotte, Cardenio était demeuré pensif, et ce fut seulement au bout de quelques instants qu'il reprit la parole pour médire d'un certain Elisabad et de la reine Madasime. « De par tous les diables ! reprit Don Quichotte, cette princesse était trop discrète pour admettre cette opinion qu'elle eût pu avoir de l'estime pour un misérable barbier, et je soutiendrai cela à pied comme à cheval, armé ou désarmé, comme il plaira, à l'insolent fourbe qui voudrait dire autrement. »

Cardenio le regardait fixement, et repris d'un accès de folie, il n'était pas plus en état de poursuivre son histoire que le chevalier de l'écouter, tant ce dernier avait éprouvé de déplaisir pour madame Madasime, dont, à cause de ces livres de chevalerie, il prenait la défense comme s'il eût été question de sa propre dame. Cardenio, qui n'avait pas pris pour politesses les mots de fourbe et d'insolent, ramassa un caillou qui était près de lui et l'envoya avec telle rudesse sur la poitrine du chevalier, qu'il en fut renversé par terre. Sancho se rua sur le fou à coups de poings, mais Cardenio d'un coup le mit à ses pieds et lui marcha sur le corps tout à son aise. Le chevrier voulut intervenir et reçut le même accueil, puis après qu'ils furent tous ainsi accommodés, Cardenio s'en alla d'un pas tranquille regagner le bois.

Sancho se leva et fit au chevrier une querelle de ce qu'il

ne lui avait pas parlé des retours de folie auxquels Cardenio était sujet. Le chevrier répondit qu'il l'avait dit; Sancho soutint que non, et après des oui et des non, tous deux en vinrent à s'empoigner par la barbe, les coups de poings suivirent, et ce ne fut pas sans peine que le chevalier de la Triste figure parvint à les séparer, car Sancho voulait, à cause que celui-là n'était pas chevalier, soutenir le combat. Don Quichotte, après qu'il les eut séparés, demanda au chevrier s'il ne pourrait retrouver Cardenio, étant très-curieux d'apprendre la fin de son histoire. A cela, le chevrier répondit comme précédemment que, s'il restait encore quelque temps dans ces environs, il devait le retrouver sage ou fou.

CHAPITRE XXIV

Qui traite des choses étranges qui arrivèrent au vaillant chevalier de la Manche en la Sierra-Morena et de l'imitation qu'il fit de la pénitence du Beau Ténébreux.

Don Quichotte étant remonté sur Rossinante, prit congé du chevrier. Sancho qui le suivit d'assez mauvaise grâce, s'écria, au moment où ils entraient dans l'endroit le plus âpre de la forêt : « Seigneur, donnez-moi mon congé et votre bénédiction, car je veux m'en retourner vers ma femme et mes enfants, là je pourrai parler, car autant être enterré tout vif que de vous suivre sans dire un mot. Si les bêtes parlaient encore comme au temps d'Ésope, je pourrais au moins discourir avec mon âne (si je l'avais), et prendre mon mal en patience; mais c'est chose au-dessus de mes forces que d'aller chercher des aventures toute sa vie et ne trouver que coups de pieds, bernements, grêle de pierres, et rester la bouche close comme si on était né muet.

— Je t'entends, répondit Don Quichotte, tu veux que je donne la liberté à ta langue; or donc, parle tant que tu voudras, mais la permission n'est que pour le temps que nous demeurerons dans ces montagnes.

— Ainsi soit ! dit Sancho, il me suffit de pouvoir parler

à cette heure, car qui sait ce qui peut arriver ensuite. La première chose que je demanderai à Votre Grâce, est le motif qui lui fit prendre avec tant de chaleur la défense de cette reine Magimasa, et que vous importait que cet Abad fût pour elle, ceci ou cela? d'ailleurs vous n'étiez pas leur juge, le fou aurait continué son histoire, et pour nous il y aurait eu épargne de coups de pierre et d'autres désagréments.

— Si tu savais comme moi, Sancho, combien était une personne honorable la reine Madasime, tu dirais que j'ai montré une patience bien grande, puisque je n'ai point cassé la mâchoire de celui qui se permettait de tels blasphèmes. La vérité est que cet Élisabad était pour la reine un bon conseiller, mais pour admettre plus, il faut avoir la cervelle déplacée, et tu l'as vu, ce Cardenio ne savait ce qu'il disait. — Par cette raison, reprit Sancho, vous n'auriez pas dû prendre sa parole au sérieux, car s'il vous eût envoyé cette pierre par la tête au lieu de l'estomac, nous eussions été bien gratifiés pour avoir pris la défense de cette reine en poussière aujourd'hui.

— Ami Sancho, reprit Don Quichotte, tout chevalier errant est tenu de défendre l'honneur des dames, et cela contre fou ou sage, à plus grande raison quand ce sont des princesses d'aussi haut parage que le fut la reine Madasime, que j'estime pour avoir eu autant de beauté que d'esprit et de prudence, et je soutiens que ceux qui en disent autrement mentent et mentiront. — Je ne dis rien et n'en pense pas plus, répondit Sancho, de ce qu'ils ont été; Dieu en a compte; je viens de mes vignes et ne sais rien; il y a des gens qui disent *qu'il y a du lard là où il n'y a pas de quoi l'accrocher ; qui saurait mettre des portes aux champs ? et n'a-t-on pas glosé de Dieu lui-même ?*

— Que de sottises tu enfiles avec tes proverbes ! dit Don Quichotte; garde ceci pour dit désormais, que ce que j'ai fait, fais et ferai est bien fondé en raison et conforme en tout aux règles de chevalerie.—Seigneur, répartit Sancho, est-ce bien la règle de chevalerie que de courir égarés parmi ces montagnes, cherchant après ce fou qui terminera ce qu'il a commencé, non point de dire son histoire, mais de nous casser à vous la tête et à moi les côtes.

— Laissons là ces bagatelles, dit Don Quichotte, et je te fais savoir que ce qui me fait agir n'est pas tant le désir de retrouver ce fou que celui de mettre à fin un projet à moi, lequel doit m'acquérir une perpétuelle renommée sur la terre, et mettre le cachet à tout ce qui peut rendre fameux un chevalier errant.

— Est-ce chose de grand péril? demanda Sancho. — Non, répondit le chevalier; si le dé ne tournait bien pour nous, ce serait faute de ta diligence. — De ma diligence? répartit Sancho. — Oui, mon fils, répondit Don Quichotte, parce que si tu reviens bientôt du lieu où je pense t'envoyer, ma peine finira, et alors ce sera le commencement de ma gloire, et sans autre détail, je te dois dire qu'Amadis de Gaule fut un des plus parfaits chevaliers errants, je devrais dire le seul, l'unique, le maître et seigneur à tous. J'ajoute que si un peintre veut devenir célèbre dans son art, il doit imiter les plus grands maîtres, et que la même règle existe pour tous les métiers ou exercices d'importance qui servent pour l'ornement des États; ainsi, celui qui veut être réputé homme sage et prudent, imitera Ulysse comme nous le peint Homère, et comme Virgile nous montre Énée, fils plein de piété filiale pour son père et vaillant guerrier, et s'ils ne sont point tels qu'ils étaient, ils sont au moins représentés comme ils devaient être, afin de servir d'exemple de vertu aux hommes à venir. Or, comme Amadis de Gaule fut le nord, l'étoile du jour et le soleil de vaillants et sensibles chevaliers errants, c'est lui que nous devons imiter, nous autres qui sommes engagés sous la bannière de la chevalerie. Ainsi, Sancho, mon ami, le chevalier qui l'imitera davantage sera plus près que possible de la perfection ; donc la chose en quoi ce chevalier montra plus de prudence et de valeur, patience et fermeté, fut, lorsque dédaigné de sa dame Oriane, il se retira en la Roche pauvre pour y faire pénitence, et changea son nom en celui de Beau Ténébreux, nom fort significatif et propre à la vie qu'il s'était imposée; et m'étant plus facile de l'imiter en cela qu'à pourfendre des géants, détruire des flottes, et défaire des enchantements, et puis par la raison que ces lieux sont si convenables pour un tel dessein, je ne veux pas perdre l'occasion qui m'offre si à point les tresses de ses cheveux.

— Mais enfin, dit Sancho, qu'est-ce que Votre Grâce entend faire dans ce lieu si écarté? — Je te l'ai déjà dit, répondit Don Quichotte, imiter Amadis faisant le fou, le furieux, le désespéré, et imiter en même temps le vaillant Don Roland après qu'il eut trouvé sur les arbres d'une fontaine les chiffres de la belle Angélique et de Médor, ce qui le rendit non-seulement fou, mais encore fou furieux ; il tua les bergers, détruisit les troupeaux, brûla les maisons, et fit mille extravagances dignes d'éternelle renommée. Il est vrai que je ne prétends pas copier en tout point ce Roland, Orland ou Rotoland (il avait ces trois noms à la fois). Il se pourrait encore que je vienne à me contenter de l'imitation seule d'Amadis, lequel, sans rien faire qui

causât dommage, acquit tant de renommée par ses pleurs
et regrets seulement.

— Il m'est avis, dit Sancho, que ces chevaliers ne firent
ces sottises qu'après y avoir été provoqués et par pénitence ; mais vous, quel motif vous porte à perdre la tête,
quelle dame vous a dédaigné et quelle chose peut vous
faire présumer que madame Dulcinée du Toboso ait perdu
la mémoire ? — Voilà le point délicat, répondit Don Quichotte : qu'un chevalier errant radote et par cause, cela
n'est qu'ordinaire ; mais que je l'imite sans motif, c'est
faire comprendre à ma dame ce qui adviendrait, en ayant
sujet ; d'ailleurs, tu le sais, Sancho, l'absence fait craindre
bien des maux ! Cesse donc de me détourner de mes grands
projets, je suis fou et fou serai jusqu'à ce que tu sois de
retour, avec une réponse à une lettre que je te donnerai
pour madame Dulcinée, et si cette réponse est ce que je la
désire, ma folie sera terminée ; tandis que si le contraire
arrive, je demeurerai bien et réellement fêlé du cerveau.
Mais dis-moi, Sancho, as-tu bien mis en lieu de sûreté
l'armet de Mambrin ? car je te l'ai vu ramasser lorsque cet
ingrat l'a voulu mettre en pièces et qu'il n'a pu le faire, ce
qui prouve qu'il est de bonne trempe. — Hélas ! seigneur,
répondit Sancho, comment ne pas regarder comme erreurs
ou mensonges tout ce que vous dites de chevaliers et chevalerie, îles et royaumes, quand on vous entend appeler
armet de Mambrin un méchant plat à barbe ? on doit vous
croire fourbe ou maigre de cervelle ; je l'ai dans mon sac
et le porte en ma maison pour le raccommoder et m'y faire
la barbe, si, avec la permission de Dieu, je puis un jour
revoir mes pénates.

— Vois donc, Sancho, dit Don Quichotte, combien tu es
pauvre de raison ; comment ! depuis que tu vois ce qui
nous échoit, n'as-tu pas reconnu que, dans la chevalerie
errante, tout est à rebours de ce que semble être la chose ;
cet armet de Mambrin te paraît un bassin de barbier, et à
aucuns il semblera chose différente, parce que l'enchanteur
qui veille sur moi veut qu'il ne soit pas évident pour tous.

Garde-le donc, mon ami, car, pour le présent, il ne m'est pas nécessaire, d'autant plus que je me veux dépouiller de ces armes et me mettre nu comme lorsque je naquis, à moins qu'il me vienne la pensée d'imiter plutôt Roland qu'Amadis. »

Ils étaient, tout en devisant, arrivés au pied d'une montagne taillée à pic, près de laquelle serpentait un ruisseau, et dont la terre, garnie de vert gazon émaillé de fleurs, se trouvait parfois ombragée par d'assez beaux arbres ; cet endroit fut aussitôt choisi par le chevalier pour y accomplir sa pénitence. Et comme privé tout à fait de la raison, il s'écria : « O inhumaine ! ceci est le lieu que je choisis pour y pleurer le malheur auquel vous m'avez condamné. Ici doivent mes pleurs faire déborder les eaux de ce faible ruisseau et mes soupirs agiter les feuilles de ces arbres, en témoignage de mes peines, et vous, dieux rustiques qui habitez ces lieux solitaires, écoutez les plaintes d'un malheureux amant qu'une longue absence et une folle jalousie ont conduit à se lamenter en ces déserts, pour se plaindre de la cruauté et de la rigueur de cette belle ingrate qui est la perfection de la beauté ; et vous, Napées et Dryades, qui habitez ces bois, et vous aussi, légers Satyres, que votre repos ne soit point troublé par mes plaintes ! Et toi, ô Dulcinée du Toboso ! le jour de ma nuit, le nord de mes chemins, l'étoile de ma fortune, considère l'état où m'a réduit ton absence, et réponds comme le mérite ma fidélité. Et toi, mon cher écuyer, digne compagnon de mes aventures, loge bien en ta mémoire les choses extraordinaires que tu vas me voir faire, afin d'en rendre compte à celle qui en est la seule cause. »

Après cela il mit pied à terre, retira la selle et la bride à Rossinante, et lui ayant frappé doucement sur la croupe, il lui dit : « Celui qui est captif te donne la liberté, cher coursier qui méritais un meilleur sort; vas où tu voudras, toi qui portes au front que ta légèreté et ta vigueur ont dépassé ce qui est connu de l'hippogriffe d'Astolphe et de l'illustre Frontin, qui coûta si cher à Bradamante.

CHAPITRE XXIV

— Merci donc, s'écria Sancho, à celui qui m'a relevé du soin de débâter mon âne, car à cette heure le pauvre grison aurait droit à quelques caresses; bien que je sois étranger à ce qui est d'être désespéré, car en vérité je ne l'ai jamais été; mais si Votre Grâce, seigneur chevalier de la Triste figure, a décidé mon départ et qu'elle daigne continuer son état de folie, il serait bon de remettre la selle à Rossinante, afin qu'il remplace le grison et abrége alors le temps de mon aller et celui de mon retour.

— Je te laisse faire, répondit Don Quichotte, d'autant plus que ton idée me paraît bonne, et tu partiras dans trois jours, car je veux que tu puisses voir ce que je ferai d'ici là et en rendre compte à ma dame. — Et qu'ai-je de plus à voir? dit Sancho. — Tout n'est pas dit, ajouta le chevalier, il me reste maintenant à déchirer mes habits, jeter mes armes çà et là, puis donner de la tête contre ces rochers, et faire autres choses capables de te surprendre. — Vous pouvez passer outre, reprit Sancho, car il vous pourrait advenir de donner de la calebasse sur cette roche, d'une façon si rude qu'elle renversât d'un coup cette machine de pénitence, et si ces culbutes sont indispensables, je serais d'avis que vous les fissiez contre chose molle et douce comme du coton, ce qui n'empêchera que je dirai à Madame que c'était contre roche des plus dures.

— Merci de ta bonne volonté! répondit Don Quichotte; mais comme la chevalerie n'admet point de fourberie, ces choquements de caboche doivent être véritables; il sera nécessaire que tu me laisses un peu de charpie pour panser mes blessures, puisque nous avons perdu le fameux baume.

— Le plus malheureux, dit Sancho, a été de perdre l'âne, puisqu'il portait la charpie et le reste que je ne nomme point, car le nom me trouble l'âme et plus encore l'estomac. Veuillez regarder comme écoulés les trois jours que vous m'avez accordés pour être témoin de vos folies; j'en ferai le rapport à madame Dulcinée. Donc, veuillez écrire la lettre et me dépêcher, car il me tarde de venir vous retirer de ce purgatoire où je vous laisse. — Tu devrais dire cet enfer, répondit Don Quichotte. — Cela ne peut être, reprit Sancho, car ce qui est en enfer n'en peut sortir, et par la vertu de mes éperons et des jambes de Rossinante, je compte d'une seule course me rendre au Toboso et faire à madame Dulcinée un tel récit de vos folies et sottises, que bientôt elle en sera attendrie et me renverra porteur d'une réponse douce comme le miel, et telle que Votre Grâce devra se croire enfin délivrée de sa pénitence.

— Il y a un obstacle, riposta le chevalier, c'est que nous n'avons ici ni encre ni papier pour écrire la lettre.... — Et l'ordonnance des ânons, ajouta Sancho. — Tu l'auras, répondit le chevalier, mais à défaut de papier, ces tablettes de Cardenio nous peuvent suffire; tu les feras transcrire par le premier sacristain ou magister qui se trouvera sur ton chemin ; surtout ne la donne point à copier à un greffier, car il en ferait un engin à chicane auquel le diable n'entendrait rien. — Mais, dit Sancho, pour la signer comment ferez-vous? — Les lettres d'Amadis ne furent jamais signées, répondit Don Quichotte. — Admettons pour les lettres, reprit Sancho, mais pour l'ordonnance ? — Il en est de même, répondit Don Quichotte, ma nièce ne fera pas de difficulté. Pour ce qui est de l'épître, tu y mettras pour souscription : *Vôtre, jusqu'à la mort. Le chevalier de la Triste figure.* Et peu importe de quelle main soit l'écriture, car autant que parle ma mémoire, elle me semble dire que madame Dulcinée ne sait ni lire ni écrire et n'a de sa vie vu aucune lettre de moi, parce que nos sentiments ont toujours été platoniques de part et d'autre, d'autant plus que depuis douze ans qu'elle a troublé le calme de mon cerveau, je ne l'ai peut-être pas vue quatre fois, et pendant ces quatre fois je puis croire qu'elle ne s'est pas même aperçue que je l'ai regardée, tant a été élevée chastement la senora Aldonza Laurenzo Corchuelo.

— Tellement, dit Sancho, que la fille de Laurenzo Corchuelo est mademoiselle Dulcinée du Toboso. — Et pas autre, répondit Don Quichotte, celle-là même qui devrait être reine de l'univers.

— Je la connais, dit Sancho, et vous puis dire qu'elle est aussi robuste que n'importe quel garçon de village. Vive Dieu ! c'est une fille bien faite et bien droite ; elle n'a pas mal de duvet au menton et une voix telle qu'un jour, voulant appeler les valets de son père, elle monta dans le clocher du village et en fut entendue, malgré la distance qui était d'une demi-lieue, aussi bien que s'ils eussent été au pied du clocher. Joignez à cela un sans-façon peu ordinaire, et qu'elle est souvent un véritable boute-en-train. En effet, seigneur chevalier de la Triste figure, vous pouvez à cause d'elle faire des folies et vous pendre même, si la fantaisie vous en vient, avec assurance d'être approuvé par tout le monde, quand même le diable vous emporterait. Mais, je vous l'affirme, je brûle de la revoir, car je la crois bien changée, parce que d'aller au champ par le soleil et le vent, cela gâte bien le teint des femmes. Mais, seigneur Don Quichotte, je dois vous confesser mon erreur, car jusqu'à ce jour, j'avais rêvé que madame Dulcinée était une princesse ou quelque grande dame en cas de priser les riches présents que vous lui avez envoyés, à savoir : le biscaïen, les forçats et ceux qui furent le prix de vos nombreuses victoires avant que j'aie l'honneur d'être votre écuyer. Mais, tout bien considéré, je ne crois pas que ce soit une surprise bien agréable pour madame Dulcinée que les vaincus que vous lui envoyez s'aillent ainsi mettre à ses genoux, car il serait possible qu'elle soit alors occupée à peigner du lin ou à battre du blé, ce qui leur donnerait sujet de fâcherie tandis qu'elle rirait du présent.

— Je t'ai déjà dit plusieurs fois, Sancho, reprit le chevalier, que tu n'es qu'un effronté bavard, et que tout rustre que tu es, il t'arrive parfois d'être si piquant, que tu en romps la pointe, et pour te faire sentir combien tu es sot, je vais te conter une petite histoire.

« Il y avait une fois une veuve jeune, belle, riche et surtout fort spirituelle ; elle se passionna pour un frère laid, lourdaud, gros, court, carré d'encolure ; son frère aîné lui fit une remontrance fraternelle, lui faisant observer qu'elle eût pu choisir parmi tant de docteurs, de théologiens, et dire : Je veux celui-ci ou cet autre ; mais elle lui répondit : Il suffit qu'il me convienne pour que je lui trouve beaucoup de mérite. » Ainsi, Sancho, sache que madame Dulcinée vaut autant pour moi que la plus grande princesse de la terre, et que les belles que célèbrent les poëtes et dont font mention les romans et les comédies ou qui sont représentées en images dans les boutiques de barbier, n'ont pas toujours été de chair et d'os, mais plus souvent inventées par ceux-là qui les célébraient afin de se faire valoir. Il me suffit donc de penser que Aldonza Lorenzo est belle autant qu'honnête ; pour sa race, il importe peu, d'autant plus que deux choses au monde sont seules capables d'inspirer un sentiment vif, ce sont : beauté et renommée, en quoi la très-noble Dulcinée n'a pas sa pareille, et ne peuvent lui être comparées ni Hélène, ni Lucrèce et autre beauté grecque, barbare ou latine; d'ailleurs si les sots me blâment, les sages m'approuveront.

— Vous avez toujours raison, reprit Sancho, et je ne suis qu'un âne; mais comment me vient ce mot : *on ne devrait jamais parler de corde dans la maison du pendu?* donnez-moi la lettre que je parte. » Don Quichotte prit alors les tablettes et après s'être éloigné se mit à écrire, ensuite appela Sancho pour lui lire l'épître afin qu'il l'apprît par cœur; mais Sancho lui fit observer qu'il n'avait guère de mémoire et qu'il était mieux de la copier plusieurs fois, ensuite il pria le chevalier de lui en faire la lecture, disant qu'elle devait être faite comme dans un moule.

— Écoute ce qu'elle dit, repartit Don Quichotte.

LETTRE DE DON QUICHOTTE A DULCINÉE.

« Haute et souveraine dame,

« Le piqué au vif de la pointe aiguë de l'absence, le blessé jusqu'au cœur, très-douce Dulcinée du Toboso, vous souhaite la santé dont il est privé. Si votre beauté toujours me dédaigne et si vos grâces ne se prononcent pas en ma faveur, je n'y pourrai résister, quoique je sois accoutumé à la douleur de tant de maux, parce que le mal sera plus fort que moi. Mon écuyer très-fidèle Sancho vous dira, belle et ingrate ennemie, l'état où je suis à cause de vous. Si votre grâce daigne me secourir, ce sera justice et vous sauverez un bien qui est à vous; sinon, faites ce qu'il vous plaira, car en mettant fin à cette existence, j'aurai donné satisfaction à vos cruautés autant qu'à mes désirs.

« Celui qui est vôtre jusqu'à la mort.

« LE CHEVALIER DE LA TRISTE FIGURE. »

— Par la vie de mon père, s'écria Sancho, voilà bien la plus belle épître que j'aie jamais entendue, et comme Votre Grâce a placé dans la signature : le chevalier de la Triste figure, je soutiens que vous êtes le diable en personne et que vous n'ignorez aucune chose.—Tout est nécessaire pour la profession que j'exerce, répondit Don Quichotte. — Voyons, dit Sancho, mettez de l'autre côté la cédule des trois ânons et la signez lisiblement, afin qu'on reconnaisse votre écriture. — Volontiers, dit Don Quichotte, et après avoir écrit, il lut ce qui suit :

« Madame ma nièce, vous donnerez par cette première de poulains à Sancho Pança mon écuyer, trois des cinq que j'ai laissés à la maison ; desquels trois poulains je vous tiendrai compte sur le vu de la présente.

« Fait dans les entrailles de la Sierra Morena le 27 août de la présente année. »

— C'est très-bien, dit Sancho, Votre Grâce n'a plus qu'à signer. — C'est inutile, dit Don Quichotte, je vais seulement y mettre mon paraphe, il sera valable pour trois ânons comme pour trois cents. — Je me confie à Votre Grâce, répondit Sancho, je vais seller Rossinante et ensuite vous demander votre bénédiction ; car je veux partir de suite sans voir vos extravagances, et je dirai que j'en ai vu tant, que plus ne serait possible.

— Il est indispensable, dit le chevalier, que tu me voies nu comme un ver exécuter au moins une douzaine de folies afin de pouvoir dire en toute conscience celles que tu auras vues autant que celles que tu croiras inventer, même dire plus et ce sera peu encore.

— Dépêchez-vous, Monseigneur, reprit Sancho, mais que Votre Grâce m'épargne la peine de voir sa peau, ce qui me causerait trop de chagrin, et j'ai tant pleuré mon grison qu'il ne me reste plus de larmes à répandre ; donc si Votre Grandeur éprouve l'envie d'extravaguer, qu'elle le fasse sans autre cérémonie, et que madame Dulcinée tienne pour vérité vraie tout ce que je lui dirai, si elle ne veut que je lui en facilite l'entendement par une large distribution de coups de pieds et de coups de poings, afin de lui rendre intelligible que Votre Grâce a perdu la tête sans rime ni raison, et lui faire savoir que Sancho Pança ne se mouche pas du pied.

CHAPITRE XXIV

— Tu n'es pas plus sage que moi, repartit Don Quichotte.

— Au moins je ne suis pas aussi fou, répliqua l'écuyer ; mais veuillez bien me dire de quoi Votre Grâce compte se nourrir jusqu'à mon retour.

— Tu n'as nul besoin d'en prendre du souci, répondit Don Quichotte, car je suis résolu à ne vivre que d'herbes et de glands ; le beau de mon affaire est de souffrir les privations les plus dures.

— Il me vient un embarras, dit Sancho, c'est de retrouver le lieu où je vais vous abandonner.

— Tâche d'en bien garder le souvenir, répondit Don Quichotte, car je ne crois pas m'éloigner d'ici, si ce n'est pour monter sur la plus élevée de ces roches, afin de te voir à ton retour ; mais pour ta sûreté, répands de six pas en six pas des branches de genêts jusqu'à ce que tu sois dans la plaine, et cela t'indiquera ton chemin ; c'est ainsi que fit Thésée lorsqu'à l'aide d'un fil il entreprit de retrouver son chemin dans le labyrinthe de Crète. »

Sancho ayant pris une charge de genêts vint demander la bénédiction de son maître, et monté sur Rossinante, reçut la dernière recommandation du chevalier, qui était qu'il prît soin du roussin comme de sa propre personne.

Il avait à peine fait quelques pas, que, revenant sur son chemin, il s'écria : « Seigneur, il m'est avis que Votre Grâce avait bien raison de vouloir me prendre témoin d'au moins deux folies, afin que je puisse attester la chose sans charge de conscience, sans oublier que la plus grande que vous pouvez faire est de demeurer ici.

— Ne t'avais-je pas bien dit ? repartit Don Quichotte, attends ce qu'il faut pour dire un *Credo*, et tu seras satisfait. » Puis, ayant défait ses chausses et seulement couvert de sa chemise, il fit deux ou trois cabrioles les mains par terre, les pieds en haut, d'une façon si décolletée que Sancho détourna promptement les yeux, persuadé que cela était bien suffisant pour jurer que son maître était réellement fou.

Nous le laisserons continuer jusqu'au retour de son voyage, qui ne fut pas long.

CHAPITRE XXV

Où se continuent les finesses que fit le passionné Don Quichotte dans la Sierra-Morena.

POUR continuer de dire ce que fit le chevalier de la Triste figure dès qu'il se vit seul, l'histoire rapporte qu'il acheva de faire ses culbutes après que Sancho eut tourné bride. Don Quichotte alors monta sur le haut d'un rocher et se livra à ses réflexions d'autrefois, à savoir : quel était le plus avantageux pour ses desseins d'imiter les folies de Roland ou les mélancolies d'Amadis ; il se disait : « Si Roland fut si bon chevalier que personne ne le pouvait tuer à moins de lui introduire une épingle sous la plante du pied, à cause de quoi il portait toujours des souliers avec sept semelles de fer, ce qui ne lui servit de rien contre Bernard del Carpio qui l'étouffa dans ses bras à Roncevaux ; — et après ce qui est de sa bravoure passons à ce qui lui fit perdre le jugement : — s'il perdit la raison à cause des marques qu'il vit sur la fontaine, de ce que lui conta le berger, ainsi que du déplaisir qu'il eut de ce qu'Angélique avait trop écouté les discours de Médor, qui était un jeune Maure, page d'Agramant ;

il n'avait pas, lui, Don Quichotte, de pareilles raisons pour devenir fou à cause de sa Dulcinée du Toboso. D'ailleurs, se dit-il, Amadis de Gaule, quoiqu'il ne perdit point la raison, n'acquit pas moins une grande renommée d'amoureux, bien qu'il ne fit autre chose que de s'éloigner de sa maîtresse Oriane et d'attendre la fin de ses rigueurs en la Roche pauvre en compagnie d'un ermite, où il pleura jusqu'à ce que le ciel mit fin à son affliction. Pourquoi, dit-il, donnerais-je suite à mes folies? Vive la mémoire d'Amadis et qu'il soit imité par Don Quichotte de la Manche en tout ce

qui sera possible! et il sera dit de l'un ce qui se dit de l'autre: s'il n'exécuta pas de grandes choses, il mourut d'envie de les entreprendre. Si je ne suis dédaigné de ma Dulcinée, il suffit de son absence.» Ce qu'il fit le plus, ce fut de prier Dieu, j'en ferai de même. Mais ce qui inquiétait fort le chevalier, c'était de trouver un ermite à qui il pût se confesser et qui pût le consoler. Il se contenta donc d'aller et de venir par ce petit pré, écrivant sur le sable et gravant sur les écorces des arbres quelques vers accommodés à sa tristesse et d'autres à la louange de sa Dulcinée; s'ensuivent ci-après ceux que l'on put déchiffrer :

> Arbres élevés, herbes vertes,
> Plantes de fleurettes couvertes,
> Que la nature a mis ici,
> Prêtez l'oreille à mon souci.
> Las! si mon deuil ne vous agrée,
> Écoutez ma plainte sacrée;
> Ne vous troublez en ma douleur,
> Bien qu'elle montre de l'horreur
> En son importune misère,
> Puisque voulant vous satisfaire,
> Ici pleura Quixote l'absence infortunée
> De sa cruelle Dulcinée
> Du Toboso.

> C'est ici le lieu qui recèle
> Un amoureux le plus fidèle
> Que sa dame ait, et ne sait point
> D'où tel mal le presse et le joint.
> Amour à son gré le promène
> Et de tous côtés le démène,
> (Car c'est un mauvais garnement);
> Ainsi chétif abondamment
> Ici pleura Quixote l'absence infortunée
> De sa cruelle Dulcinée
> Du Toboso.

> En recherchant des aventures,
> Maudissant les entrailles dures
> De ces rocs sauvages et fiers :
> Car entre cailloux et halliers
> Il trouve la route importune,
> De sa trop cruelle fortune.
> Amour, de son fouet inhumain,
> Le touchant d'une rude main
> Par le derrière de la tête
> Ainsi qu'une fière tempête,
> Ici pleura Quixote l'absence infortunée
> De sa cruelle Dulcinée
> Du Toboso (1).

(1) Traduction du temps.

CHAPITRE XXV

Cette addition *du Toboso* au nom de Dulcinée fit beaucoup rire les lecteurs, pensant que Don Quichotte avait trouvé cela indispensable pour l'intelligence du sujet, et depuis la chose fut confessée par le chevalier; il composa encore d'autres vers dont on ne put trouver le sens, et dans lesquels il invoquait les Faunes et les Sylvains de ces bois, les Nymphes des rivières, la plaintive Écho. Puis, il s'occupait à chercher des herbes pour sa nourriture jusqu'au retour de Sancho, qui, s'il eût tardé de trois semaines comme il tarda de trois jours, eût retrouvé le chevalier de la Triste figure tellement défiguré qu'il n'eût pas même été possible à sa propre mère de le reconnaître.

Laissons là notre langoureux héros, et voyons ce que fit Sancho dans son ambassade.

Dès que l'écuyer fut sorti de la montagne, il se mit en quête du Toboso, et étant arrivé le lendemain devant la taverne où lui était advenue la disgrâce du bernement, et dont la vue seule lui donna un tel frisson que s'il ne se fût trouvé à jeun, il n'aurait point hésité à passer outre, mais la nécessité l'entraîna près de la porte, et il en sortit incontinent deux quidams dont l'un interpellant l'autre, disait : « Seigneur licencié, n'est-ce point là Sancho Pança qui s'est fait l'écuyer de notre aventurier? — Mais, mais, répondit le licencié, si j'y vois clair, c'est de plus que lui le cheval de notre Don Quichotte. »

Ceux qui parlaient ainsi, étaient le curé et le barbier du village qui avaient fait justice des livres de chevalerie. Voulant savoir des nouvelles du chevalier, le curé s'avança, et appelant Sancho par son nom : « Ami, lui dit-il, donne-moi, je t'en prie, des nouvelles de ton maître. — Je ne puis vous satisfaire, répondit l'écuyer, qui voulait céler le lieu et l'état où il l'avait laissé; ce que je puis faire pour vous être agréable, c'est de vous dire qu'il est en certain lieu où l'appelle une affaire d'importance. — Ah! ah! dit le barbier, si je ne me trompe, vous l'avez tué et dévalisé; et pour preuve, c'est que vous montez son cheval, et vous nous en produirez le maître, ou cela ne se passera pas sans bruit.

— Je suis de mon pays, répondit Sancho, et je ne vole ni ne tue. » Là-dessus il leur conta que le chevalier était demeuré en la montagne pour y faire pénitence de toutes ses aventures précédentes, que lui Sancho était en route pour porter une lettre à madame Dulcinée du Toboso, laquelle si elle ne leur était connue, n'était autre que la fille de Lorenzo Corchuelo ; puis toutes les balivernes accessoires. Cela leur fit demander à Sancho de voir la lettre du chevalier. Sancho répondit qu'elle était écrite sur des tablettes et qu'il la ferait transcrire sur du papier au plus prochain village. Puis le curé lui ayant proposé de se charger de cette besogne, Sancho mit la main à la poche pour chercher ses tablettes, ce qui était inutile, parce qu'il les avait laissées aux mains du chevalier ; mais plus il cherchait, plus lui venait la preuve qu'elles étaient absentes. Alors le visage lui blêmit et sa colère lui fit porter les mains au menton dont il arracha la moitié de sa barbe ; puis se donna force coups de poing sur le nez et le mit tout en sang. Le curé et le barbier

demeurèrent ébahis de la correction que s'infligeait Pança, et après que le motif leur en eut été dit, ils s'empressèrent de le consoler, l'assurant que la promesse des trois poulains d'âne lui serait renouvelée dès qu'ils auraient retrouvé son maître. Cela apaisa Sancho, et d'autant plus que la perte de la lettre pour madame Dulcinée était peu de chose, attendu qu'il la savait par cœur. — Si cela est, dit le barbier, dites-nous ce qu'elle contenait. » Sur quoi Sancho se mit à se gratter la tête et à ronger ses ongles pour rappeler sa mémoire. « Mais, dit-il, le diable m'emporte si je me souviens plus que du commencement qui était : *Haute et souterraine dame.* — Non pas *souterraine*, mais *souveraine*, reprit le barbier. — J'y consens, dit Sancho. » Puis il continua : « *Le blessé jusqu'au vif* vous baise les mains, ingrate *et méconnaissante beauté*, » puis d'autres choses, et il achevait par: «*Le vôtre jusqu'à la mort, Le chevalier de la Triste figure.* » Le curé et le barbier lui firent répéter plusieurs fois afin qu'il ne l'oubliât point, ce que fit Sancho en mêlant toutes sortes de rêveries; puis leur raconta les aventures arrivées à son maître, oubliant le bernement de la taverne, puis comment le chevalier attendait de bonnes nouvelles de sa maîtresse Dulcinée du Toboso pour se mettre en chemin et rechercher le moyen de se faire empereur ou monarque, et de lui donner le gouvernement de quelque province, après l'avoir marié avec la fille de quelque impératrice héritière d'un grand pays en terre ferme, sans îles ni îlots, parce qu'il n'en voulait point, lui, Sancho; et disant cela, il se mouchait et se remouchait. Le curé et le barbier furent émerveillés de voir que la folie de Don Quichotte avait tellement gagné le pauvre écuyer. Aussi ils résolurent de le laisser dans ses croyances, pensant qu'ils en tireraient plus d'agrément. Ils lui dirent alors de prier Dieu pour que son maître parvienne sinon à se faire empereur, au moins archevêque, ce qui fit demander à Sancho quelle serait la part qui lui serait faite, car il ignorait la récompense qu'un archevêque errant pourrait donner à son écuyer: «Ne vous inquiétez pas, répondit le curé, ce serait quelque bénéfice à simple tonsure ou pour le moins quelque office de sacristain; » mais sur la réplique que leur fit Sancho qu'il ne savait ni A ni B, le barbier lui répondit : « Ne vous inquiétez, ami Sancho, nous engagerons votre maître à se faire empereur, ce qui lui convient mieux en raison de ce qu'il est vaillant par-dessus tout. — Il est vrai, dit l'écuyer, qu'il n'est rien qu'il ne puisse entreprendre. — Vous parlez comme un livre, reprit le curé, mais le plus pressé est de songer à mettre fin à cette inutile pénitence qu'accomplit votre maître ; et pour l'instant, afin d'en mieux délibérer, il est à propos d'entrer en cette taverne, car il est l'heure de dîner. » Sancho s'y étant refusé avec promesse d'en expliquer la cause en un autre moment, demanda qu'on lui donnât quelque chose de chaud à manger et de l'orge pour Rossinante, ce que fit le barbier. Puis, après avoir songé à ce qu'ils avaient à faire pour venir à bout de leur dessein, ils proposèrent un moyen en rapport avec les idées de Don Quichotte, lequel était que le curé s'habillerait en demoiselle et qu'ils le mèneraient près du chevalier pour qu'il la vengeât d'un tort qu'un chevalier lui avait fait, et par ce moyen auquel Don Quichotte consentirait facilement, ils pourraient le faire revenir en son village, et chercheraient alors s'il n'y avait point de remède à son étrange folie.

CHAPITRE XXVI

Comment le curé et le barbier vinrent à bout de leur projet et d'autres choses dignes d'être racontées en cette étrange histoire.

Le barbier trouva bonne l'invention du curé, et tout aussitôt ils la mirent à exécution ; puis, avec l'aide de l'hôte et de l'hôtesse, auxquels ils expliquèrent ce qu'ils voulaient faire et leur invention pour tirer le chevalier de la montagne. L'hôtesse leur prêta une cotte et des coiffes. Pendant cela, le tavernier se ressouvint du chevalier et de son baume, sans oublier ce qui était arrivé au pauvre écuyer ; puis accoutra le curé de telle sorte que rien n'y manquait : jupe de drap à manches de velours, corset de même bordé de satin blanc, le tout à la mode du temps du roi Wamba. Le curé se contenta pour coiffure d'un bonnet piqué qui était son bonnet de nuit, puis se serra le front avec une jarretière de taffetas noir, et d'une autre se fit une sorte de masque dont il se couvrit la barbe et le visage, et s'étant enveloppé de son manteau, monta sur sa mule à la manière des femmes. Il enfonça son chapeau qui pouvait au besoin lui servir de parasol, et le barbier, qui s'était décoré le menton d'une vieille queue de vache rousse et grise, enfourcha aussi sa mule; ils prirent congé de tout le monde, y compris la bonne Maritorne, laquelle promit, quoique pécheresse, de dire un chapelet pour le succès d'une entreprise aussi chrétienne.

Mais ils étaient à peine sortis de la taverne, qu'il vint à la pensée du curé que ce n'était pas décent à lui de se vêtir ainsi. Il proposa donc au barbier de changer de vêtement et que lui serait l'écuyer, ce qui compromettrait moins sa dignité, qu'autrement il renoncerait à l'entreprise, dût le diable emporter Don Quichotte.

Sancho arriva et ne se put tenir de rire en voyant nos deux travestis. Le barbier accorda ce que demandait le curé, lequel se mit à lui faire la leçon sur ce qu'il aurait à dire à Don Quichotte pour le faire sortir du lieu de sa pénitence, à quoi le barbier répondit qu'il se tirerait bien d'affaire, mais il ne se voulut point déguiser avant d'être proche de la retraite du chevalier; ils poursuivirent leur chemin guidés par Sancho, lequel leur conta les choses arrivées à Don Quichotte et à ce fou de la montagne, cachant ce qui était de la valise et de son contenu, ce qui prouve que, tout lourdaud qu'il était, il ne manquait pas d'être discret à l'endroit de son sac.

Le jour suivant ils arrivèrent à l'entrée de la montagne, et Sancho leur dit de se vêtir s'ils voulaient que leur projet fût utile à son maître, ce qu'ils firent après avoir recommandé à Sancho de ne point dire qu'il les connaissait; puis de dire au chevalier qu'il avait rempli sa commission de la remise de la lettre, et que madame Dulcinée, qui ne savait point lire, lui ordonnait, sous peine de disgrâce, de la venir voir incontinent. Assurant à Sancho que le moyen qu'ils voulaient employer était le seul possible pour que son maître se fasse roi ou empereur et non archevêque, Sancho les remercia de leurs bonnes intentions, parce qu'il était bien persuadé que les monarques ou empereurs pouvaient faire plus pour leur écuyer que non pas les archevêques. Sancho demanda à aller en avant afin de découvrir le chevalier et lui porter la réponse de sa dame, chose qu'il dit suffisante pour le sortir de sa retraite sans qu'ils s'en missent en peine. Ils approuvèrent ce que proposa Sancho Pança et résolurent d'attendre qu'il revînt ; l'écuyer se mit donc en chemin, laissant les deux compagnons près d'un rocher ombragé par des arbres, au pied desquels coulait un frais ruisseau ; et comme la chaleur était grande, le lieu leur parut agréable pour attendre le retour de Sancho.

Ils se reposaient donc à l'ombre, lorsque leurs oreilles furent frappées d'un son de voix qui résonnait délicate-

ment sans être accompagné d'aucun instrument ; et bien qu'il se trouve quelquefois parmi les bergers des voix remarquables, ce qui est plus inventions de poëtes que chose vraie, leur surprise fut plus grande encore quand ils entendirent le chant qui suit :

« Qui trouble mon repos ? Le dédain. Qui augmente mes tourments ? La jalousie. Qui met ma patience à l'épreuve ? L'absence. Mon mal est donc sans remède et sans espérance, puisqu'il est causé par le dédain, la jalousie et l'absence.

15.

« Qui me cause cette douleur? L'amour. Qui s'oppose à ma gloire? La fortune. Qui consent à mon affliction? Le ciel.

« Qui pourra rendre mon sort meilleur? La mort. Et qui possède le bonheur d'amour? L'inconstance. Et ces maux, qui les guérit? La folie. Donc il n'y a pas de guérison à espérer, quand les remèdes sont : la mort, l'inconstance et la folie. »

L'heure, la solitude et la beauté de la voix qu'ils entendirent, tout cela causa aux deux amis un charme des plus grands ; puis il se fit un instant de silence, ce qui les incita à rechercher le chanteur, lorsque la même voix se fit encore entendre et les paroles qui suivent :

SONNET.

« Sainte amitié, tu as laissé sur la terre ta seule apparence, et t'es envolée vers les cieux.

« De là, quand il te plaît, tu répands à nos yeux les charmes d'une douce paix, mais bientôt on voit tomber le voile trompeur qui cache ta ressemblance.

« Quitte le ciel, ô amitié! et ne permets pas que la fraude se pare de tes couleurs pour détruire toute sincérité.

« Si tu ne lui retires ton apparence, le monde est menacé de tomber bientôt dans la discorde et le chaos. »

Le chant achevé et terminé par un profond soupir, nos deux personnages écoutèrent encore; mais les gémissements ayant succédé aux chansons, ils voulurent voir qui proférait ces plaintes. Ils avaient à peine fait quelques pas qu'ils découvrirent au détour du rocher un homme tel que Sancho avait dépeint Cardenio ; il était plongé dans une profonde rêverie. Le curé s'approcha de lui, et par des paroles discrètes voulut lui faire entendre que la misérable vie qu'il menait ne pouvait aboutir à rien pour son soulagement.

Cardenio, qui était dans un moment lucide, ne fut pas peu surpris d'entendre les paroles du curé, qui lui firent voir que son histoire était chose sue et divulguée: « Je vois bien, leur dit-il, que le ciel prend soin des bons et parfois des méchants, et que dans cette intention vous m'êtes envoyés dans ces lieux si éloignés du monde, afin de m'en tirer et me conduire en meilleur endroit : ce serait sortir d'un danger pour tomber dans un autre plus grand encore. Bien que mes discours et les choses que je fais me puissent faire passer pour homme privé de jugement, ceux qui connaissent mes malheurs, et vous-mêmes, après en avoir connu les motifs, apprécierez qu'ils sont incapables d'être mis en oubli. »

Les deux compagnons qui ne désiraient autre chose que d'entendre l'histoire de Cardenio racontée par lui-même, le prièrent de leur en faire le récit; il commença donc sa pitoyable histoire, et comme il avait en ce moment l'esprit tranquille, il raconta tout jusqu'à la fin; et arrivant au passage du billet que Don Fernando avait trouvé entre les feuillets du livre d'*Amadis de Gaule*, Cardenio en rapporta le contenu en ces termes :

LUCINDE A CARDENIO.

« Je découvre en vous tous les jours des perfections qui m'obligent à vous estimer davantage; si vous voulez que j'acquitte cette dette d'une façon convenable pour mon honneur, vous pouvez réussir; mon père qui vous connaît m'aime assez pour ne pas s'opposer à mes projets, accomplira ce qui sera raisonnable, si votre estime est telle que vous le dites et comme je le crois. »

« Par ce billet je fus porté à demander la main de Lucinde, et par lui aussi Fernando conçut si bonne opinion d'elle, qu'il forma le projet de détruire toutes mes espérances; lui ayant donc confié mes inquiétudes à l'endroit du consentement de mon père, il m'offrit de prendre la charge de lui en parler et de mener la chose à bonne fin... Mais traître et trompeur, nouveau Judas, quel mal t'avais-je fait pour abuser ainsi de mes secrets? Je poursuis : Don Fernando m'envoya près de son frère sous prétexte d'obtenir de l'argent pour payer six chevaux, et cela seulement dans le but de m'éloigner. Et ce soir même je parlai à Lucinde, et lui dis de patienter, que nos désirs seraient exaucés; elle m'engagea à revenir promptement, se doutant aussi peu que moi de la trahison de Fernando; puis ses yeux se remplirent tellement de larmes qu'elle ne put ajouter une parole, ce qui m'étonna beaucoup, parce que toutes nos rencontres étaient d'habitude consacrées à lui dire des choses aimables, et qu'elles étaient écoutées avec plaisir. J'attribuai cette mélancolie à notre séparation; puis je partis l'âme remplie d'inquiétudes, qui étaient un pressentiment de mes malheurs. J'arrivai au but de mon voyage, et après avoir remis mes lettres au frère de Fernando, ce dernier me retint à mon grand déplaisir; or, quatre jours après, un homme qui me cherchait me remit une lettre de Lucinde; il me raconta qu'une très-belle dame l'ayant appelé, lui avait dit les yeux pleins de larmes : « Frère, si vous êtes charitable comme vous le paraissez, je vous prie, pour l'amour de Dieu, de faire tenir cette lettre à celui à qui elle est adressée, » et lui avait jeté en même temps de sa fenêtre un mouchoir dans lequel étaient contenus cent réaux et une bague, et que voulant faire lui-même la commission, il n'avait mis que seize heures pour faire le chemin dont l'espace était de dix-huit lieues; j'ouvris donc la lettre et lus ce qui suit :

« La parole que Fernando vous a donnée de voir votre
« père et de parler au mien, il l'a accomplie plus à son
« contentement qu'à votre profit; sachez qu'il a demandé
« ma main à mon père qui, ébloui par l'avantage de sa
« position, a consenti à ce qu'il voulait. Je vous avertis
« que notre mariage doit s'accomplir dans deux jours, et
« si secrètement que le ciel et quelques gens de la maison
« doivent en être témoins. Jugez si votre retour est nécessaire et si je vous aime; l'issue de cette affaire vous le
« donnera à entendre. Dieu veuille que la présente tombe
« en vos mains avant que la mienne soit contrainte d'être
« à celui qui sait si mal garder la foi qu'il a promise! »

« Je me mis aussitôt en chemin, la colère me donna des

ailes, et j'eus le bonheur d'arriver à temps pour trouver Lucinde à l'endroit de nos rencontres ; elle me dit : « Cardenio, je suis vêtue en épousée, et déjà m'attendent Fernando, mon avaricieux père et d'autres personnes, qui seront plutôt témoins de ma mort que de nos épousailles ; car je porte cachée une dague qui te fera connaître, en mettant fin à ma vie, la bonne volonté que je te porte et te porterai éternellement. » Je lui répondis : « Madame, si tu portes une dague cachée qui doit t'acquérir de la réputation, je porte une épée pour te défendre ou pour me tuer si la fortune nous est contraire. » Je ne crois pas qu'elle put entendre tout ce que je lui dis ; ensuite comme je connaissais tous les êtres de la maison, je parvins à me cacher dans l'embrasure d'une fenêtre de la salle, derrière une tapisserie, d'où je pouvais voir ce qui se passait. Je ne saurais vous dire toutes les pensées qui me vinrent et ce que je ressentis. Bientôt le fiancé entra dans cette salle ; il était vêtu simplement ; il n'y avait là aucune personne étrangère, mais seulement les serviteurs. Bientôt parut Lucinde ; elle était accompagnée de sa mère et de deux femmes ; elle était magnifiquement parée, et sa beauté effaçait encore l'éclat de ses vêtements. Le curé de la paroisse parut ; puis prenant la main à tous deux comme il est d'usage en tel cas, il dit : « Voulez-vous, mademoiselle Lucinde, le seigneur Don Fernando pour votre légitime époux comme le commande notre mère la sainte Église ? » Après un long silence qui me laissait espérer, j'entendis qu'elle dit d'une voix faible et languissante : « Oui, je le veux ; » et Don Fernando dit de même ; puis lui mit au doigt l'anneau nuptial. Le marié s'approcha pour embrasser son épouse, laquelle mettant la main à son estomac, tomba évanouie dans les bras de sa mère. Sa robe ayant été dégrafée, on trouva dans son sein un papier plié que Fernando prit incontinent, et se mit à lire à la clarté des flambeaux, et après l'avoir lu, il s'assit dans une stalle et demeura tout pensif, ne s'inquiétant pas du soin que l'on prenait de faire revenir son épouse de sa pamoison. Et moi, plein de trouble et de confusion, je me hasardai de sortir m'inquiétant peu d'être découvert, résolu, dans ce cas, de faire de telles folies que tout le monde pût connaître mon indignation et la trahison de Fernando. Mais le hasard voulut autre chose ; je quittai cette maison, et étant allé au logis du messager dont je vous ai parlé, je montai sur ma mule et sortis de la ville sans regarder derrière moi ; puis étant parvenu dans la campagne, je me mis à proférer toutes sortes de malédictions contre Lucinde et Fernando ; je cheminai le reste de la nuit et me trouvai à l'entrée de ces montagnes ; j'allai pendant trois jours sans direction, puis je rencontrai certains bergers auxquels je demandai l'endroit le plus désert de ces rochers, vers lesquels je me dirigeai ensuite avec l'intention d'y finir ma vie. Ma pauvre mule tomba morte de lassitude, après quoi je marchai encore quelque temps mourant de faim ; et après être tombé sans connaissance, je revins à moi et me vis entouré de ces bergers qui m'avaient enseigné le chemin ; ils me dirent en quel état ils m'avaient trouvé, et les folles paroles que je proférais, ce qui était un indice que j'avais perdu le jugement, chose que j'ai reconnue depuis être vraie, car je ne l'ai pas toujours entier : déchirant mes habits, criant et maudissant ma fortune, je prononce souvent le nom de mon ingrate, sans autre intention que de mettre fin à ma vie, et quand je reviens à moi, je me trouve tellement brisé que je ne peux plus remuer.

« Ma demeure ordinaire est le creux d'un liége assez grand pour couvrir ce misérable corps ; les vachers et les bergers qui sont dans ces montagnes, émus de pitié, me mettent à manger sur le chemin par où ils pensent que je pourrai passer, et si la raison me manque, la nécessité éveille en moi le désir de me nourrir. C'est ainsi que je passe ma misérable existence jusqu'à ce qu'il plaise au ciel d'y mettre un terme, ou bien de me faire oublier la trahison de Lucinde et le tort que j'ai reçu de Fernando. Voilà, Messieurs, la piteuse histoire de ma disgrâce, et je vous prie, ne vous mettez point en peine de me conseiller ce que la raison vous dira pour y porter remède, car il n'en est point, et je crois que ma douleur ne s'achèverait pas même avec ma mort. »

Ici Cardenio mit fin à son récit, et le curé se préparait à lui dire quelques paroles de consolation ; mais il en fut empêché par une voix qu'ils entendirent et qui proférait avec de piteux accents : ce qui sera dit dans la partie suivante de cette narration, parce qu'ici le judicieux historien Cid Hamet Ben-Engeli termine son chapitre.

CHAPITRE XXVII

De la nouvelle aventure qui arriva au curé
et au barbier en la même montagne.

EUREUX le temps qui vit naître le très-hardi chevalier Don Quichotte de la Manche, parce qu'ayant résolu de faire revivre l'ordre de la chevalerie errante déjà perdu, il est cause que nous jouissons en ce siècle non-seulement de l'agrément de son histoire, mais encore des contes faits à plaisir qu'elle renferme, et qui n'ont pas moins de charme que son histoire elle-même, laquelle reprenant le fil retors et dévidé du récit, raconte que le curé, au moment où il se préparait à consoler Cardenio, en fut empêché par une voix qui disait avec de tristes accents : « O mon Dieu! aurai-je enfin trouvé un endroit qui puisse servir de tombeau à la pesante charge de ce corps que je soutiens contre ma volonté! Hélas! ce sera possible si la solitude de ces montagnes ne me trompe, ce sera pour moi une plus agréable compagnie qu'aucune créature humaine, et le ciel entendra mes plaintes, puisqu'il n'y a personne sur la terre qui me puisse consoler et remédier à mes maux. »

Toutes ces paroles furent bien entendues par le curé et ceux de sa compagnie; ils se levèrent donc et écoutèrent, parce qu'il leur avait semblé que celui qui les disait n'était pas éloigné. Ils avaient à peine fait vingt pas qu'ils aperçurent derrière un rocher un jeune homme (ou tel il semblait être) assis auprès d'un frêne; il se tenait le visage baissé à cause qu'il se lavait les pieds dans le courant d'un ruisseau; ils restèrent en admiration, voyant que ces pieds n'étaient pas ceux d'un conducteur de charrue. Le curé fit

signe à ses compagnons de ne pas faire de bruit, et tous trois découvrirent alors que ce qu'ils avaient pris pour un laboureur n'était autre qu'une femme d'une incomparable beauté, parce qu'ayant dénoué ses cheveux, qui étaient, d'un blond magnifique, ils connurent que c'était la plus jolie créature qu'ils eussent jamais vue. Cardenio lui-même déclara que la beauté de Luscinde pouvait seule lui être comparée ; ils se découvrirent en ce moment, mais la belle jeune fille s'étant levée, prit vivement un paquet qui était auprès d'elle et qui paraissait contenir des hardes, et, sans s'être chaussée ni avoir ragencé ses tresses, se mit à fuir. Elle avait à peine fait six pas que, ne pouvant endurer la dureté des pierres, elle se laissa tomber par terre.

Tous trois s'étant approchés d'elle, le curé prit la parole et lui dit : « Qui que vous soyez, Madame, n'ayez aucune crainte ; ceux que vous voyez devant vous n'ont d'autre intention que de vous rendre service ou de vous donner d'utiles conseils ; veuillez donc nous raconter l'histoire de votre bonne ou mauvaise fortune, et vous trouverez en nous tous réunis ou en chacun en particulier des gens prêts à vous aider à endurer vos disgrâces. » Après un profond soupir, la jeune fille rompit le silence et leur dit : « Je vous rends grâces, Messieurs, de l'offre que vous m'avez faite, et bien que je craigne que l'histoire de mes malheurs ne soit pour vous un sujet d'ennui, sans pouvoir y porter remède ou consolation, je regarde comme un devoir de vous en faire le récit ; » puis s'étant rechaussée et ayant rajusté sa chevelure, elle s'assit sur une pierre, et après que nos trois compagnons eurent pris place devant elle, elle commença l'histoire de sa vie de cette manière :

« Il existe en Andalousie une ville dont le duc prend le nom, ce qui le fait grand d'Espagne ; ce duc a deux fils dont l'aîné est l'héritier de ses États et en apparence de ses bonnes mœurs ; quant au cadet, il ne paraît avoir hérité d'autres choses que des trahisons de Vellido ou des méchancetés de Ganelon. Mes parents sont des laboureurs, vassaux de ce seigneur, cependant leur fortune serait assez grande pour empêcher ma disgrâce, qui, je le crois, me vient de n'être pas de naissance illustre, car mes parents, bien qu'ils soient laboureurs, vivent aussi magnifiquement que s'ils étaient gentilshommes ou chevaliers. Je passais ma vie aux travaux utiles et aux choses d'agrément, je vivais dans ma famille comme si j'eusse été dans un monastère, ne sortant que pour aller à la messe et en compagnie de ma mère ou d'une suivante, et tellement voilée que mes yeux pouvaient à peine voir où je posais les pieds ; néanmoins, je remarquai bientôt Don Fernando, qui est le deuxième fils du duc dont je vous ai parlé. » A ce nom de Fernando, Cardenio changea de couleur, ce qui fit craindre au curé comme au barbier de le voir retomber dans ses folies ; seulement il demeura plus attentif, et la dame put continuer son histoire en ces termes : « Je ne vous dirai pas tout ce qu'il fit pour suborner nos gens afin de me faire connaître ses pensées, et les fêtes qu'il donnait, les billets qui m'arrivaient je ne sais comment, les sérénades qui troublaient le sommeil de nos voisins ; à tout cela je répondais par une complète indifférence, bien que je n'étais pas peu flattée d'être le sujet de tant d'hommages venant d'un si grand seigneur. Mon indifférence ne fit qu'augmenter son audace, à tel point qu'une nuit, trahie sans doute par une servante, je vis Don Fernando devant moi : il joignit les larmes aux soupirs et me donna sa parole, jurant sur l'image de Notre-Dame d'être mon mari, prenant à témoin tous les saints du paradis. Alors... je devins sa femme, mais bientôt le traître inconstant s'éloigna, m'assurant cependant de son prochain retour, et pour confirmation de sa parole, me mit au doigt une bague de grande valeur, puis je ne le vis plus, et le bruit courut en notre ville que Don Fernando s'était marié dans une ville voisine avec une personne d'une rare beauté et de grande condition, appelée Luscinde; on nous rapporta aussi des choses étranges, arrivées à ses épousailles. »

Au nom de Luscinde, Cardenio serra les épaules, se mordit les lèvres et laissa couler deux fontaines de larmes. Mais Dorothée n'y prit point garde et continua ainsi son récit : « Cette triste nouvelle me fit perdre la raison et peu s'en fallut que je n'allasse par les rues publier la déloyauté et la trahison dont j'étais victime, lorsque me vint à la pensée de m'éloigner, confiant mon projet à un jeune garçon laboureur qui était au service de mon père, lequel après quelques remontrances s'offrit pour m'accompagner, fût-ce, disait-il, au bout du monde. Revêtue alors des habits que me prêta ce valet, je quittai la maison en sa compagnie et après m'être munie de quelques objets qui pourraient m'être utiles, soit des vêtements de femme ou quelque argent, je me dirigeai vers la ville où je devais trouver Don Fernando ; j'arrivai après deux jours et demi de marche, je m'enquis de la maison du père de Luscinde, et le premier auquel je m'adressai m'en dit plus que j'en demandais : il m'apprit que la nuit où fut célébré le mariage de Fernando avec Luscinde, elle était tombée en défaillance, et que Fernando l'ayant dégrafée, avait trouvé sur elle un papier dans lequel elle expliquait qu'étant mariée déjà à Cardenio, elle ne pouvait l'être à un autre, puis son intention de se donner la mort, ce que confirmait un poignard que l'on trouva sur elle. On ajoute que Fernando la voulut tuer avec ce même poignard, mais qu'il en fut empêché par les parents de Luscinde, et on dit encore que ce Cardenio avait assisté au mariage, et qu'il était parti incontinent, laissant une lettre dans laquelle il exprimait son désespoir.

« Toutes ces choses faisaient grand bruit dans la ville, et on en parla bien davantage lorsqu'on apprit que Luscinde avait pris la fuite sans laisser deviner où elle pouvait s'être dirigée.

« Ce que j'appris ouvrit la porte à mes espérances, pensant que le ciel avait mis cet empêchement au second mariage de Fernando pour lui rappeler qu'il était chrétien. Or, étant dans cette ville, sans savoir à quoi me résoudre, puisque je ne trouvais pas Don Fernando, j'entendis le crieur public qui promettait une bonne récompense à celui qui me trouverait, ce qui me décida à fuir dans cette forêt, avec le valet qui m'avait accompagnée. Mais, comme on le dit, *un malheur n'arrive jamais seul.* Ce jeune homme qui, avait toujours été un honnête serviteur, mû, je le crois, plus par ses mauvais instincts que par ma beauté, conçut des projets coupables, et, oubliant la crainte de Dieu et le respect qu'il me devait, il m'en fit l'aveu, puis voyant qu'il n'avait fait qu'exciter chez moi une juste indignation, il voulut oser plus, mais le ciel, qui a pitié du juste, permit que mes faibles forces fussent suffisantes pour le repousser du haut d'un précipice, où je le laissai mort ou vif, je ne le sais, car bientôt je m'enfuis dans ces montagnes, où je rencontrai un berger qui me prit à son service. Malgré tout le soin que je mis à cacher que je n'étais pas un homme, mon maître le découvrit, et conçut les mêmes desseins que mon valet; cette fois je n'eus point de précipices ou de fondrières à mon service, mais assez de temps pour pouvoir m'éloigner et me cacher parmi ces rochers pour y appeler par mes larmes et mes soupirs le ciel à mon aide, ou finir ma vie dans ces lieux solitaires, sans qu'il reste mémoire de cette pauvre affligée, qui aura si innocemment donné à parler d'elle et à murmurer en son pays comme à l'étranger. »

CHAPITRE XXVIII

Lequel traite du plaisant artifice et du conseil qui fut tenu, afin de mettre fin à la pénitence que s'était imposée notre chevalier.

«Voici, Messieurs, ajouta Dorothée, la vraie histoire de ma tragédie ; jugez s'il est possible d'attendre quelque consolation à tous mes maux, et me conseillez ce que je dois faire pour achever mes jours loin de tout ce qui pourrait me faire honte et me faire ressouvenir de ma disgrâce. » Puis ayant achevé ces paroles, son visage se couvrit d'une telle couleur que l'on put deviner ce qu'elle avait dans l'âme de honte et de déplaisir. Le curé ne savait quelles paroles dire pour la consoler, lorsque Cardenio lui dit : « Madame, vous êtes la belle Dorothée, fille unique du riche Clénardo, » ce qui la surprit étrangement, car elle se souvenait de ne pas avoir une seule fois prononcé le nom de sa famille ; puis ayant interrogé le pauvre Cardenio, il lui répondit : « Je suis ce malheureux Cardenio que vous avez nommé, dont Luscinde est la femme, et celui qui vous a réduit en l'état où vous êtes est également cause de l'état misérable où vous me voyez, privé de toute consolation et humaine raison, si ce n'est par instants, et quand il plaît à Dieu de m'en donner ; je suis celui dont vous avez conté une partie de l'histoire et qui suis venu en ces déserts pour y finir ma vie, que je considère comme une ennemie mortelle ; mais la fortune n'a voulu que me priver parfois de la raison et me laisser la bonne chance que j'ai eue de vous rencontrer et me donner encore à espérer que le ciel nous ait réservé une meilleure fin que nous le supposons. Or, puisque toute issue n'est point fermée à nos espérances, je vous supplie, Madame, de prendre une autre résolution et je vous jure de ne pas vous abandonner, jusqu'à ce que je vous voie au pouvoir de Don Fernando, et si je ne parvenais à le persuader par raison, je me verrais forcé de le défier, usant alors du droit que me donne ma qualité de chevalier, sans avoir égard à mon propre grief, dont j'abandonne la vengeance au ciel. »

Dorothée fut très-surprise de ce qu'elle venait d'entendre de Cardenio, et ne sachant en quels termes le remercier, elle voulut se jeter à ses pieds, ce que ne permit point Cardenio. Le curé répondit pour tous deux, il approuva l'intention de Cardenio et leur proposa de les emmener avec lui à son village, d'où on aviserait au moyen de rechercher Don Fernando et si on reconduirait Dorothée à ses père et mère. Cardenio et Dorothée acceptèrent cette grâce avec force remercîments.

Le barbier, qui jusqu'alors n'avait dit mot, offrit aussi ses services, puis il leur conta pourquoi ils étaient venus là, et l'étrange folie de Don Quichotte, et qu'ils attendaient son écuyer qui l'était allé chercher. Cardenio se ressouvint et raconta la dispute qu'il avait eue avec le chevalier, mais il avait oublié le motif de leur querelle.

Sur ces entrefaites, ils entendirent la voix de Sancho, lequel ne les retrouvant pas à la place où il les avait laissés, criait à tue-tête. Ils allèrent à sa rencontre, et Sancho leur conta comment il avait retrouvé Don Quichotte, en chemise, maigre, pâle et à moitié mort de faim, soupirant toujours pour sa dame Dulcinée, et, quoiqu'il lui eût dit qu'elle lui ordonnait de venir au Toboso, le chevalier avait déclaré que la chose était impossible avant qu'il eût accompli quelque haut fait digne de sa beauté, et que s'il n'en advenait ainsi, il courait risque de passer outre en ce qui était de devenir empereur ou au moins archevêque. Le curé ayant consulté Cardenio et Dorothée sur le moyen de ramener Don Quichotte à sa maison, Dorothée proposa de contrefaire la demoiselle affligée, ce qui fut approuvé, et le curé ayant demandé que l'on se mît incontinent à l'œuvre, elle tira de sa taie une robe avec un corset de très-riche étoffe, et se para de tous affiquets qui lui donnèrent l'apparence d'une très-grande dame. Sa beauté et sa gentillesse les contentèrent tous et leur firent reconnaître que Don Fernando était privé de jugement puisqu'il n'appréciait pas une si charmante personne ; le plus étonné fut Sancho Pança, lequel affirma, et c'était chose vraie, que de sa vie il n'avait vu une si grande beauté ; il demanda au curé quelle était cette dame et ce qu'elle venait chercher dans ces déserts. « Frère Sancho, répondit le curé, cette belle dame est l'héritière du grand royaume de Micomicon, laquelle est venue en ces lieux à cause de la renommée de votre maître, qui est parvenue jusqu'en Guinée, d'où elle vient requérir une faveur, qui est de la délivrer du tort que lui fait un géant. — O l'heureuse aventure ! s'écria Sancho, il n'est doute que mon maître ne la délivre de ce géant, ce qu'il ne pourrait s'il n'était qu'un fantôme, car mon maître n'a point de pouvoir contre ceux-ci. Mais je vous prie d'une chose, monsieur le licencié, qui est de persuader à mon maître, après qu'il aura vaincu ce géant, d'épouser de suite cette princesse, afin qu'il ne lui vienne point la fantaisie de se faire archevêque ; ce qui serait aussi contre mes intérêts, parce que je ne suis propre à rien pour le service de l'Église, ayant femme et enfants. Ainsi veuillez faire que mon maître se marie promptement avec cette princesse, que je ne puis appeler par son nom, parce que je ne le connais pas. — Elle s'appelle, répondit le curé, la princesse Micomicona, du nom de son royaume. — Cela doit être ainsi, reprit Sancho, de même que j'ai vu certains qui prenaient le nom de leur pays, comme Pierre de Alcala, Jean de Ubéda, etc., et il n'est pas de doute que l'usage est le même en Guinée. — Je le crois, ajouta le curé ; puis à l'endroit du mariage de votre maître, comptez sur moi. » Sancho fut alors satisfait autant que le curé fut étonné de la simplicité de ce pauvre homme.

Dorothée étant donc montée sur la mule du curé et le barbier ayant orné son menton de la queue de bœuf, le curé dit à Sancho de les conduire à l'endroit où se trouvait Don Quichotte, lui recommandant de ne pas dire qu'il le connaissait, ni le barbier, cela étant un point très-important pour laisser à son maître la possibilité de devenir empereur.

Cardenio, ainsi que le curé, restèrent en arrière, suivant pas à pas, pendant environ trois quarts de lieue ; ils découvrirent entre les rochers notre Don Quichotte, lequel était déjà vêtu, mais pas encore armé ; dès que Dorothée le vit et que Sancho lui eut dit que c'était notre héros, elle donna du fouet à son palefroi, que suivait le barbier barbu ; dès qu'ils furent proche, l'écuyer aida Dorothée à mettre pied à terre, laquelle alla aussitôt se jeter aux pieds de Don Quichotte, qui s'efforçait de la relever, ce à quoi elle ne voulut consentir, disant : « Je ne le ferai, seigneur, qu'après que Votre Grâce m'aura promis de m'octroyer un don qui doit tourner à sa gloire et au profit de la plus injuriée demoiselle qu'ait jamais éclairée le soleil, ce à quoi, lui dit-elle, vous êtes obligé, si la valeur de votre bras correspond à votre renommée. » Don Quichotte voulait obliger la princesse à se relever, elle n'y consentit qu'après que notre héros lui eut promis de faire tout ce qu'elle exigerait, moyennant qu'il le pût accomplir sans que ce fût au dommage de son roi, de sa patrie ou de celle qui avait la clef de son cœur. Dorothée lui répondit qu'elle ne lui demanderait rien de contraire à son honneur, lorsque Sancho s'approcha de son maître et lui dit à l'oreille : « Accordez, seigneur, ce que vous demande cette belle demoiselle, ce qui est moins que quelque chose, car il ne s'agit que de tuer un grand malbâti de géant, et celle qui vous demande cette grâce n'est rien moins que la princesse Micomicona, reine du royaume de Micomicon d'Éthiopie. — Qui qu'elle soit, répondit notre héros, je ferai ce que m'ordonnent ma conscience et la profession que j'exerce; » et se tournant vers la demoiselle, il lui dit : « Que votre beauté se lève, car je lui octroie le don qu'elle voudra me demander.

— Ce que je lui demande, répondit Dorothée, est que votre magnanime personne m'accompagne jusqu'où je veux la conduire, sans s'inquiéter d'autre chose, jusqu'à ce qu'elle m'ait vengée d'un traître qui, contre toute loi divine ou humaine, m'a usurpé mon royaume. — C'est, repartit Don Quichotte, chose convenue; chassez donc, belle demoiselle, cette mélancolie qui vous tourmente, et que votre esprit reprenne espoir, car avec l'aide de Dieu et de mon bras, vous serez bientôt rétablie sur votre trône, et comme on dit que le retard cause parfois du péril, nous allons nous mettre incontinent à l'œuvre. »

La demoiselle voulait lui baiser les mains, mais Don Quichotte, qui possédait autant de savoir-vivre que de galanterie, s'y opposa, et ayant fait relever la demoiselle, il l'embrassa fort courtoisement, puis ayant ordonné à Sancho de seller Rossinante, il se fit armer et proposa de partir.

Le barbier était demeuré le genou en terre, et n'osant remuer de peur de faire choir sa barbe, mais voyant la supercherie réussir, il se leva, et on remit la princesse sur sa mule, Don Quichotte enfourcha Rossinante, le barbier sa monture et Sancho suivit à pied, déplorant de nouveau la perte de son cher grison, chose dont il se consolait cependant, en songeant que son maître pouvait épouser la princesse et devenir roi de Micomicon. La seule chose qui troublait sa joie était de penser que ce royaume étant en pays des nègres, il ne pourrait avoir que des nègres pour vassaux. Puis il se disait : « Après tout que m'importe qu'ils soient noirs? je les emmènerai en Espagne ou j'en ferai commerce, et avec le produit je pourrai vivre à

CHAPITRE XXVIII

mon aise ; on verra bien que Sancho Pança ne se mouche pas du pied ! » Et il oubliait alors son pauvre ami le grison.

Le curé et Cardenio voyaient cela des buissons où ils étaient, et avant de se montrer, le licencié jugea à propos de changer un peu le costume de Cardenio ; il l'affubla d'un petit manteau gris et lui coupa la barbe, tellement que Cardenio ne se fût reconnu s'il se eût pu se regarder dans un miroir. Cela fait, tous deux prirent la traverse et arrivèrent les premiers sur la grande route, parce que par ces chemins pleins de broussailles, les gens qui allaient à pied faisaient plus de chemin que ceux de cheval.

Dès que le curé aperçut Don Quichotte et sa compagnie, il se mit à le contempler et s'en alla à lui les bras ouverts, s'écriant : « Soyez le bien retrouvé, miroir de chevalerie, mon beau compatriote Don Quichotte, quintessence de chevaliers errants, » et lui embrassait le genou ; notre chevalier se mit à le regarder avec ébahissement et l'ayant enfin reconnu, il voulut mettre pied à terre, ce que ne permit pas le curé, lequel lui dit : « Demeurez à cheval, puisqu'à cheval vous faites les plus grands exploits et mettez fin aux aventures les plus extraordinaires qui se soient vues en ces temps. Quant à moi, quoique je sois prêtre, il me suffira de monter en croupe sur l'une des mules de ces messieurs. — Je n'y prenais pas garde, reprit le chevalier, mais madame la princesse, pour l'amour de moi, commandera à son écuyer de vous donner la selle de sa mule, et lui, montera en croupe. » Cela se fit ainsi, le curé accepta sans se faire beaucoup prier ; le hasard fit que lorsqu'il voulut monter en croupe, la mule, qui était de louage (ce qui veut dire qu'elle ne valait pas grand chose), se mit à faire deux si jolies ruades, que si elles eussent donné dans la tête ou l'estomac de maître Nicolas, il eût bien envoyé au diable la quête qu'il était venu faire de Don Quichotte. Néanmoins il fut assez touché pour que sa barbe lui tombât et qu'il n'eût d'autre moyen pour y remédier que de se couvrir le visage et de s'écrier qu'il avait les dents cassées.

Don Quichotte voyant le visage de l'écuyer sans plaies ni contusions, dégarni de sa barbe comme si on la lui eût ôtée à plaisir, s'écria : « Vive Dieu ! voilà un vrai miracle ! » et le curé, craignant de voir son invention découverte, s'en fut promptement vers maître Nicolas, auquel il remit la barbe, barbotant quelques paroles qu'il dit être un charme, puis s'éloigna de l'écuyer, qui demeura aussi barbu qu'auparavant. Don Quichotte s'étonna extrêmement et pria le curé, quand il en aurait le loisir, de lui enseigner ce charme ; il lui fut promis que cela serait pour la première occasion.

Or, étant remontés à cheval, savoir : Don Quichotte, la princesse et le curé, les autres personnes suivaient à pied, Don Quichotte alors dit à la demoiselle : « Que Votre Excellence, Madame, nous guide où sera son bon plaisir. » Mais avant qu'elle répondît, le curé lui dit : « N'est-ce pas vers le royaume de Micomicon que vous nous guidez ? » Et comme elle comprenait bien ce que cela voulait dire, elle répondit affirmativement. « Puisqu'il en est ainsi, dit le curé, nous devons passer par notre village et si le vent est bon et la mer tranquille, vous pourrez en moins de neuf ans arriver en vue du lac Méona, lequel est à un peu plus de cent journées en deçà de votre royaume. — Vous faites erreur, monsieur le licencié, reprit la princesse, car il n'y a pas deux ans que j'ai quitté mon pays et que je suis arrivée ici, où j'ai eu la bonne chance de trouver ce que je désirais tant, qui est le seigneur Don Quichotte de la Manche, pour me recommander à la valeur de son bras invincible. — C'est assez, dit Don Quichotte : que l'on mette fin à ces louanges ; et comme je suis ennemi de toute flatterie, mes chastes oreilles se trouvent offensées de semblables discours ; tout ce que je puis vous affirmer, c'est que ma valeur sera à votre service jusqu'à y perdre la vie. Laissons donc cela pour lorsqu'il en sera temps, mais que M. le licencié me permette de lui demander ce qui l'a conduit en cet endroit et si légèrement vêtu ? — Je répondrai à cela très-brièvement, dit le curé. Sachez, seigneur, que maître Nicolas et moi nous allions à Séville pour recouvrer une forte somme qu'un mien parent m'avait envoyée des Indes, et en passant par ces lieux, nous avons été dépouillés hier par quatre voleurs, qui nous ont enlevé jusqu'à la barbe, de façon que le barbier fut contraint d'en mettre une fausse, tandis que ce jeune homme que voilà (montrant Cardenio) fut rasé comme vous le voyez ; mais le bruit court que ceux qui nous ont dépouillés sont des forçats qui ont été délivrés par un très-vaillant homme qui n'eut pas plus de crainte du commissaire que des gardes de la chaîne ; puis on ajoute que ce devait être un cerveau fêlé, ou un mauvais garnement de leur espèce, puisqu'il a voulu mettre le loup dans la bergerie, le renard avec les poules, frauder la justice, aller contre le roi, son seigneur et maître, et troubler la Sainte-Hermandad, qui se reposait depuis longtemps ; il a voulu enfin perdre son âme, sans rien gagner pour son corps. » Sancho avait raconté au curé l'aventure des forçats, aussi le curé en parlait-il avec affectation pour voir ce que dirait Don Quichotte, lequel changeait de couleur à chaque parole, mais n'osait avouer qu'il avait été le libérateur de ces bonnes gens. « Ce sont donc ceux-ci, dit le curé, qui nous volèrent, et que Dieu, par sa sainte miséricorde, pardonne à celui qui ne leur a pas laissé subir le châtiment qu'ils avaient mérité ! »

CHAPITRE XXIX

Qui traite de la discrétion de la belle Dorothée, et autres choses plaisantes et récréatives.

Monsieur le curé avait à peine achevé de parler que Sancho s'écria : « Par ma foi! celui qui fit cet exploit n'est autre que mon maître, et bien contre l'avis que je lui en donnai : que ceux-ci n'étaient que des mauvais garnements.

— Lourdaud que tu es! répondit Don Quichotte, tu ignores que pour les chevaliers errants, il n'est pas besoin de savoir si les oppressés qu'ils rencontrent en cette angoisse sont enchaînés pour leurs fautes ou pour leurs gentillesses, mais seulement parce qu'ils sont nécessiteux, ma religion me requiert de les secourir; pour le reste je ne m'en soucie guère et, sauf le respect que je dois à M. le licencié, je dirai à quiconque ne sera pas de mon avis qu'il ment comme un *bastardo*, et que mon épée lui fera savoir ce qu'il ignore. » Et disant cela, il se raidit sur ses étriers et abaissa son morion.

Dorothée, qui avait l'humeur autant discrète que plaisante, lui rappela la promesse qu'il lui avait faite de ne rien entreprendre avant d'avoir achevé ce qui l'intéressait, et elle ajouta : « Si M. le licencié avait su que cette délivrance était due à ce bras invincible, il n'eût pas manqué de faire à sa bouche trois points d'aiguille, ou plutôt se fût mordu la langue. — Je vous le jure, répondit le curé. — En ce cas, répliqua le chevalier, je ferai taire ma juste colère, mais de grâce, Madame, veuillez me dire le sujet de votre affliction et quelles sont les personnes dont je dois tirer vengeance. » Dorothée consentit à lui faire le récit de ses malheurs. Ils s'assirent donc, et après qu'elle eut préalablement toussé et fait quelques minauderies, elle commença ainsi : « Vous saurez, Messieurs, que l'on m'appelle.... » Ici elle s'arrêta, ayant oublié le nom que le curé lui avait donné ; ce dernier comprenant l'embarras où elle se trouvait lui vint bientôt en aide, disant : « Ceci est commun aux personnes en grande affliction, d'oublier jusqu'au nom qu'elles portent, c'est pourquoi vous avez oublié que vous étiez la princesse Micomicona. — C'est la vérité, répondit la demoiselle, désormais rien ne m'arrêtera pour continuer mon récit : Mon père, qui s'appelait Tinacrio le savant et qui était docte en l'art magique, sut que ma mère, la reine Xamarilla, devait mourir avant lui, et aussi qu'il irait bientôt lui-même de la vie à trépas, puis, qu'un demesuré géant, nommé Pandafilando, seigneur d'une île voisine, devait courir sus à notre royaume et l'envahir sans me laisser un petit village, puis me demander ma main. Mon père ajouta, sachant que je ne voudrais jamais me marier avec ce géant, que je ne devais me mettre en défense afin de ménager mes sujets pour leur épargner une totale destruction, mais que je m'acheminasse incontinent vers l'Espagne où je trouverais remède à mes maux par la rencontre d'un chevalier errant, très-renommé en ce pays, lequel avait nom Don Açote ou Don Gigote. — Il dit: Don Quichotte, reprit Sancho, autrement le chevalier de la Triste figure. — C'est la vérité, répondit Dorothée, il ajouta qu'il était haut de stature, maigre de visage et qu'il avait au côté droit, sous l'épaule, un signe orné de poils ressemblant à du crin. » Don Quichotte ayant ouï cela, dit à Sancho : « Viens, mon fils, et m'aide à me dépouiller, afin de voir si je suis bien le chevalier que ce sage roi a prophétisé. — Cela est inutile, dit Sancho, parce qu'il m'est connu que vous avez un tel signe au milieu du dos, ce qui est une marque de grande force. — Vous êtes bien celui qui est dit, ajouta Dorothée ; d'ailleurs votre renommée qui est grande en Espagne comme en toute la Manche, m'est parvenue alors que je débarquai à Ossuna. — Comment, Madame, avez-vous pu débarquer à Ossuna, puisque ce n'est pas un port de mer ? » Le curé n'attendit point pour répliquer : « Madame la princesse veut dire : qu'après avoir débarqué à Malaga, la première ville où elle entendit parler de vos célèbres exploits fut Ossuna. Continuez, Madame. — Je n'ai plus qu'à ajouter, dit-elle, que ma bonne fortune a voulu que je rencontrasse le seigneur Don Quichotte, tellement qu'à cette heure, je me regarde déjà comme remise en possession de mes États. Ainsi s'accomplira la prophétie de mon père Tinacrio le savant, lequel a laissé cela en écrit soit par lettres chaldéennes ou grecques, ce que je ne puis affirmer, car je ne sais pas lire ; de plus il a complété sa prophétie par la permission qu'il me donnait d'être la légitime épouse de ce chevalier, après qu'il aurait coupé la gorge à ce géant, et il a commandé que je lui octroyasse avec ma personne la possession de mon royaume.

— Que t'en semble, ami Sancho, s'écria Don Quichotte, ne te l'ai-je pas dit ? déjà nous avons un royaume à qui commander et une reine avec qui nous marier ? — Oui, je le jure, s'écria Sancho, maudit soit l'enfant de Satan qui n'épousera pas, après que le gosier de Pandafilando aura été ouvert ! » puis il fit deux sauts en l'air avec démonstration de grande joie, et après s'agenouilla devant Dorothée et lui demanda ses mains à baiser. « C'est là, continua-t-elle, mon histoire, à laquelle j'ajouterai seulement, qu'à l'exception de ce seul écuyer barbu, que vous voyez, tous ceux de ma suite ont péri dans une tempête qui nous a assaillis en vue du port, et si je n'ai pas bien parlé, reportez-en la cause sur ce que vous a dit M. le licencié à l'endroit de ce qui ôte la mémoire.

— La mienne ne me sera pas ôtée, s'écria Don Quichotte, en ce qui concerne ma promesse d'aller jusqu'au bout du monde trancher la tête de ce superbe ennemi, et, cela fait, il vous sera libre de disposer de votre personne comme bon vous plaira, car tant que j'aurai la mémoire occupée et l'entendement perdu pour celle que je ne nomme pas, il ne se pourra faire que je songe à me marier, fût-ce même avec l'oiseau phénix. » Cette réponse fit mettre le pacifique Sancho en grande colère : « Par ma mort ! dit-il à son maître, vous avez le cerveau dérangé tout de bon, pour hésiter à vous marier avec cette princesse, et croyez-vous qu'il se présente à tout bout de champ une pareille aventure ? Quant à madame Dulcinée, je ne la trouve pas digne de déchausser celle qui est devant nous. Mariez-vous donc, puis après, quand vous serez roi, faites-moi marquis ou sénéchal et que le diable ait le reste ! »

Don Quichotte, entendant de tels blasphèmes contre la dame de ses pensées, haussa sa lance sans dire mot, et en deux coups renversa Sancho par terre, lequel eût été assommé sans les prières de Dorothée. « Pensez-vous donc, lui dit notre héros, que nous devons ainsi passer notre temps, vous à faillir à vos devoirs et moi à vous pardonner ? Ne le croyez pas, traître et excommunié que vous êtes ; ne sais-tu pas, coquin et langue de vipère, que je n'aurais pas le courage de tuer une puce sans la valeur de Dulcinée, dont mon bras est l'instrument, et sans quoi je n'aurais pu conquérir ce royaume, couper la tête à ce géant et vous faire marquis (toutes choses que je regarde déjà comme accomplies) ? » Sancho, quoique un peu troublé, avait encore l'oreille à ce que disait le chevalier ; aussi se levant assez vite, il s'en fut se placer derrière le palefroi de Dorothée et dit à son maître : « Si vous êtes résolu de ne pas vous marier avec cette princesse, le royaume ne sera pas vôtre, et dans ce cas, vous ne tirerez rien de cette aventure ; mariez-vous donc, puisque le ciel vous envoie une telle occasion, puis après vous pourrez bien retourner à madame Dulcinée, car je le suppose bien, il y a beaucoup de rois qui ont eu plusieurs femmes ; en ce qui concerne la beauté, je déclare que toutes deux sont fort belles, quoique je n'aie jamais vu madame Dulcinée. — Comment! tu ne l'as pas vue, blasphémateur que tu es, répondit Don Quichotte, ne viens-tu pas de m'apporter un message de sa part? — Je veux dire, reprit Sancho, que je l'ai vue seulement tout en gros sans avoir eu le temps de détailler tout ce qu'elle a de beau. — Maintenant je t'excuse, dit Don Quichotte, et te demande pardon à cause du déplaisir que je t'ai fait, mais l'homme n'est pas maître de ses premiers mouvements. — Je le reconnais, répondit Sancho, et pour moi, c'est de ne pouvoir retenir ma langue. — Pour cela, ajouta le chevalier, mets-toi sur tes gardes, *car tant va la cruche à la fontaine...* je t'en dis pas plus.

— Laissons cela, dit Dorothée ; Sancho, demandez pardon à votre maître, et ne parlez plus qu'en beau de cette dame Dulcinée, puis ayez confiance en Dieu, et il ne vous manquera pas un État où vous vivrez en prince. » Sancho reçut à baiser la main de son maître et sa bénédiction, puis le chevalier, l'ayant fait avancer de quelques pas, lui demanda des nouvelles de son ambassade. « Je vais vous satisfaire, répondit l'écuyer, mais de grâce soyez une autre fois moins vindicatif ; quant à madame Dulcinée, je l'aime et la revère comme une relique, non point à d'autre cause que parce qu'elle vous appartient. » A ce moment ils aperçurent un quidam monté sur un âne et dont le costume était celui d'un Égyptien. Sancho, dont l'esprit travaillait chaque fois qu'un âne se présentait à sa vue, reconnut bien vite le trop fameux Ginès de Passamont, et de suite s'écria : « Sauve-toi, maroufle, et laisse-moi mon cher âne, mes délices ; abandonne ce qui n'est pas à toi. » Il n'avait pas fallu tant de paroles car, dès la première, Ginès descendit et s'enfuit à la souplesse de ses propres jambes.

Sancho s'approcha alors de son grison, et lui ayant sauté au cou, l'embrassa, lui disant toutes sortes de jolies paroles ; l'âne recevait cela comme chose due, tous congratulèrent le bon Sancho de ce bonheur, surtout Don Quichotte, lequel ne révoqua point pour cela sa promesse de trois ânons.

Pendant ce temps, le curé louait beaucoup Dorothée de ce qu'elle avait si bien dit son conte de royaume et de géant; puis il ajoutait combien c'était chose curieuse de voir ce pauvre gentilhomme ajouter foi à toutes ces niaiseries de chevalerie, tandis que pour toute chose autre, il avait le raisonnement d'un homme sage et entendu.

CHAPITRE XXX

Des plaisants discours qui eurent lieu entre Don Quichotte et Sancho Pança son écuyer, et d'autres accidents.

ENDANT ce temps, Don Quichotte ayant pris Sancho à part, lui dit : « Dis-moi, ami, toute fâcherie à part, quand tu as vu Dulcinée, ce qu'elle faisait, si elle a lu ma lettre et ce qu'elle a éprouvé de satisfaction. Ne change rien, dis-moi toute la vérité et ne commets point de mensonge pour me faire plaisir. — Monsieur, répondit Sancho, s'il est question de dire la vérité, je dois avouer que j'oubliai les tablettes, et par cette raison je ne pus faire transcrire la lettre, mais comme je l'avais apprise par cœur, je la dictai de mémoire à un sacristain, lequel me déclara que, bien qu'il ait en sa vie lu plusieurs lettres d'excommunication, il n'avait encore rien vu d'aussi élégant. — Pourrais-tu me la dire? demanda notre héros — Pas un seul mot, réprit l'écuyer, j'eus autant de zèle pour l'oublier que j'en avais eu pour m'en souvenir, mais j'ai conservé la mémoire de : *souveraine dame* et de : *Votre jusqu'à la mort, le chevalier de la Triste figure.*

— Tout cela est bel et bon, dit Don Quichotte, mais dis-moi.

lorsque tu arrivas, ce que faisait cette reine de beauté ; assurément elle enfilait des perles, ou brodait en fil d'or quelque devise pour ce sien captif chevalier. — Hélas ! répondit Sancho, je l'ai trouvée criblant du blé en la basse-cour de sa maison. — Prends-y garde, Sancho, ce que tu pris pour du blé était devenu des perles après avoir passé par ses mains. Mais que fit-elle, que dit-elle lorsque tu lui remis ma lettre ? — Comme je m'avançai pour la lui présenter, répondit Sancho, elle était dans le coup de feu de son travail, de sorte qu'elle me dit de la mettre sur un sac, afin de la lire plus tard. — O la discrète dame ! dit Don Quichotte, c'était afin de la lire tout à loisir. Enfin que te demanda-t-elle ? que lui répondis-tu ? achève et dis-moi tout. — Elle ne me demanda rien, dit l'écuyer, mais je lui fis part de l'état ou vous étiez et de cette dure pénitence que vous vous étiez imposée, ne mangeant pas pain sur nappe, couchant sur la dure, maudissant votre sort. — Tu as mal fait de finir ainsi, car loin de le maudire, je me trouve heureux d'avoir été digne d'aimer une si haute dame. — Elle est si haute, reprit Sancho, qu'elle me passe au moins de la tête. — Et comment donc l'es-tu mesuré avec elle ? dit Don Quichotte. — C'est, répondit Sancho, qu'en m'approchant d'elle pour l'aider à charger un sac de blé sur un âne, nous nous mîmes assez près l'un de l'autre pour qu'il me fût possible d'apprécier sa grandeur. — Conviens au moins qu'elle accompagne cette grandeur de mille millions de grâces ; mais, Sancho, ce que tu ne nieras pas, c'est que quand tu t'approchas d'elle, tu eus l'odorat flatté par un parfum que je ne puis décrire. — Tout ce que je vous dirai, répondit Sancho, c'est qu'elle répandait une odeur de sueur assez prononcée ; mais la cause en venait du grand exercice qu'elle faisait. — Ce n'est pas cela, répondit Don Quichotte, tu étais enrhumé, ou tu te sentais toi-même, car je sais ce que sent cette rose, ce lis des champs, cet ambre délayé. — Il se peut, dit Sancho, car il sort de moi une odeur pareille à celle que j'ai sentie alors, et puis un diable ressemble à un autre.

— Eh bien! poursuivit Don Quichotte, que fit-elle après avoir lu la lettre? — Elle ne la lut pas, reprit Sancho, parce qu'elle dit qu'elle ne savait pas lire, mais la mit en pièces et les jeta au vent, en disant qu'il lui suffisait de savoir quelle pénitence vous accomplissiez, ainsi que l'estime que vous aviez pour elle; puis elle ajouta qu'elle désirait plus vous voir que de vous écrire et qu'elle vous priait de mettre fin à vos folies et que vous prissiez le chemin du Toboso, si autres affaires plus importantes n'y mettent obstacle, parce qu'elle avait grand désir de vous voir; mais elle pensa crever de rire quand je lui dis votre surnom de chevalier de la Triste figure. Puis elle me dit bien avoir vu le Biscaïen que vous lui avez envoyé, mais non les forçats. — Tout va bien jusqu'ici, dit Don Quichotte, mais, dis-moi, quelle bague t'a-t-elle donnée lorsque tu pris congé d'elle, car je sais que c'est une coutume usitée entre les chevaliers et leur dame de donner quelque riche joyau à tout porteur de nouvelles? — Cela pourrait être, répondit l'écuyer, et j'approuve fort cette coutume, qui n'est plus de ce temps, car ce qu'elle me donna n'était qu'un morceau de pain et de fromage, et encore était-ce du fromage de brebis. — Elle est cependant très-libérale, dit Don Quichotte, et si elle ne te donna point de bague d'or, c'est qu'elle n'en avait point sous la main. Mais *ce qui est remis n'est pas perdu*, je la verrai et tout s'arrangera. Sais-tu, Sancho, ce qui me cause le plus d'étonnement? c'est le peu de temps que tu as mis à faire ce voyage au Toboso; aussi je le pense, le sage magicien qui est mon ami aura fait de cela son affaire, et t'aura transporté parmi les nuages, comme il arrive fort souvent en ces sortes de voyages. Laissons là ces bagatelles, et dis-moi ce que tu penses que je doive faire: obéir aux ordres de ma Dulcinée ou bien tenir ma promesse vis-à-vis cette princesse qui vient avec nous; car si les lois de la chevalerie me commandent ceci, mon cœur voudrait cela. Je pense donc arriver prochainement où est ce géant, lui trancher aussitôt la tête, rétablir cette princesse dans ses États, et revenir de suite pour voir cette lumière qui éclaire mes sens ; puis je lui ferai telles excuses qu'elle trouvera bon mon retardement, parce qu'elle comprendra que toutes mes actions présentes, passées et futures ne tendent à autre chose qu'à sa gloire et renommée. — Ah ! dit Sancho, que Votre Grâce a la cervelle mal faite ! pensez-vous donc faire un tel chemin pour néant ? Quoi ! vous fouleriez aux pieds un mariage si avantageux, alors que l'on vous donne en dot un royaume plus grand que le Portugal et la Castille réunis : croyez-moi, épousez au premier endroit où il y aura un curé ; d'ailleurs, voilà M. le licencié qui pourra en faire l'office. Suivez donc mon conseil, je suis d'âge à les donner bons, et *mieux vaut un passereau dans la main qu'un vautour en l'air.* — Remarque, Sancho, que le conseil que tu me donnes n'a d'autre but que d'obtenir ce que je t'ai promis ; je te ferai donc savoir que, sans me marier, je mettrai dans mon marché, avant d'entrer en bataille, que l'on me donnera un morceau de ce royaume, afin que j'en puisse faire présent à qui bon me semblera ; et à qui le donnerais-je si ce n'est à toi ? — Cela est certain, dit Sancho, mais au moins faites que ce soit du côté de la mer, afin que je me puisse sauver avec mes noirs vassaux, dans le cas où je ne m'y plairais pas, et maintenant concluons cette affaire qui me plaît fort, car je pense que nous en tirerons grand honneur et profit. — Je suis de ton avis, répondit Don Quichotte, et surtout je te prie de ne rien dire de ce que nous avons arrêté, afin que l'on ignore ce que je fais pour l'honneur de ma dame, car ainsi cela doit être pour les chevaliers errants, d'agir seulement par la pensée, sans espérer autre récompense. — C'est ainsi, repartit Sancho, que je l'ai ouï prêcher, que nous devons nous conduire ici-bas en toutes choses, non pour espérance de gloire, ni crainte de peine, ce qui est faire le bien pour l'amour de Notre-Seigneur. — Que le diable t'emporte avec toutes tes raisons ! répondit Don Quichotte, on dirait que tu les as étudiées d'avance. »

A cet instant, maître Nicolas leur demanda de s'arrêter, ils étaient près d'une fontaine, et après avoir mis pied à terre, ils se mirent à manger le peu de provisions que le curé avait prises en la taverne.

Sur ces entrefaites, arriva un jeune garçon qui, après les avoir tous contemplés, accourut à Don Quichotte, dont il embrassa les genoux. « Ne me reconnaissez-vous pas, Monsieur, lui dit-il ? je suis cet André que vous ôtâtes du chêne où il était lié. » Don Quichotte l'ayant reconnu le prit par la main et fit à la compagnie le récit de ce qui s'était passé, afin de prouver l'excellence de la chevalerie errante. « Tout ce que vous venez de dire est la vérité, reprit André, mais aussi la vérité est qu'après que vous fûtes hors du bois, le maître m'attacha derechef à l'arbre et me distribua tant de coups d'étrivières que je demeurai écorché comme un saint Barthélemy. Maintenant je sors de l'hôpital où j'ai dû me faire guérir du mal que ce vilain m'avait fait, et si au lieu de vous mêler d'affaires qui ne vous regardaient pas, vous eussiez passé votre chemin, j'en eusse été quitte pour une douzaine de coups, tandis que vous lui fîtes un tel affront, qu'il tourna sa colère contre moi et m'en donna tellement que toute ma vie j'en garderai les marques. — Le tort est, dit Don Quichotte, d'avoir ajouté foi à sa parole ; aussi il doit t'en souvenir que j'ai juré que s'il y manquait, je le retrouverais, fût-il caché dans le ventre d'une baleine. — C'est la vérité, répondit André, mais cela ne servit de rien.

— Tu verras si cela sert à quelque chose, reprit Don Quichotte. » Et il commanda qu'on bridât Rossinante, qui goûtait paisiblement et à sa façon les délices d'un repas champêtre. Dorothée alors lui rappela sa promesse. « Eh bien ! dit le chevalier, qu'André prenne patience et je fais de nouveau le serment de lui faire rendre ce qui lui est dû, et ne point prendre de repos jusqu'à ce que je l'aie vengé. — Je fais peu de cas de ces serments, répliqua André, j'aimerais mieux avoir de quoi me rendre à Séville ; aidez-moi donc en cela si vous le pouvez, et que Dieu soit avec vous et avec tous les chevaliers errants, fussent-ils aussi errants à leur endroit que vous le fûtes au mien ! » Sancho ayant tiré de son bissac un morceau de pain et quelque peu de fromage, dit à André : « Tenez, mon frère, chacun de nous aura part à votre disgrâce. — Et quelle part, répondit André ? — Cette part de pain que je vous donne, repartit Sancho, qui, en cas de disette, pourrait me faire faute, car il faut que vous sachiez que nous autres, écuyers errants, nous sommes sujets à bien des aventures comme la faim et autres choses que l'on sent mieux qu'on ne les dit. »

André, voyant qu'il ne devait pas en attendre plus, baissa la tête et, avant de poursuivre son chemin, il s'adressa au chevalier et lui dit : « Si par aventure vous me rencontriez une autre fois, Monsieur, sur le point d'être mis en pièces, laissez-moi avec ma disgrâce ; elle sera toujours moins grande que si vous vouliez me secourir, et que Dieu vous maudisse ainsi que tous les chevaliers qui sont sur cette terre ! » Puis il prit ses jambes à son cou, de telle sorte que personne n'eut envie de le suivre. Don Quichotte fut grandement courroucé de cette histoire d'André, et chacun garda son sérieux pour ne point le mettre tout à fait en colère.

CHAPITRE XXXI

Lequel traite du cruel combat qu'eut Don Quichotte avec les outres de vin rouge, et d'autres rares accidents qui lui survinrent en la taverne.

Le goûter terminé, on se remit en marche, et ils arrivèrent le lendemain en l'hôtellerie, épouvante de Sancho, qui aurait bien voulu passer outre; le tavernier, sa femme, sa fille et Maritorne, vinrent les recevoir. Don Quichotte les salua gravement et demanda qu'on lui donnât un meilleur lit que la dernière fois, l'hôtesse le promit à la condition d'un meilleur payement; le chevalier y consentit, et comme il avait le corps autant fatigué que la tête, il se coucha incontinent dans le lit qui lui avait été préparé, dans le grenier qui lui avait déjà servi d'appartement.

Dès que Don Quichotte eut fermé sa porte, l'hôtesse demanda au barbier de lui rendre sa barbe, lequel hésitait cependant. Le curé lui dit qu'il le pouvait faire, et se montrer en sa propre personne, qu'il dirait à Don Quichotte, qu'ayant été dépouillé par des voleurs, il avait fui en cette taverne, et pour ce qui était de l'écuyer de la princesse,

CHAPITRE XXXI

on dirait qu'il était allé en avant pour annoncer l'arrivée de la princesse et de son libérateur.

Tous ceux qui étaient dans l'hôtellerie admiraient la beauté de Dorothée et aussi la taille de Cardenio. Le curé ordonna qu'on apportât à manger, et l'hôte, qui espérait cette fois être bien payé, servit avec diligence un honnête dîner ; quant au chevalier, on fut d'avis que le sommeil lui serait meilleur que le manger; aussi le laissa-t-on dormir.

Pendant le repas et en présence de l'hôtelier, sa femme, Maritorne et d'autres voyageurs, on s'entretint de l'étrange folie de Don Quichotte, comment on l'avait retrouvé ; l'hôtesse raconta ce qui lui était arrivé avec le muletier et le bernement de Sancho, dont elle avait remarqué l'absence. Le curé leur dit que la folie de Don Quichotte venait de la lecture des livres de chevalerie. Le tavernier exprima sa surprise, car, dit-il, j'en ai là deux ou trois qui m'ont parfois fait grand plaisir et à d'autres aussi ; bien souvent au temps de la moisson, il s'assemble ici les jours de fêtes jusqu'à trente moissonneurs, parmi lesquels il s'en trouve bien quelqu'un sachant lire, lequel prend un livre pour en faire la lecture, et nous amuse tellement qu'il nous ôte plus de mille cheveux blancs ; aussi voudrais-je assister à cette lecture nuit et jour. — Et moi, dit l'hôtesse, vu que pendant ce temps vous oubliez de gronder. — Moi aussi, ajouta Maritorne, surtout à cause de cette madame qui cause sous les orangers avec le sien chevalier, tandis qu'une duègne fait le guet; je trouve tout cela doux comme miel. — Et vous, Mademoiselle, que dites-vous de ces livres? demanda le curé à la fille de l'hôtelier. — Je ne saurais le dire, répondit-elle, mais si je n'admire pas comme mon père les coups que portent ces chevaliers, je trouve que leurs dames sont parfois bien cruelles, et qu'elles n'ont ni âme ni conscience, puisqu'elles aiment mieux voir leurs chevaliers mourir d'amour ou perdre la tête, plutôt que de les épouser, car ils ne désirent pas autre chose. — Tais-toi, dit l'hôtesse, ces raisonnements ne conviennent pas à une jeune fille. » Puis le curé demanda au tavernier de voir ces livres; le premier qu'il ouvrit fut *Don Cirongilio de Thrace*, l'autre *Félix-Mars d'Hircanie* et le troisième l'*Histoire du grand capitaine Gonzalve de Cordoue*, avec la *Vie de Diégo de Garcia*. Après avoir vu les deux premiers, le curé dit au barbier : « Nous aurions bien besoin de la gouvernante de notre ami, ainsi que de sa nièce. — Nous pourrons nous en passer, répondit ce dernier, je me charge de les porter à la cour ou de les mettre dans la cheminée, car il y a bon feu. — Comment ! dit l'hôtelier, est-ce que vous voudriez brûler mes livres? — Rien que ces deux, répondit le curé. — S'il vous faut quelque livre à brûler, reprit l'hôte, que ce soit celui du *Grand capitaine* et de *Diégo de Garcia*. — Mon frère, dit le curé, ces deux livres sont pleins de mensonges et de folies; l'autre, au contraire, est une histoire véritable, elle rapporte les faits et gestes de Gonzalve de Cordoue, lequel mérita par ses exploits le nom de grand capitaine. Quant à Diégo Garcia de Serèdes, ce fut un vaillant chevalier, qui du bout de son doigt arrêtait la roue d'un moulin et empêcha un jour, à lui seul, une armée de passer sur un pont, et cela est écrit par lui-même, sans quoi si c'eût été transcrit par un chroniqueur, ses prouesses eussent laissé bien loin les Hector, les Achille et les Roland. — Eh ! que me dites-vous, répondit l'hôte! cela peut-il être comparé à Félix-Mars, qui d'un revers trancha cinq géants par la moitié du corps, et une autre fois, à lui seul, détruisit une armée d'un million six cent mille soldats, puis les choses exécutées par Don Cirongilio de Thrace...? » Dorothée ayant écouté tout cela, dit à Cardenio : « Notre hôte ferait la paire avec Don-Quichotte. — Il me semble, répondit Cardenio, qu'il tient tout cela pour telle vérité que pas un cordelier déchaussé ne lui pourrait faire croire autrement. — Remarquez, compère, dit le curé, que tous ces chevaliers et leurs faits et gestes sont des compositions d'esprit; que jamais ces choses n'ont existé, qu'elles ont été inventées pour l'agrément des oisifs, afin de leur faire passer le temps. — A d'autres! dit le tavernier, me prenez vous pour un enfant, et d'ailleurs, ces livres sont imprimés avec approbation de Messieurs du conseil royal. — Sans doute, répliqua le curé, de même que l'on permet des jeux de paume ou de billard, afin de faire passer le temps à ceux qui n'en savent que faire. Mais si on permet cela, c'est parce qu'on ne suppose pas qu'il y ait des gens assez privés de sens commun pour y croire ; si j'en avais le temps je dirais ce que je pense que l'on pourrait faire de ces livres pour les rendre utiles. En attendant, monsieur l'hôtelier, croyez ce que vous semblera bon, et Dieu veuille que vous ne clochiez pas du même pied que notre Don Quichotte ! — Il n'y a rien à craindre pour cela, répondit-il, car je vois bien que les choses ne se passent plus comme alors. » A cet instant, on s'aperçut de la présence de Sancho, lequel parut fort interdit d'entendre dire que les livres de chevalerie ne contenaient que des mensonges ; aussi résolut-il d'attendre l'issue de son voyage et de retourner à sa femme et à ses enfants, s'il n'avait point la fin qu'il s'était imaginé.

L'hôte reportait les livres, lorsque le curé lui demanda la permission de voir quelques papiers dont l'écriture était comme moulée ; on lisait au commencement : *Histoire du curieux mal avisé.* Le curé en parcourut quelques lignes et dit : « Cela me paraît assez amusant pour désirer le lire entièrement. — Vous ferez bien, dit l'hôte, car cette histoire a toujours fort amusé ceux qui en ont fait la lecture, et même, on me l'a voulu acheter plusieurs fois ; mais je suis honnête homme et chrétien et, comme cette histoire a été oubliée ici avec les livres de chevalerie, je ne l'ai jamais voulu vendre. — Je vous approuve, répondit le licencié, néanmoins je me réserve d'en prendre copie. » Puis, après avoir demandé avis à la compagnie, il fut décidé que M. le curé en ferait la lecture. Chacun ayant donc pris place autour de la table, le curé se mit à lire. Il n'en restait plus que quelques pages, lorsque tout à coup Sancho sortit de la chambre où couchait Don Quichotte, s'écriant : « Accourez, Messieurs, venez au secours de Monseigneur, qui est engagé dans la plus sanglante mêlée que j'aie jamais vue. Vive Dieu ! il a porté un tel coup au géant ennemi de madame la princesse Micomicona, qu'il lui a tranché la tête ric-à-ric des épaules, comme si c'eût été un navet. — Que dites-vous là, mon frère, s'écria le curé (interrompant sa lecture), avez-vous perdu la tête? vous savez bien que le géant est à plus de deux mille lieues d'ici. » Puis on entendit un grand bruit et la voix de Don Quichotte, il criait : « Arrête, larron ! voleur ! brigand ! je te tiens, et ton cimeterre ne te servira à rien ; » et avec cela on entendait qu'il frappait la muraille à coups d'épée. « Il ne s'agit point de s'amuser à écouter, leur dit Sancho ; entrez bien vite et secourez mon maître ; peut-être n'en est-il pas besoin, car le géant est sans doute mort et rend compte à Dieu de sa méchante vie, parce que j'ai vu sa tête coupée et roulant par terre. Par ma foi ! elle est aussi grosse qu'une outre de vin. — Que le diable m'emporte ! s'écria l'hôtelier, si Don Quichotte ou Don Diable n'a donné quelques coups d'estoc à quelqu'une de mes outres de vin rouge qui étaient pleines, et rangées à la tête de son lit ! et c'est le vin qui est répandu qui aura semblé à ce bonhomme être du sang. »

Sur cela, l'hôtelier entra dans la chambre, où les autres le suivirent ; ils trouvèrent Don Quichotte dans la plus étrange posture du monde, il n'avait que sa chemise, qui était un peu courte par devant et encore plus par derrière ; cela laissait voir ses longues jambes maigres et quelque peu crasseuses, sa tête était couverte d'un bonnet, il avait sur le bras gauche la couverture du lit, à laquelle Sancho gardait une dent, et pour cause, il tenait son épée de la main droite, s'escrimant de toute part, et parlait comme s'il eût bien réellement combattu le géant. Le vrai de la chose est qu'il dormait et qu'il rêvait à l'aventure à laquelle il allait mettre fin ; il croyait donc être aux mains avec son ennemi, tandis qu'il frappait de son épée les outres qui étaient dans sa chambre. L'hôtelier voyant cela entra en telle colère, qu'il se rua sur Don Quichotte, et lui distribua si généreusement une volée de coups de poings, que si Cardenio et le curé ne l'en eussent empêché, il eût terminé la guerre contre le géant; puis arriva le barbier, il avait un grand chaudron plein d'eau froide, qu'il jeta sur la tête du chevalier, qui finit par se réveiller, mais sans savoir ce qui se passait. Pendant cela, Dorothée qui s'était approchée quelque peu, avait fui à la vue de notre héros si court vêtu ; Sancho cherchait la tête du géant et, ne la trouvant pas, il s'écria : « Il n'y a qu'enchantements dans cette maison, l'autre fois à cette même place, je reçus force bourrades sans savoir d'où elles venaient, cette fois je ne vois pas cette tête, qui a été tranchée sous mes yeux, et dont le sang coulait comme d'une fontaine. — De quel sang et de quelle fontaine veux-tu parler, ennemi de Dieu et des saints? dit le tavernier, ne vois-tu pas, larron, que le sang qui coule n'est autre chose que le vin rouge qui sort de ces outres criblées de trous? et que ne puis-je voir nager en enfer l'âme de celui qui les a percées ! — Je n'en sais, répondit Sancho, mais il est certain que, faute de trouver cette tête, mon comté va fondre comme du sel dans l'eau. » Sancho éveillé, voyant les promesses de son maître réduites à rien, était encore plus fou que le chevalier.

L'hôtelier se désespérait du sang-froid de l'écuyer et du triste travail du maître ; il jurait bien que la chevalerie ne les empêcherait pas cette fois de payer les dégâts; le curé tenait les mains de Don Quichotte, lequel croyant avoir mis fin à l'aventure et être devant la princesse Micomicona, se mit à genoux devant lui, disant : « Haute et belle dame, dès aujourd'hui Votre Grandeur peut vivre en paix sans crainte de cette bête mal née, et moi je suis quitte de la parole que je vous ai donnée, puisque avec l'aide de Dieu et par la faveur de celle par qui je vis et je respire, je l'ai si bien accomplie. — Ne l'avais-je pas dit? s'écria Sancho, voyez si je suis ivre et regardez si mon maître n'a pas mis le géant au saloir. »

Qui n'eût pas ri d'entendre les folies du maître et du valet? Et tous en riaient, sauf l'hôtelier, qui se donnait au diable. A la fin le curé, le barbier et Cardenio firent tant qu'ils parvinrent à remettre Don Quichotte dans son lit, où il demeura endormi et fort las en apparence ; ils le laissèrent pour venir à Sancho et le consoler de n'avoir pas trouvé la tête du géant; mais le plus difficile était de calmer l'hôte, qui se désespérait de la mort subite de ses outres, et l'hôtesse, qui criait encore plus, puis Maritorne, qui accompagnait les cris de sa maîtresse ; quant à la fille, elle ne disait mot, mais souriait de temps à autre. Enfin le curé apaisa cet orage, promettant de payer tout le mieux possible. Dorothée de son côté leurrait Sancho, lui promettant un comté dès qu'elle serait remise paisiblement à la tête de son royaume. Sancho se consola et assura à la princesse qu'il avait vu la tête du géant, et pour preuve qu'il avait vu sa barbe, qui lui descendait jusqu'à la ceinture; Dorothée lui dit qu'elle le croyait bien, mais qu'il ne se chagrinât pas davantage parce que tout irait à souhait. Chacun alors demanda au curé de poursuivre sa lecture, laquelle fut continuée jusqu'au bout sans autre interruption.

CHAPITRE XXXII

Qui traite de ce qui arriva en l'hôtellerie à
toute la compagnie de Don Quichotte.

A CE moment l'hôtelier, qui était à la
porte du logis, dit : « Voici une compagnie qui paraît venir ici et dont j'espère
faire *gaudeamus*. — Quels sont ces voyageurs? lui demanda Cardenio. — Ce sont,
répondit-il, quatre hommes ayant lance et bou-
cliers, puis une dame avec eux, habillée de blanc,
tous sont masqués, enfin deux valets de pied. —
Sont-ils proches? lui demanda le curé. — Oui, et
tellement que les voici à la porte. » Aussitôt Dorothée
se cacha le visage, Cardenio se refugia dans la chambre de
Don Quichotte, et ils n'avaient pas fini, que les cavaliers
avaient mis pied à terre et, ayant aidé la dame à descendre,
l'un d'eux la prit dans ses bras et la fit asseoir sur un
siége près de la chambre où s'était caché Cardenio.

Or, comme pas un de la compagnie n'avait ôté son masque ni prononcé une parole, le curé, non par curiosité,

mais seulement pour savoir quelles étaient ces personnes, s'adressa à l'un des valets de pied et lui demanda qui elles étaient ? A quoi le valet répondit : « Pardine ! Monsieur, je serais bien embarrassé de vous le dire ; seulement ils doivent être gens de qualité, et principalement celui qui a pris la dame dans ses bras, parce que les autres ne font que ce qu'il veut. — Et la dame, demanda le curé ? — Je n'en sais pas plus, répondit le valet, car il n'y a que deux jours que mon compagnon et moi nous sommes avec eux. Nous n'avons pas encore vu son visage, seulement la pauvre dame pousse parfois des soupirs qui nous émeuvent ; ce que nous pouvons supposer, c'est qu'on la conduit malgré elle et peut-être veut-on, contre son gré, la mettre en religion. » Le curé répondit que cela pourrait être, puis s'en retourna où était Dorothée, laquelle, entendant les soupirs de la dame masquée, s'offrit gracieusement de lui rendre service, si faire se pouvait, mais la dame ne répondit pas ; alors celui des cavaliers dont avait parlé le valet, lui dit : « Ne perdez pas vos peines, Madame, à offrir vos services à madame, car c'est sa coutume de ne pas savoir gré de ce qu'on fait pour elle, et ne lui demandez pas de vous répondre si vous ne voulez entendre un mensonge. — Jamais je n'en ai dit, répondit vivement la dame, qui jusqu'alors n'avait pas parlé ; au contraire, si je suis aujourd'hui si affligée, c'est pour avoir été trop sincère, et je veux vous en rendre témoin vous-même, puisque c'est mon amour de la vérité qui vous rend faux et menteur. » Cardenio entendit ces paroles, car il était si près de celle qui les prononçait, qu'il n'y avait que la porte de la chambre de Don Quichotte qui les séparait, il s'écria : « Oh ! que Dieu me soit en aide et quelle est cette voix que j'entends ! » A ces cris la dame tourna la tête et, ne voyant pas celui qui les prononçait, elle voulut entrer dans la chambre, à quoi s'opposa le cavalier, qui la retint sans lui permettre de faire un pas ; alors dans son trouble elle laissa tomber le masque qui lui cachait le visage et laissa voir une figure d'une grande beauté : mais elle avait un regard tellement effrayé qu'on l'eût prise pour folle, ce qui excita la pitié de Dorothée, comme de tous ceux qui la regardaient. Le cavalier la retenait par les épaules, et comme il avait les mains occupées, il ne put retenir son masque, qui se détachait et qui finit par tomber entièrement. Dorothée ayant levé les yeux reconnut son époux Don Fernando, et aussitôt tomba évanouie dans les bras du barbier, et alors accourut à son secours le curé, lequel, pour jeter de l'eau sur le visage de Dorothée afin de la faire revenir, ôta le voile qui la couvrait. Fernando la reconnut et demeura anéanti, mais il retenait toujours Luscinde dans ses bras, car c'était elle qui avait reconnu la voix de Cardenio et voulait s'échapper. Ils en étaient là, se regardant tous sans comprendre ce qui leur arrivait. Ce fut Luscinde qui parla la première ; s'adressant à Don Fernando, elle lui dit : « Laissez-moi, seigneur, comme vous le commande l'honneur de votre position, retourner au mur dont je suis le lierre, à celui dont n'ont pu me séparer vos importunités, vos menaces et vos promesses ; considérez comment le ciel m'a fait retrouver mon véritable époux, et si votre amour doit changer en rage, mettez fin à ma vie, car si je puis la rendre pour cette cause, je la trouverai bien employée, et je lui aurai gardé ma foi jusqu'au dernier moment. »

Dorothée, qui avait repris connaissance, ayant reconnu par les paroles qu'elle avait entendues de Luscinde, qui elle était, se vint mettre aux genoux de Fernando et non sans répandre d'abondantes larmes, lui exposa qu'étant sa femme, comme Luscinde était celle de Cardenio, ce qui leur restait à faire était de profiter de cette rencontre, que tous devaient regarder comme une volonté du ciel. Son discours fut suivi de tant de sanglots et de soupirs qu'il eût fallu avoir un cœur de bronze pour ne pas se trouver attendri ; Luscinde aussi affligée de sa peine qu'étonnée de sa beauté, lui dit quelques paroles de consolation. A ce moment, Don Fernando, qui tenait Luscinde embrassée, ouvrit les bras et cette dernière alla tomber dans ceux de Cardenio, qui s'était tenu à l'écart : ce fut un moment solennel. Luscinde, sans autre cérémonial, sauta au cou de Cardenio. Tous les assistants s'ébahirent d'une rencontre si inopinée. Don Fernando cependant avait changé de couleur et fait un mouvement comme pour porter la main à son épée, et Cardenio de son côté ne le perdait pas de vue, bien résolu à se défendre, dans le cas où il l'aurait trouvé en dispositions offensives, mais tous ceux qui assistaient à cette scène se mirent autour de lui, il n'y manqua pas même le bon Sancho. Le curé lui fit un beau sermon dans lequel il lui présenta cette rencontre comme une faveur du ciel, lui mit sous les yeux la beauté de Dorothée, lui rappela qu'il était chevalier et chrétien, qu'il devait tenir la parole qu'il avait donnée. Fernando se rendit enfin et, relevant Dorothée, qui s'était mise à ses genoux, lui demanda pardon de s'être tant oublié, puis l'embrassa avec une telle tendresse qu'il s'en fallut peu que ses yeux ne se changeassent en fontaine. Il en fut de même à l'égard de Luscinde et de Cardenio ainsi que des autres assistants; tous versaient d'abondantes larmes, les uns à cause de leur satisfaction, les autres de celle d'autrui, et jusqu'au bon Sancho qui en versa aussi, bien qu'il a depuis assuré que s'il pleurait, ce n'était qu'à cause qu'il avait bien vu que Dorothée n'était pas la reine Micomicona, dont il espérait tant de faveurs.

Après que les pleurs eurent cessé, Cardenio et Luscinde allèrent se mettre aux genoux de Don Fernando, ils le remercièrent de ce qu'il avait mis fin à leur infortune, et le firent en termes si touchants que Don Fernando ne sut que répondre, mais les ayant relevés, il les embrassa avec grande démonstration d'affection et de courtoisie. Sur sa demande, Dorothée raconta comment elle était venue en ces lieux si éloignés de son pays, et elle le fit avec tant de charmes que l'assistance eût désiré que son récit durât davantage. Après cela, Don Fernando raconta ce qui lui était arrivé à la ville, après avoir trouvé dans le corset le papier de Luscinde, où elle déclarait qu'elle était l'épouse de Cardenio, il la voulut tuer, mais en ayant été empêché par ses parents, il résolut de se venger ; le lendemain il apprit le départ de Luscinde, ce ne fut qu'au bout de quelques mois qu'il sut qu'elle s'était retirée dans un couvent avec intention d'y finir ses jours, si elle ne pouvait les passer avec Cardenio. Ayant alors pris pour l'assister ces trois cavaliers, il était allé au monastère, où après avoir demandé à parler à Luscinde, il l'avait enlevée à l'aide d'un de ses compagnons, tandis que les deux autres gardaient la porte; que de là, ils l'avaient conduite dans un endroit éloigné du couvent, et que Luscinde, ayant perdu connaissance, ne revint à la lumière que pour gémir et pleurer sans vouloir prononcer un seul mot; puis ils avaient pris le chemin de cette taverne qui, pour lui, était le ciel, puisque là se terminaient ses malheurs et ses disgrâces.

Sancho écoutait tout ceci la tristesse dans l'âme, voyant que ses rêves de grandeur s'en allaient en fumée et que la princesse Micomicona était devenue Dorothée et Don Fernando le géant, tandis que notre chevalier dormait comme un bienheureux. De leur côté, Dorothée ainsi que Cardenio se demandaient si ce qui arrivait était chose véritable et non un songe; Fernando remerciait le ciel de l'avoir fait sortir de ce labyrinthe où il aurait pu perdre son honneur et son âme, chacun était content et le curé, qui était une personne fort discrète, en félicitait chacun tour à tour. L'hôtesse prenait part à cette joie, depuis qu'elle savait que lui serait payé le dommage qu'elle avait éprouvé à l'occasion de Don Quichotte.

CHAPITRE XXXIII

Où se continue l'histoire de la fameuse infante Micomicona, avec d'autres plaisantes aventures.

SANCHO, qui était fort mélancolique, entra où était son maître, qui venait de s'éveiller. « Vous pouvez bien, seigneur chevalier, lui dit-il, continuer votre somme, car de tuer le géant et de remettre la princesse à la tête de son royaume, la chose est faite et parfaite. — Je le crois bien, répondit notre héros, et j'ai eu avec ce fier géant la plus cruelle bataille que je pense avoir de ma vie, car d'un seul revers je lui ai tranché la tête, et le sang coulait comme une rivière. — Cela se pourrait, dit Sancho, s'il y avait des rivières de vin rouge; sachez que le géant dont vous parlez était une outre pleine de vin rouge, et que le reste aille au diable! — Fou que tu es, répondit Don Quichotte, as tu perdu la raison? — Levez-vous donc, reprit Sancho, et vous verrez si tout ce que je dis est un songe ou chose réelle, et si vous ne serez pas émerveillé de les voir et de les entendre. — Je ne le pourrais, repartit Don Quichotte, car s'il te souvient, l'autre fois que nous fûmes ici, il nous arriva bien des choses surnaturelles. — J'y consens, reprit l'écuyer, si ce n'est en ce qui concerne mon bernement, et je reconnais bien l'hôtelier qui me faisait bondir avec force rires; d'ailleurs, il n'y a pas enchantement lorsqu'on reconnaît les personnes, mais bien atouts et froissements de côtes. — Eh bien! ajouta le chevalier, Dieu y remédiera; donne-moi mes habits, car je veux aller voir les transformations que tu dis. »

Pendant ce temps, le curé racontait à toute la compagnie les folies du chevalier et ce qu'ils avaient fait pour le tirer de la Roche pauvre, où il faisait pénitence; il n'oublia pas les choses qui concernaient Sancho; puis il représenta le besoin de trouver une autre invention pour reconduire le chevalier dans son pays. Ils discutaient sur cette chose, lorsque parut Don Quichotte; il était armé de tout son attirail, l'armet de Membrin sur la tête, la rondache au bras; l'apparition de cette étrange personne, autant que sa contenance causa une grande surprise à la compagnie, chacun se tint coi. Don Quichotte, ayant tourné ses regards du côté où était Dorothée, lui parla ainsi : « Je suis informé, belle dame, par ce mien écuyer ici présent, que Votre Grandeur s'est effacée et que vous vous êtes changée en simple demoiselle; si la chose est véritable et par ordre de votre père le roi nécromancien, je dois dire qu'il est ignorant en fait des choses de la chevalerie, car s'il en avait lu quelques-unes, il eût vu que des chevaliers moins fameux que moi avaient mis fin à des aventures bien plus difficiles, car ce n'est pas grand chose que de démolir un petit géant, si arrogant qu'il soit : il n'y a pas bien des heures que je me suis vu aux prises avec lui, et crainte de passer pour un fourbe, je n'en dis pas plus, laissant au temps de découvrir la vérité. — Vous vous êtes vu aux prises avec deux outres, s'écria l'hôtelier, et non pas un géant. » Mais sur l'ordre de Fernando, il se tut et Don Quichotte continua, disant : « Si ce sont des raisons aussi pauvres qui ont guidé votre père, ne vous en souciez point, car il n'y a au monde aucun péril qui m'arrête, et dans peu j'aurai détruit le géant et replacé la couronne sur votre tête. » Dorothée répondit : « Celui qui vous a dit, seigneur chevalier de la Triste Figure, que je n'étais plus aujourd'hui celle que j'étais hier vous a induit en erreur ; si des événements aussi heureux qu'inattendus ont apporté quelques changements en ma personne, ma résolution demeure la même, et je compte toujours sur la valeur de votre bras pour l'issue de cette affaire, pour laquelle j'attends tout de la grâce de Dieu et de votre courage. » Alors Don Quichotte se tournant vers Sancho, lui dit : « Coquin, maroufle et pendard que tu es ! j'ai pitié de ta vilenie, sans quoi je ferais justice de ton mensonge, afin de servir d'exemple à tous les écuyers errants qu'il y aura désormais sur la terre. — Admettons, répondit Sancho, que je me sois trompé pour ce qui est de la métamorphose de madame la princesse, mais à l'endroit des outres, Votre Grâce saura qu'en penser, lorsque notre hôte se présentera avec le compte de ce qui lui est dû, pour réparation du dommage que vous lui avez causé. » Puis après cette tempête entre le maître et l'écuyer, Don Fernando lui dit : « Puisque madame la princesse désire se mettre en route dès demain, nous pourrons causer toute la nuit et nous préparer à faire compagnie au seigneur Don Quichotte. » Ils en étaient à échanger toutes sortes de paroles de courtoisie, lorsque parut à l'entrée de la taverne un voyageur habillé à la moresque, mais dont le costume laissait cependant deviner qu'il était chrétien ; puis après lui entra, montée sur un âne, une femme vêtue également à la façon des Mores, elle avait un manteau ou caban qui cachait toute sa personne. Le voyageur était un homme de belle mine, il paraissait friser la quarantaine et son maintien annonçait le gentilhomme. Dès qu'il fut entré, il demanda une chambre, mais il fut fort contrarié lorsqu'on lui apprit qu'il n'y en avait pas ; il s'approcha de la dame et, l'ayant prise dans ses bras pour la faire descendre, Luscinde, Dorothée, l'hôtelière et sa fille, jusqu'à

Maritorne, toutes s'avancèrent pour admirer ce costume qu'elles n'avaient jamais vu, et Dorothée, qui était aussi courtoise que discrète, voulant éviter à la dame la contrariété de ne pas avoir une chambre, s'empressa de lui offrir de partager la sienne et de l'assurer qu'elle ferait ainsi que Luscinde tout ce qui lui serait possible pour lui faire oublier cette incommodité si commune dans ces hôtelleries; à quoi l'étrangère ne répondit que par un salut. Après cela le voyageur expliqua que la nouvelle venue, quoique ne connaissant pas leur langage, parce qu'elle ne parlait que celui de son pays, avait cependant compris l'offre qui lui était faite. Dorothée lui ayant demandé si elle était More ou chrétienne, il répondit qu'elle était chrétienne en l'âme, mais qu'elle n'avait pas reçu le baptême, ce qui aurait lieu aussitôt qu'elle serait instruite des commandements de notre mère la sainte Église; puis Dorothée l'ayant priée d'ôter son voile, elle le fit incontinent, montrant à l'assistance le plus beau visage que l'on puisse voir, tellement que si la beauté de Luscinde, ainsi que celle de Dorothée, pouvait égaler la sienne, elle ne la surpassait. Fernando demanda au More comment elle s'appelait; il répondit qu'elle avait nom Zoraïde : « Non pas Zoraïde, reprit-elle, comprenant la question, mais Marie. » Cette réponse attendrit tout le monde et principalement les femmes qui, à cause de leur naturel sensible, ne tardèrent pas à larmoyer.

L'heure du souper étant arrivée, on se mit à table, où chacun ayant pris place suivant les indications de Don Quichotte, auquel on avait donné le principal siége, tout le monde soupa avec appétit, à l'exception du chevalier, qui trouva plus à propos de prononcer un discours, que nous rapportons ici. « En vérité, dit-il, ceux qui font profession de chevalerie errante sont appelés à voir les choses les plus extraordinaires. Quel homme pourrait en entrant ici, à cette heure, connaître qui nous sommes? qui saurait dire que cette dame, qui est ici près de moi, est cette grande reine que vous savez, et que je suis ce chevalier de

19.

la Triste Figure, tant prôné par la bouche de la renommée? D'où je conclus que cet art surpasse tous ceux qu'ont inventés les hommes. Arrière, arrière ceux qui prétendent mettre les lettres au-dessus des armes, sous prétexte qu'elles sont le travail de l'esprit, tandis que le métier des armes est celui du corps, comme si c'était un métier de crocheteur, et si notre profession ne demandait pas, avec la force, l'intelligence et le raisonnement, à ce point qu'un guerrier, qui a une ville assiégée à défendre, ne devait pas faire plus de frais de raisonnement que de forces corporelles, car, avec ces forces, peut-il conjecturer les intentions et stratagèmes de l'ennemi? De là on doit conclure que les armes demandent autant d'esprit que les lettres, et de plus qu'elles veulent aussi la force et le courage. Si donc les lettres (je ne parle pas des divines, qui ont pour but de conduire les âmes au ciel, c'est-à-dire à une fin sans fin, auxquelles alors rien ne peut être comparé), mais les lettres humaines, dont le but est d'éclairer l'esprit, de faire des lois pour nous gouverner, fin évidemment utile, mais moins que la guerre, dont le but est de nous donner la paix, qui est le plus grand de tous les biens d'ici-bas, ainsi que le dirent les anges en cette nuit où ils chantèrent au milieu des airs : *Gloire soit à Dieu en ces hauts lieux, et paix sur la terre aux hommes de bonne volonté!* et le meilleur salut qu'enseigna à ses disciples le grand Maître de le terre fut, lorsqu'ils entraient en quelque maison: *La paix soit avec vous!* ou *Je vous donne ma paix*, comme le gage le plus précieux que puisse donner une telle main, et sans lequel il ne peut y avoir aucun bien en la terre comme au ciel : cela admis que la paix est la vraie fin de la guerre, comme armes et guerre sont une seule chose, il en résulte que les armes l'emportent sur les lettres. » Don Quichotte continuait, et avec tant de logique, que pas un qui ne l'aurait connu eût pu dire qu'il était fou. « Je dis donc, poursuivit-il, que les travaux de l'étudiant sont ceux-ci : premièrement la pauvreté (non pas qu'ils soient tous pauvres, mais pour placer la chose à l'extrême); cependant la pauvreté n'est qu'un petit malheur, car bien qu'il l'endure dans toutes ses parties qui sont : tantôt le froid, la nudité, la faim, encore n'est-ce pour cette dernière qu'à cause qu'il dîne plus tard et souvent des restes des riches : donc sa plus grande misère est *d'aller à la soupe*.

« Mais encore il ne meurt pas de faim ; quant au froid, il peut bien trouver parfois quelque *brasero* au fond d'une cuisine, pour se dégourdir les membres ; enfin la nuit venue il dort à couvert. Je n'entrerai pas dans ces mêmes détails, qui sont de savoir s'il manque de chemises et de chaussures, si son pauvre habillement est plus ou moins râpé, s'il se grise et s'empiffre quand la bonne fortune lui livre l'occasion d'un bon repas. C'est par cette route que je vous ai dépeinte si âpre et si difficile, bronchant par ci, tombant par là, puis se relevant, que nous en avons vu passer par ces écueils entre ces Charybde et ces Scylla, et comme portés sur les ailes de la fortune, gouverner le monde de dessus leur fauteuil, ayant changé leur faim en satiété, leur nudité en vêtements de parade, et leur natte dure en fine toile de Hollande avec draperies de damas : récompense due à leur vertu ; mais leurs travaux comparés à ceux du guerrier, ils restent bien en arrière, ainsi que je vais vous le démontrer. »

CHAPITRE XXXIV

Qui continue le curieux discours qui fit Don Quichotte sur les armes et sur les lettres.

OTRE héros poursuivit : « Puisque nous avons, dit-il, commencé par la pauvreté de l'étudiant et ses parties, voyons si le soldat est plus riche, et nous connaîtrons qu'il n'y a personne de plus pauvre en toute la pauvreté, parce qu'il est toujours réduit à sa misérable solde, qui vient tard ou jamais, ou bien à ce qu'il peut rapiner au péril de sa personne et de son âme. Souvent il est tellement dépourvu de vêtement qu'il n'a pour se couvrir qu'une misérable guenille, qui lui tient lieu d'habit et de chemise. Au cœur de l'hiver, qu'a-t-il pour se défendre des inclémences du ciel? Le souffle de sa bouche, lequel sortant d'un lieu vide, doit, je le tiens pour certain, être froid comme toute la nature, Et que la nuit vienne, pour réparer ses forces il a un bon lit qui ne sera trop étroit que par sa faute, car il peut prendre sur la terre autant d'étendue qu'il voudra et s'y vautrer à son gré, sans crainte que ses draps ne s'entortillent autour de lui. Puis advienne le jour de gagner ses grades, c'est-à-dire la bataille, alors ce sera de la charpie pour quelque trou que la balle aura fait dans sa tête, ou la perte d'un bras ou d'une jambe, et si ces choses n'arrivent pas,

il n'en sera pas moins pauvre, et, pour gagner quelque grade, il lui faudra de nouvelles batailles et de nouvelles victoires : ce sont des miracles qui arrivent peu souvent. Et dites-moi, seigneurs, si vous l'avez remarqué, combien y en a-t-il de récompensés, relativement à ceux qui sont morts? Sans doute vous me direz qu'il n'y a point de comparaison, que l'on ne peut tenir compte de ceux qui sont morts, tandis que ceux qui sont arrivés à quelque chose peuvent se compter avec trois chiffres. C'est au rebours pour les gens de lettres; je ne veux pas seulement parler de ceux à grandes manches, mais aussi de ceux à robes longues : tous ont le moyen de vivre; si, pour le soldat, la besogne est plus rude, la récompense est moins grande. Après cela on dira qu'il est plus facile de récompenser deux mille lettrés que trente mille soldats, et que, d'ailleurs, on leur donne des offices que seuls peuvent remplir ceux de leur profession, tandis qu'aux autres il ne peut leur revenir de récompense que du seigneur qu'ils servent : ce qui fortifie encore mon opinion. Mais laissons cela, ne nous avançons pas dans ce labyrinthe peur de n'en pouvoir sortir, et retournons à la prééminence des armes sur les lettres, question qui reste à vider. Les lettres disent que les armes ne se pourraient maintenir sans elles, parce que la guerre est sujette à des lois et que les lois sont l'œuvre des gens doctes ; à cela les armes ont à répondre que les lois ne se pourraient maintenir sans elles, parce que par elles les républiques sont défendues, les royaumes conservés, les villes gardées, les chemins protégés, les mers nettoyées de corsaires; finalement sans elles tout serait confusion et soumis au hasard de la guerre : c'est par ces raisons que les armes doivent être plus estimées. Que coûte-t-il à un homme pour acquérir un degré de prééminence dans les lettres? Du temps, des veilles, de la faim et de la soif, des maux de tête et des indigestions d'estomac, et autres choses que j'ai déjà citées. Mais pour le soldat qui veut parvenir, il lui en coûte évidemment plus qu'à l'étudiant puisqu'il court à chaque moment le risque de perdre la vie. Et quelle crainte de pauvreté peut arriver à l'étudiant, qui puisse approcher de celle du soldat, lorsqu'il est enfermé dans une forteresse assiégée, ou qu'il est en faction sur quelque chemin où il sent creuser une mine sous ses pieds sans pouvoir bouger quoi qu'il arrive? Tout ce qu'il peut faire, c'est d'avertir son chef de ce qui se passe, afin, si la chose est possible, qu'il puisse y apporter quelque remède, puis d'attendre et quelquefois alors de monter aux nues sans le vouloir pour tomber où il peut. Et si c'est là un de ses moindres périls, que dirons-nous lorsqu'il est sur un vaisseau de guerre et qu'il se livre un combat sur mer? Il a deux pieds à peine pour se mouvoir, et de là il peut voir, comme autant de ministres de la mort, les canons braqués sur lui et qui n'en sont loin que d'une longueur de lance, si bien que le premier faux pas pourrait lui faire visiter le royaume de Neptune. Mais d'un cœur résolu et mû par l'honneur il se fait le but de tant d'arquebusades et cherche à parvenir à l'abordage par le plus petit chemin qui se présente et, chose admirable! si le premier tombe, de suite un autre le remplace, puis un autre et ainsi de suite; ils vont l'un après l'autre visiter le fond de la mer, hardiesse et vaillance qui ne se trouve que dans les hasards de la guerre. Bénis soient ces temps heureux qui ont été exempts de l'épouvantable furie de ces endiablés instruments de l'artillerie, pour lesquels je souhaite toutes les punitions de l'enfer à celui qui les a inventés! car souvent le bras d'un infâme poltron peut, lorsqu'il veut prendre la fuite, lâcher par maladresse une balle qui vient trancher la vie d'un vaillant cavalier qui méritait de rester ici-bas pendant des siècles entiers. De sorte que je pourrais me plaindre d'avoir entrepris cet exercice de chevalerie en un siècle détestable comme celui où nous vivons, car bien que je ne redoute aucun danger, ce n'est pas sans amertume que je songe parfois que je suis exposé, à cause de quelques grains de poudre et d'une boulette de plomb, à ne point acquérir la renommée universelle à laquelle tendent la valeur de mon bras et le fil de mon épée. Mais, advienne que pourra, j'acquerrai d'autant plus de gloire que j'aurai été exposé à de bien plus grands dangers que les chevaliers errants des siècles passés. »

CHAPITRE XXXV

Où le captif raconte sa vie et le succès de ses aventures.

Don Quichotte débita tout cela pendant que les autres soupaient et, malgré les avertissements de Sancho, il ne s'occupa point de porter la moindre chose à sa bouche. Ce fut un nouveau sujet de pitié pour ceux qui l'entendaient de voir, qu'en dehors de sa fantasque chevalerie, il avait le raisonnement parfaitement droit. Le curé lui dit que ce qu'il avait avancé en faveur des armes était d'une grande justesse, et qu'il était de cet avis, quoique lettré et gradué.

Après qu'on eut soupé on retira la nappe; pendant ce temps l'hôtelière avec sa fille et Maritorne préparaient la chambrette de Don Quichotte, où, suivant ce qui avait été décidé, devaient se retirer pendant la nuit les dames seules.

Après cela, Fernando ainsi que toute l'assistance prièrent le More de vouloir bien leur raconter ses bonnes et mauvaises fortunes ; il y consentit bien volontiers et, après quelques instants de silence, donna satisfaction à la compagnie.

« Ma famille, dit-il, habitait une petite ville dans les montagnes de Léon, mon père possédait une fortune qui passait dans ces pays pour être assez ronde, et il en eût été ainsi s'il avait mis autant de savoir à l'augmenter ou à la conserver qu'il en mit à la dissiper ; s'il avait quelque penchant à la dissipation, cela venait de ce qu'il avait été soldat, métier où le chiche devient libéral et le libéral prodigue, ce qui convenait peu à un père de famille. Nous étions trois enfants, tous garçons et en âge de prendre un état.

Ce bon vieillard, connaissant sa faiblesse, résolut d'y mettre un terme ; un jour donc, nous ayant réunis tous les trois, il nous fit part de ses projets : « Mes enfants, nous dit-il, j'ai résolu, afin que vous ayez quelque chose de ma fortune, d'en faire quatre parts égales et de les partager avec vous, me réservant la quatrième, afin de pouvoir me nourrir et m'entretenir tant qu'il plaira à Dieu de me laisser sur la terre ; mais je voudrais que chacun de vous se choisît une carrière. Nous avons un vieux dicton en Espagne, qui est : *l'Église, la mer, la cour* ; je souhaiterais donc que l'un de vous suivît les lettres, l'autre le commerce et le troisième servît le roi à la guerre, car si cette dernière n'apporte pas la fortune, elle donne la valeur et la renommée. » Je choisis donc les armes, mon second frère résolut d'aller aux Indes pour commercer, et le troisième, qui fut, je crois, le plus sage, demanda de terminer les études qu'il avait commencées à Salamanque, projetant de se faire ecclésiastique.

« Mon père nous embrassa tous et, dans un bref délai, nous donna la part qu'il nous avait destinée. Après avoir reçu sa bénédiction, nous prîmes congé de cet excellent vieillard, non sans verser d'abondantes larmes ; l'un prit la route de Salamanque, l'autre celle de Séville et moi celle d'Alicante, où je devais m'embarquer pour Gênes. Vingt-deux ans se sont écoulés depuis cette séparation, et, bien que j'aie écrit plusieurs fois à mon père et à mes frères, depuis cette époque, mon malheur a voulu que je n'en aie pas reçu de nouvelles.

« De Gênes je fus à Milan, où je me pourvus de ce qui était nécessaire à ma profession de soldat, puis comme je voulais prendre du service sous le duc d'Albe, je fus obligé d'aller le rejoindre en Flandre et, après l'avoir suivi dans tous les combats où il commandait, on me fit enseigne. Ayant eu connaissance de l'expédition que devait commander Don Juan d'Autriche contre les Turcs, je revins prendre du service en Italie ; j'eus le bonheur d'assister en qualité de capitaine à cette fameuse bataille de Lépante où l'orgueil du Turc, qui passait pour invincible, fut abaissé ; mais hélas ! ce jour si heureux pour la chrétienté devint fatal pour ma personne ; ayant, l'épée à la main, mis le pied sur une galère ennemie, celle-ci prit le large sans que la mienne pût la rejoindre et mes soldats me délivrer. Alors je fus conduit à Constantinople chargé de chaînes et placé sur les galères avec les forçats, puis, après avoir assisté à différents combats, je devins la propriété d'Azanaga, roi d'Alger, ce qui me fit plaisir, parce qu'étant proche de l'Espagne, j'avais alors plus de chances de pouvoir m'échapper. Là, je fus placé dans une prison qu'on nomme bagne, et où sont mis pêle-mêle tous les captifs ; dès qu'on apprit que j'avais été capitaine, je fus chargé de chaînes et placé parmi ceux dont on attendait rançon, quoique j'eusse prévenu que j'étais pauvre. Je passais donc ma vie au bagne, souffrant la faim, la misère et le regret de ma patrie ; mais ce qui me causait plus d'affliction, c'était de voir toutes les cruautés auxquelles mon maître se livrait envers les chrétiens. Tantôt il faisait pendre l'un, empaler l'autre, et sans nulle raison que de satisfaire sa haine du genre humain. Il n'y eut qu'un seul soldat espagnol appelé Saavedra, envers lequel il montra quelque clémence et qui, cependant, fit pour recouvrer sa liberté des choses tellement prodigieuses, que le souvenir en est resté parmi les infidèles, et dont le récit vous semblerait plus agréable que mes propres aventures.

CHAPITRE XXXV

« Sur la cour de la prison donnait une fenêtre à la moresque, c'est-à-dire une sorte de trou fermé par une jalousie et par où la lumière arrivait à peine ; un jour étant placé près de là avec trois de mes camarades, nous vîmes suspendu à cette jalousie un jonc au bout duquel était un mouchoir noué ; chacun de mes compagnons s'étant approché avait vu le jonc remonter. J'approchai à mon tour et il tomba à mes pieds, je le ramassai et, après avoir déplié le mouchoir qui contenait dix pièces d'or, chose qui fut pour moi, pauvre malheureux ignoré de tout l'univers, un sujet de joie, je regardai à la fenêtre et je vis une main de femme, devant laquelle nous allâmes tous les quatre faire une révérence à la manière des Mores, en nous croisant les bras sur la poitrine. Un moment après nous vîmes paraître une petite croix de roseau qui disparut aussitôt, ce qui nous fit supposer que cette maison était habitée par quelque esclave chrétienne, mais la blancheur de sa main et quelques bracelets de diamants que nous avions aperçus nous retirèrent cette opinion.

« Il se passa ensuite plus de quinze jours sans que nous vissions rien ; la chose que nous sûmes était que cette maison appartenait à un More, homme de qualité et fort riche, nommé Agimorato. Nous vîmes enfin reparaître la canne. Cette fois je trouvai dans le mouchoir 40 écus d'or avec un billet écrit en arabe ; or, ne connaissant pas cette langue non plus que mes camarades, je le fis lire par un renégat de Murcie, voici ce qui y était dit : « Quand j'étais
« petite, mon père avait une esclave qui était chrétienne ;
« elle m'apprit dans notre langue les prières de sa reli-
« gion, et me parla souvent de Lela Marien (la Vierge Marie);
« cette esclave est morte, mais elle m'est apparue deux
« fois, et m'a dit que Lela Marien, qui m'aime beaucoup,
« me conseillait d'aller en la terre des chrétiens. De
« tous les captifs que j'ai vus par ma fenêtre, toi seul m'as
« paru digne de ma confiance. Ne me trompe point, car
« Lela Marien te punirait. Je suis jeune, je suis belle, j'ai
« beaucoup d'or, vois si tu veux m'emmener et devenir mon

« mari là-bas. Si mon père savait que je t'écris, il me jette-
« rait dans un puits ; la prochaine fois je mettrai un fil à la
« canne, tu y attacheras la réponse ; si tu n'as personne qui
« te l'écrive en arabe, dis-la-moi par signes, car Lela Marien
« fera que je t'entendrai. Qu'elle te garde ainsi qu'Allah et
« cette croix que je baise souvent, ainsi que me l'a recom-
« mandé la captive. »

« Nous ne pûmes cacher notre joie au renégat et, comme il nous jura sur le crucifix de nous servir au péril même de sa vie, nous lui confiâmes tout, et je lui dictai ma réponse à la jeune Moresque, à laquelle j'assurai que nous allions nous occuper des moyens d'exécuter sa volonté, et lui jurai que si nous parvenions à nous réfugier en Espagne je m'engageais à devenir son mari.

« Quelques jours après le renégat vint nous confirmer que cette maison appartenait bien à Agimorato, qui y vivait seul avec ses esclaves et sa fille Zoraïde, dont la beauté extraordinaire la faisait rechercher par les plus brillants partis de l'Afrique, et il nous dit encore ce que nous savions de l'esclave chrétienne qui l'avait élevée.

« Le renégat nous jura de s'occuper de moyens de prendre la fuite et d'enlever Zoraïde. Quelques jours après nous vîmes paraître le mouchoir, il était encore rempli de pièces d'or et il y avait un billet de Zoraïde, dans lequel elle nous disait que devant passer l'été dans une propriété appartenant à son père et située près de la porte de Babazon, elle nous fournirait tout l'argent nécessaire pour que l'un de nous pût se racheter et passer en Espagne pour y acheter un vaisseau, afin de venir nous chercher tous ensemble. Le renégat ne fût point de cet avis, il dit que c'était trop risquer, parce que ce moyen qu'il avait vu employer plusieurs fois n'avait jamais réussi, mais qu'il achèterait une barque, puis qu'il mettrait un More dans ses intérêts et, prenant prétexte d'aller faire du commerce à Tétouan, il ne lui serait plus difficile après cela de les délivrer tous. Je fis part à Zoraïde de ce que nous avions arrêté, elle nous fit passer l'argent nécessaire à notre rachat et nous dit qu'elle irait de là à quelques jours s'établir dans le jardin dont nous avons déjà parlé. Devenus libres par la générosité de Zoraïde, le More se procura une barque et, comme cela avait été arrêté, il fit, en compagnie d'un More, quelques voyages sur la côte ; je m'assurai de mon côté d'une douzaine de rameurs, auxquels j'ordonnai de se trouver le vendredi suivant auprès du jardin d'Agimorato, et j'avertis Zoraïde.

« Au jour dit nous nous rendîmes au lieu désigné ; arrivés sous la fenêtre, Zoraïde demanda si nous étions les *nazaréens*. Je lui répondis que oui. Dès qu'elle eut reconnu ma voix, elle descendit, je la conduisis au milieu de nous, le renégat lui demanda où était son père, parce qu'il voulait l'emmener avec nous et s'emparer de ses trésors, mais Zoraïde lui dit qu'elle en avait assez pour faire notre fortune à tous. Et, après nous avoir quittés quelques instants, nous la revîmes chargée d'un coffret tellement lourd, qu'elle pouvait à peine le porter. Cependant Agimorato s'était réveillé et, ayant mis la tête à la fenêtre, il avait appelé à son secours ; ses cris mirent le désordre parmi nous, j'emportai Zoraïde, qui s'était évanouie, et étant tous parvenus jusqu'à la barque, on leva l'ancre et on partit. Ce fut alors seulement que j'aperçus au milieu de nous le père de la Moresque, les mains liées, et un mouchoir attaché devant la bouche. Je lui fis ôter ses liens, et le renégat lui commanda le silence s'il ne voulait pas perdre la vie.

« Dès que Zoraïde aperçut son père, elle se couvrit le visage et fondit en larmes, puis demanda que l'on rendît la liberté à son père, ce que je réclamai aussi, mais tout l'équipage s'y refusa et promit de le mettre à terre au premier endroit où l'on aborderait. Zoraïde, voyant donc que je ne répliquais pas, comprit que c'était contre mon gré que l'on retenait son père, et alors elle se mit à prier Léla Marien.

« Notre barque volait sur les flots. Le renégat veillait sur les Mores et sur le vieillard ; il leur assura qu'ils n'étaient point captifs, mais ce dernier refusa de croire à cette promesse, il offrit sa fortune et sa vie pour racheter sa fille; puis voyant la cassette où Zoraïde mettait ses trésors et qu'elle n'emportait jamais au jardin, il prononça quelques paroles étouffées par la colère. Alors le renégat lui répondit : « Épargnez à votre fille des questions auxquelles je vais répondre brièvement : Zoraïde est chrétienne, c'est elle qui nous a fourni notre rançon et c'est de son gré qu'elle vient avec nous. — Ma fille, demanda le vieillard après un moment de silence, serait-il vrai que tu sois chrétienne, et que ce soit toi qui aies livré ton père à ses ennemis? — Jamais, répondit-elle, je n'ai conçu l'affreux dessein dont je sens trop qu'on peut m'accuser.... Mais il est vrai que je suis chrétienne. » A ces mots le vieillard se lève et, sans que personne ait le temps de s'y opposer, il s'élance à la mer. Cependant l'ampleur de ses vêtements l'ayant soutenu sur l'eau, mes compagnons purent le sauver et le rendre à la vie.

« La mer, qui était fort agitée, nous ayant repoussés sur les côtes d'Afrique, nous nous arrêtâmes dans une petite anse. Après que nous eûmes pris quelque nourriture, j'obtins de mes compagnons que l'on cédât aux prières de Zoraïde de mettre son père et les Mores en liberté. Le vent ayant permis de se rembarquer, ils furent mis un à un sur le rivage et laissés libres. Quand on y conduisit le vieillard, il adressa toutes les malédictions possibles à sa fille, puis passant de la colère à la prière, il la supplia de ne point l'abandonner. Elle répondit en sanglotant : « Je vous aime, mon père, et je donnerais ma vie pour vous, mais ma religion, mon salut, Lela Marien me forcent de vous quitter. » La barque s'éloignant, nous perdîmes de vue le malheureux vieillard. Le désespoir de Zoraïde me fit craindre pour ses jours; sa piété seule les conserva.

Nous voguions avec un bon vent, espérant arriver le lendemain en Espagne, lorsque nous rencontrâmes un vaisseau qui passa si près de nous, que nous manquâmes de nous briser contre lui. Plusieurs voix se firent entendre et nous demandèrent où nous allions et qui nous étions; le renégat ayant reconnu que c'étaient des Français ne voulut pas qu'on répondît. Nous passâmes donc en silence, lorsque bientôt deux coups de canon, tirés à la fois, nous envoyèrent deux boulets ramés qui coupèrent notre mât, et firent à notre barque une voie d'eau telle que nous la sentîmes couler bas. Ayant alors demandé du secours, douze Français vinrent nous chercher dans une chaloupe et, nous emmenant, ils dirent qu'ils corrigeaient ainsi les manques de politesse.

« Conduits dans le vaisseau français, on prit tout ce que nous avions, et, après avoir tenu conseil, le capitaine, touché de compassion pour Zoraïde, lui donna 40 écus d'or, nous abandonna son esquif avec quelques provisions et nous permit de gagner l'Espagne. Étant peu éloignés du rivage, nous débarquâmes bientôt sur cette terre chérie, et, les bras tendus vers le ciel, nous le remerciâmes de ses bienfaits.

« Sans savoir où nous étions, nous traversâmes à pied un long espace de chemin désert ; nous rencontrâmes un jeune berger à qui nous voulûmes parler, mais à la vue du renégat, il pensa que toute la Barbarie venait fondre sur lui, et s'enfuit à toutes jambes, criant: « Au More ! au More ! » jetant ainsi l'alarme dans le pays. Bientôt alors parut la cavalerie chargée de garder la côte du pays ; nous attendîmes et, après avoir dit ce que nous étions, chacun nous ayant complimentés, nous offrit sa monture ; le capitaine donna son cheval à Zoraïde et on nous conduisit comme en triomphe à Velez de Malaga, où notre première visite fut d'aller à l'église rendre grâces à Dieu de notre délivrance. La piété de Zoraïde attira près d'elle une foule nombreuse, chacun lui offrit sa maison et voulut la combler de présents ; enfin après six jours passés à Velez, nous nous séparâmes, non sans douleur ; le renégat prit le chemin de Grenade, j'achetai un âne pour que Zoraïde pût voyager plus à l'aise. Nous sommes donc parvenus jusqu'ici, avec intention d'aller à la recherche de mon père voir s'il est encore en vie et de retrouver l'un de mes frères, envers qui la fortune aura peut-être été plus généreuse. Mon seul désir est de pouvoir devenir l'époux de Zoraïde, pour qui jusqu'à présent j'ai été le père et l'écuyer; vous admirerez sa douceur et sa résignation. Voilà, Messieurs, l'histoire de ma vie, elle vous aura peut-être paru longue, cependant j'ai dû, dans la crainte de vous être importun, passer sur beaucoup de choses. »

Le captif ayant achevé, Don Fernando lui dit : « Votre récit, monsieur le capitaine, est certainement plein d'intérêt, et tellement rempli d'incidents rares, qu'il nous eût bien retenus jusqu'au jour de demain sans que le temps nous eût semblé long. » Chacun lui offrit avec autant d'amabilité que de politesse de le servir en toutes choses qui lui pourraient être agréables, et Fernando ajouta que s'il voulait accepter de venir avec lui, son frère le marquis serait très-heureux d'être le parrain de Zoraïde. Le captif le remercia de sa courtoisie, mais s'excusa de ne point accepter ses offres tant libérales.

Comme la nuit approchait, il arriva un coche à la taverne, accompagné de quelques cavaliers; ils demandèrent à loger, de quoi l'hôtesse s'excusa, disant qu'il n'y avait pas plus de place au logis que dans le creux de la main. « Quand il en serait ainsi, dit un des cavaliers, il y en aura bien une pour monsieur l'auditeur. » A ces mots, l'hôtesse se troubla, et répondit : « Le malheur est qu'il n'y a pas de lit, à moins que monsieur l'auditeur n'apporte le sien; dans ce cas mon mari et moi lui céderons notre chambre. »

A ce moment parut, sortant du coche, un homme portant un costume qui indiquait bien sa qualité; il menait par la main une jeune fille qui paraissait âgée de seize ans; sa vue fit plaisir à tous les assistants, tant elle était belle, à ce point que s'il ne se fût point trouvé dans l'hôtellerie des beautés aussi remarquables que l'étaient Dorothée, Luscinde et Zoraïde, ils eussent tenu pour certain que la jeune fille était la plus belle personne qu'il y eût sur la terre.

Don Quichotte, qui était présent, dit à l'auditeur :

« Monsieur, vous pouvez entrer en ce château et y prendre place, quoiqu'il soit bien occupé et mal accommodé, mais il n'y a rien qui ne se range pour faire place aux armes et aux lettres, et plus fortement encore, lorsque les armes ou les lettres ont pour compagnie la beauté, comme vos lettres

l'ont en cette belle demoiselle, pour qui doivent s'ouvrir les châteaux et se fendre les montagnes au besoin pour lui donner asile. Entrez donc, Monsieur, dans ce paradis, car vous y trouverez des soleils et des étoiles qui accompagneront l'astre que vous amenez avec vous, vous y trouverez les armes à leur poste et la beauté dans sa perfection. »

L'auditeur demeura étonné du discours de Don Quichotte, qu'il regarda attentivement, tellement ébahi de sa personne et de ses paroles qu'il n'en trouva pas une pour lui répondre. Et sa surprise ne fut pas moins grande lorsqu'il vit devant lui Luscinde, Dorothée et Zoraïde, lesquelles, sur le dire de l'hôtesse, étaient venues admirer la belle demoiselle ; et, en même temps, Don Fernando, Cardenio et le curé firent aux arrivants des offres de services, avec une telle courtoisie que l'auditeur comprit qu'ils étaient tous gens de qualité. Après qu'il fut entré, on fit en sorte de disposer au mieux des commodités qu'offrait l'hôtellerie, on suivit donc le parti, qui avait été pris déjà, de faire entrer les dames dans le galetas qui a été dit, et que les hommes veilleraient. L'auditeur consentit à ce que cette demoiselle, qui était sa fille, s'en allât avec ces dames, ce qu'elle fit volontiers ; et, avec le chétif lit de l'hôtellerie et celui qu'apportait l'auditeur, elles s'accommodèrent mieux encore qu'elles ne l'avaient espéré.

Quant au captif, il avait eu, à la vue de l'auditeur, un pressentiment que ce pouvait être son frère ; aussi demanda-t-il son nom à l'un des cavaliers, lequel lui répondit que ce personnage était le licencié Juan Perez de Viedma, lequel était des environs des montagnes de Léon. Ceci lui confirma ce qu'il avait soupçonné ; ayant donc appelé à part Don Fernando, Cardenio et le curé, il leur dit ce qui se découvrait, et que cet auditeur, d'après le dire de l'écuyer, allait aux Indes remplir cet office en l'audience de Mexico, et aussi que cette demoiselle, qui l'accompagnait, était sa fille, dont la mère, qui était morte, avait laissé une dot considérable.

Puis il leur demanda conseil sur les moyens de se faire reconnaître, et de savoir si ce frère l'accueillerait bien ou s'il n'aurait point honte de le retrouver dans une si pauvre condition. Le curé, d'après l'offre qu'il en avait faite, fut chargé de cette mission. Or, le souper ayant été servi et en partie achevé, le curé, s'adressant au nouveau venu, lui dit : « Monsieur l'auditeur, j'ai eu autrefois, étant captif à

Constantinople, un compagnon qui portait le même nom
que vous, c'était un des plus vaillants capitaines de toute
l'infanterie espagnole, mais il était aussi malheureux que
vaillant. — Et comment s'appelait ce capitaine, demanda
l'auditeur ? — Son nom, répondit le curé, était Ruy Perez
de Viedma, il était né aux environs des montagnes de Léon :
il me raconta un fait de son père, digne de l'illustre Caton.
S'étant destiné à l'état de guerrier, il avait, par son seul mérite, obtenu le grade de capitaine d'infanterie, il serait allé
plus haut encore si la fortune ne lui eût été contraire, car il
fut fait prisonnier à la bataille de Lépante, et, par divers accidents, nous nous trouvâmes camarades à Constantinople.
De là il fut conduit à Alger, où lui arriva un événement
fort curieux. » Le curé raconta donc tout ce qu'il savait, et
l'auditeur était si attentif, que jamais il n'avait été plus
auditeur qu'en ce moment. Enfin le curé s'arrêta au point
où le captif fut, ainsi que la belle Moresque, dépouillé de
tout ce qu'ils possédaient. Le capitaine, qui s'était un peu
éloigné, observait cependant tous les mouvements, ainsi
que les paroles de son frère, lequel, poussant un profond
soupir et les yeux pleins de larmes, répondit : « Le capitaine, Monsieur, est mon frère aîné, lequel choisit la carrière des armes, comme il a été rapporté par vous, dans
le récit que vous nous avez fait; je suivis la carrière des
lettres, lesquelles m'ont, avec la grâce de Dieu, élevé au
poste où vous me voyez; mon jeune frère est au Pérou, où
il a acquis une assez grande fortune pour pouvoir fournir
à mon père de quoi satisfaire sa libéralité. Mon père est
encore au monde et il prie continuellement Dieu de lui
faire la grâce de ne point mourir sans avoir revu son fils
aîné. Ce qui m'étonne le plus, c'est qu'il ne soit point arrivé à nous faire parvenir de ses nouvelles, il n'eût pas
été besoin du miracle de la canne pour avoir sa rançon. »
Puis il exprima le regret de ne savoir où était ce frère, car,
ajoutait-il, nos richesses réunies auraient pu le tirer des
cachots les plus secrets de la Barbarie, et toi, belle Zoraïde,
combien je serais heureux de pouvoir assister à tes épou-

sailles, qui nous causeraient tant de bonheur à tous ! » Le curé voulant mettre fin à cet artifice, se leva et, prenant Zoraïde par une main et le capitaine par l'autre, s'adressa à l'auditeur et lui dit : « Vos désirs, Monsieur, sont comblés, car voici votre frère et votre belle-sœur, la fortune a fait ce jeu afin de vous donner lieu d'exercer votre libéralité. » S'étant donc approchés, les deux frères s'étant regardés fixement et, après s'être reconnus, se jetèrent dans les bras l'un de l'autre, avec une telle effusion et versement de larmes, que ceux qui étaient présents leur firent compagnie pour pleurer. Après cela, l'auditeur embrassa Zoraïde et la fit embrasser à sa fille, et s'étant, la belle chrétienne et la très-belle Moresque, jetées dans les bras l'une de l'autre, il y eut un nouveau et général versement de larmes. Don Quichotte seul restait impassible autant qu'attentif, attribuant tout ce qu'il voyait au bienfait de la chevalerie errante. Puis le capitaine et l'auditeur résolurent de retourner à Séville, et d'avertir leur père, afin qu'il vînt assister aux noces et baptême de Zoraïde, ne pouvant l'auditeur faire autrement, à cause de l'avis qu'il en avait, du prochain départ de la flotte pour la Nouvelle-Espagne; puis une partie de la nuit étant déjà passée, on résolut de se retirer pour prendre un peu de repos. Don Quichotte offrit de garder le château, crainte qu'il fût assailli par quelque félon ou méchant géant convoiteux des trésors de beauté qu'il renfermait. Ceux qui le connaissaient le remercièrent et avertirent l'auditeur de sa toquade, à quoi il prit grand plaisir; Sancho, qui seul avait trouvé le temps long, s'accommoda un lit avec le bât de son âne, ce qui lui coûta si cher, ainsi qu'on le verra ci-après.

CHAPITRE XXXVI

Qui traite de ce qui arriva de plus en l'hôtellerie et de plusieurs autres choses dignes d'êtres dites.

Les dames étaient donc retirées en leur chambre, les autres personnes s'arrangeaient comme elles pouvaient, Don Quichotte faisait sentinelle ainsi qu'il l'avait proposé. Or, il advint qu'avant l'aube du jour une voix si agréable vint frapper l'oreille de ces dames, qu'elles furent forcées de lui prêter attention, principalement Dorothée, qui était éveillée, et à côté de laquelle dormait madame Claire de Viedma ; ainsi se nommait la fille de l'auditeur. Nul n'aurait pu croire qu'il fût possible de tirer d'un gosier des sons aussi mélodieux, tellement que Cardenio vint frapper à la porte et dit : « Que celles qui ne dorment écoutent et elles entendront la voix d'un garçon muletier qui chante si bien qu'il enchante. — Nous l'écoutons, Monsieur, répondit Dorothée. » Sur quoi Cardenio s'en alla, et Dorothée, ayant prêté toute son attention, entendit ce qui suit :

« Je suis voyageur sur la mer d'amour et je navigue sur son étendue sans espérance de trouver aucun port.

« Je vais à la suite d'une étoile que je découvre de loin, plus belle et resplendissante que toutes celles que vit Palinure.

« Je ne sais où elle me guide et ainsi je vogue au hasard, ayant l'âme attentive à l'admirer, vigilante mais incertaine.

« Des soins importuns, une pudeur sans pareille sont les nuages qui me la cachent, quand je fais tout pour l'apercevoir.

« O claire et brillante étoile dont le feu me consume, l'instant où je ne te verrai plus sera celui de ma mort. »

Dorothée, émerveillée de la beauté de cette voix, trouva que madame Claire serait charmée de l'entendre ; alors elle la poussa, lui disant : « Éveille-toi, petite, pour entendre une voix qui te fera grand plaisir. » Celle-ci, réveillée en sursaut, eut à peine entendu deux ou trois vers qu'il lui vint un tremblement étrange, comme si elle eût été en proie à une forte fièvre, et, embrassant fortement Dorothée, elle lui dit : « Hélas ! Madame, pourquoi m'avez-vous retirée d'un sommeil tranquille, pour me faire entendre ce malheureux musicien ? » A quoi Dorothée répondit : « Celui qui chante est un garçon muletier. — Point du tout, dit Claire, c'est un jeune cavalier qui possède terres et places, et qui en a une dans mon âme qui ne lui sera ôtée de toute l'éternité, à moins qu'il la veuille abandonner. »

Dorothée lui répondit : « Ce que vous me dites demande explication, car je ne sais ce que vous me voulez dire par musicien, places et âme ; mais de grâce, permettez-moi d'écouter, car je crois que le chant va recommencer. » Puis Dorothée tendit l'oreille, tandis que Claire se bouchait les siennes, et on entendit encore ce qui suit :

« O ma douce espérance ! qui surmontes les choses impossibles, suis fermement la voie que toi-même te traces et te fais, ne te décourage pas si tu te vois à chaque pas près de ton trépas.

« Le paresseux n'arrive point à d'honorables triomphes

et ne remporte point de victoires, ni celui qui ne force la fortune et s'abandonne à la nonchalance et à l'oisiveté.

« Que l'amour vende cher ses gloires, c'est grande raison et chose juste, puisque la chose vaut suivant qu'on l'estime, car c'est chose manifeste que l'on estime peu ce qui ne coûte pas beaucoup.

« L'amoureuse obstination parvient quelquefois aux choses impossibles, et ainsi avec les miennes. Je suis en l'amour des plus difficiles, je ne crains pas malgré cela de ne pouvoir m'enlever de la terre aux cieux. »

Ici la voix cessa de se faire entendre, et Claire soupira derechef, puis, s'étant rapprochée de Dorothée, elle lui dit :
« Celui qui chante, Madame, est fils d'un seigneur du royaume d'Aragon, qui demeurait vis-à-vis la maison de mon père, et malgré que mes fenêtres étaient fermées en été avec des jalousies et en hiver avec des rideaux de toile, je ne saurais dire comment il me vit, peut-être était-ce à l'église ; enfin, des fenêtres de sa maison il me fit entendre par des signes ce qu'il pensait, et ses larmes me touchèrent. Tout ce que je fis pour le lui faire savoir était, en l'absence de nos pères, de lever la jalousie, et lorsqu'il m'apercevait sa joie se montrait telle qu'on eût pu le supposer fou. Vers ce temps, l'ordre étant arrivé pour le départ de mon père, il tomba malade de déplaisir, ce qui fit que je ne pus prendre congé de lui au moins avec les yeux. Mais après deux jours de marche, je le vis à la porte d'une hôtellerie qui est à une journée d'ici, il était habillé en garçon muletier, et tellement au naturel que si son portrait n'eût été gravé dans ma tête, je ne l'aurais pas reconnu ; aussi est-ce avec douleur que je le sais nous suivant partout à pied ; j'ignore ce qu'il veut faire et je m'étonne qu'il ait pu échapper à son père, dont il est l'unique héritier et qui l'aime tendrement. Quant à ce qu'il chante, comme il est étudiant et poëte, il le prend dans sa tête ; vous reconnaîtrez bien maintenant à sa voix que ce n'est point un garçon muletier, ainsi que vous l'aviez pensé, mais un jeune cavalier comme je vous l'ai dit.

— Ne m'en dites pas plus, Claire, lui répondit alors Dorothée en l'étreignant dans ses bras, et j'espère que nous mènerons cette affaire à bonne fin, autant que le méritent ses honnêtes commencements. » Et comme Claire lui répondait par quelques raisons d'enfant, elle lui dit : « Reposons-nous pour ce qu'il nous reste de nuit, le jour venu et Dieu nous aidant, nous arrangerons vos affaires ou j'y perdrai mon latin. »

Elles s'endormirent après cette conversation, tous les habitants de l'hôtellerie faisaient de même, à l'exception de la fille de l'hôtesse, ainsi que Maritorne, lesquelles, sachant que Don Quichotte montait la garde à la porte de la taverne, résolurent de lui jouer quelque tour.

Or, il faut savoir qu'il n'y avait en cette taverne aucune fenêtre donnant vue sur les champs, mais seulement une lucarne de grenier par laquelle on jetait la paille dehors. Ces deux quasi-demoiselles vinrent s'y placer et virent Don Quichotte à cheval, lequel poussait de si profonds soupirs qu'il semblait que chacun lui arrachait l'âme du corps, et elles entendirent ces paroles qu'il prononçait d'une voix sentimentale : « O ma dame, Dulcinée du Toboso, excellence de toute beauté, et extrémité de l'esprit, archives des grâces, et, finalement, dépôt de tout ce qu'il y a d'honnêteté au monde ! que fait Ta Grâce en ce moment? ta pensée est-elle occupée au souvenir de ton captif chevalier, lequel de sa propre volonté s'est exposé à de si grands périls pour te servir? Donne-moi de ses nouvelles, astre aux trois visages, car peut-être envieux du sien, tu le contemples à cette heure, soit qu'elle se promène dans quelque galerie de ses superbes palais, ou, qu'appuyée sur quelque balcon, elle songe au moyen d'apaiser, sans danger pour sa grandeur et son honnêteté, la tourmente que mon cœur endure pour l'amour d'elle. Quelle gloire elle donnera à mes peines, quel repos à mes soucis, et finalement quelle vie à ma mort, quelle récompense à mes loyaux services ! Et toi soleil, qui déjà selles tes coursiers pour te lever matin et aller voir ma dame, je te prie, lorsque tu la verras, de la saluer de ma part, mais garde-toi de lui donner même le baiser de paix sur le visage, parce que je serais plus jaloux de toi que tu ne le fus de cette légère ingrate qui te fit tant suer et tant courir dans les plaines de Thessalie ou sur les rives du Pénée, car j'ai perdu le souvenir des lieux où tu courus amoureux et jaloux. »

Don Quichotte en était là de son discours, lorsque la fille de l'hôtesse dit à voix basse : « Monsieur, approchez-vous d'ici, s'il vous plaît. » A cette voix il tourna la tête et vit, à la clarté de la lune, qu'on lui parlait de cette lucarne,

21.

qu'il prit pour une fenêtre à barreaux dorés. Croyant que la fille de la châtelaine était vaincue, et ne voulant point être pris pour un ingrat, il tira la bride de Rossinante et, s'avançant proche de la fenêtre, il répondit : « J'ai pitié de vous, belle demoiselle, qui avez mis votre pensée là où elle n'aurait dû se placer, non point parce qu'il y a en vous manque de grâce et de gentillesse, mais à cause de celle qui est maîtresse de mon âme. Ne me faites donc point paraître discourtois, car si vous me demandiez autre chose que ce qui appartient à cette douce ennemie, je vous jure de vous le donner, fût-ce une mèche des cheveux de Méduse, qui sont autant de serpents, voire même quelques rayons de soleil mis en une fiole. » Maritorne répondit : « Seigneur chevalier, ma maîtresse ne demande que l'une de vos belles mains, afin d'y chercher de quoi éteindre le désir qui l'a, au risque de ses jours, amenée à cette lucarne, car si Monseigneur son père savait ce qui arrive, il ferait de sa fille un tel hachis que le plus gros morceau serait moins gros que son oreille. — Je voudrais voir cela, répondit Don Quichotte, à moins qu'il ne veuille avoir la plus misérable fin que jamais père eut au monde ! »

Maritorne, qui pensait bien que Don Quichotte bâillerait la main qu'on lui demandait, descendit à l'écurie, où elle prit le licou de l'âne de Sancho, et était remontée à la lucarne, en même temps que Don Quichotte avait mis les deux pieds sur la selle de Rossinante, pour atteindre la fenêtre où il s'imaginait qu'était la demoiselle au cœur captif; alors il s'exclama : « Prenez, Madame, cette main ou plutôt ce bourreau de tous les méchants qu'il y a sur la terre, et que n'a point touchée même celle à qui appartient toute ma personne. Je ne vous la donne point à aucune autre intention que de vous laisser admirer la grosseur de ses veines, la force de ses muscles, d'où vous jugerez quelle doit être la force du bras auquel elle appartient. — Nous allons voir ça, dit Maritorne. » Et, faisant un nœud coulant au licou, elle l'attacha ensuite au verrou de la porte. Don Quichotte, sentant la dureté de l'engin, dit : « Vos caresses semblent des égratignures; ne vous vengez donc pas sur cette partie de mon être du tourment que vous cause toute ma personne. » Mais ces dames avaient quitté la fenêtre et, pouffant de rire, le laissèrent tellement attaché qu'il ne put se délier; il dut donc se confier à la patience de Rossinante, car si le roussin eût fait le plus petit mouvement notre héros se fût trouvé pendu par le bras.

Don Quichotte ayant reconnu qu'il était attaché bel et bien et que les dames s'étaient retirées, en conclut que c'était encore enchantement, et aussi qu'un chevalier errant ne doit point, quand une aventure ne lui a point réussi une première fois, la tenter une seconde, et qu'ayant donc eu peu de chance en ce château, il n'y devait pas revenir; puis il fit quelques efforts pour défaire les liens, mais n'en put venir à bout, et ne bougeait guère afin que Rossinante restât en place; il désirait bien avoir en sa possession l'épée d'Amadis de Gaule, contre laquelle ne peut résister aucun enchantement. Puis il gémit de ce que le monde serait privé tant qu'il allait rester enchanté, ainsi qu'il croyait l'être. Là aussi il pensa à sa bien-aimée Dulcinée et à son cher Sancho, lequel dormait bien étendu sur son bât, sans penser même à celle qui lui avait donné le jour. Puis il appelait à son aide les sages Alquif et Lirgandée et même sa chère Urgande; enfin le jour le surprit si confus et si désespéré qu'il beuglait comme un taureau, n'espérant pas que l'on pût remédier à ses maux, qu'il croyait devoir être éternels, d'autant plus que Rossinante ne remuait pas; il fallait alors demeurer là jusqu'à ce que cette maligne influence des étoiles fût passée, ou qu'un autre enchanteur plus savant le vînt désenchanter.

Mais il en fut autrement, car à peine le jour fut venu, qu'il arriva à la taverne quatre cavaliers fort bien équipés et portant des escopettes à l'arçon de leurs selles; ils frappèrent à la porte et fort rudement, ce que voyant, Don Quichotte leur dit avec arrogance : « Seigneur chevaliers, écuyers ou n'importe, il n'est pas nécessaire de frapper à cette heure à la porte de ce château; vous devez bien savoir qu'il n'est pas coutume d'ouvrir des forteresses avant que le soleil se soit étendu sur toute la terre. Retirez-vous donc jusqu'à ce que le jour paraisse, et nous verrons s'il y aura lieu de vous ouvrir. — Quel diable de château y a-t-il ici, dit l'un des cavaliers, pour nous obliger à faire tant de cérémonies ? si vous êtes l'hôtelier, faites-nous ouvrir, car nous sommes des passants et nous ne voulons que donner de l'orge à nos montures et passer outre. — Vous semble-t-il, Messieurs, que j'aie la mine d'un aubergiste ? répondit Don Quichotte. — Je ne sais quelle est votre mine, répondit l'un d'eux, mais je trouve que vous battez la campagne quand vous donnez le nom de château à cette auberge. — C'est un château, repartit Don Quichotte, et des plus fameux de la province, car il renferme des gens qui ont sceptre en main et couronne sur la tête. — Vous diriez mieux, répondit l'autre, sceptre sur la tête et couronne en main, c'est-à-dire qu'il s'y trouve sans doute quelques comédiens, mais pas davantage. » Puis comme ils en avaient assez de cette conversation, ils se mirent à frapper de nouveau et si fortement que l'hôtelier s'éveilla et demanda qui faisait ce tapage. En ce moment l'une des montures s'approcha pour flairer Rossinante, lequel les oreilles basses soutenait sans bouger son bon maître, et quoiqu'il semblât être de bois, il ne fut point indifférent à cette gracieuseté. S'étant donc avancé quelque peu, il laissa Don Quichotte pendu par le bras, ce qui lui causa telle douleur qu'il crut qu'on lui coupait le poignet ou qu'on lui arrachait le bras ; puis il s'allongeait tant qu'il pouvait pour atteindre la terre, ce qui lui était aussi impossible que s'il eût subi le supplice de l'estrapade.

CHAPITRE XXXVII

Où se continuent les aventures extraordinaires de l'hôtellerie.

Comme les cris de Don Quichotte étaient parvenus aux oreilles de l'hôtelier, celui-ci sortit épouvanté pour voir qui faisait ce bruit. Maritorne, qui s'était aussi réveillée, s'empressa d'aller détacher le licol qui soutenait Don Quichotte, ce qui le fit tomber par terre et attira l'hôte et les passants, lesquels lui demandèrent ce qu'il avait pour crier de la sorte. Le chevalier, sans répondre, se leva debout, et remonta, la lance au poing, l'écu au bras, sur Rossinante; puis, ayant repris du champ, il revint au trot, disant : « Quiconque dira que j'ai été enchanté à juste titre (pourvu que madame la princesse Micomicona me le permette), je lui donne un démenti et le défie en combat singulier. » Les nouveaux venus furent bien étonnés du langage de notre héros; mais l'hôtelier leur dit de ne pas faire cas de cela, parce que ce personnage était veuf de sa raison. Puis ils demandèrent à l'hôte s'il n'avait pas vu un jeune garçon de quinze ans à peu près, habillé en garçon de mules. A quoi le tavernier répondit qu'il y avait tant de monde en ce moment dans l'hôtellerie, qu'il ne pouvait le leur dire; mais l'un des quatre arrivants, ayant aperçu le coche de M. l'auditeur, dit : « Voici le coche que l'on a dit qu'il suivait. » Puis chacun d'eux s'étant posté l'un dehors, l'autre à la porte, les deux autres entrèrent dans l'auberge, où tout le monde était déjà sur pied, tandis que Don Quichotte enrageait de voir le peu de cas que l'on faisait de son défi.

L'un des cavaliers trouva, dormant dans l'écurie, le jeune garçon à côté d'un autre garçon muletier, et l'ayant pris par le bras, il lui dit : « Certainement, seigneur Don Louis, l'habit que vous portez montre bien qui vous êtes, et le lit sur lequel je vous trouve est bien en rapport avec les petits soins auxquels vous a habitué madame votre mère!... » Le jeune homme fut tellement surpris en reconnaissant un des serviteurs de son père, qu'il ne put, de quelques instants, répondre un seul mot. Puis le serviteur lui représenta le désespoir de son père, et lui dit comment on avait connu son départ. Le garçon muletier près duquel était couché Don Louis, s'étant levé, fut avertir de ce qui se passait toutes les personnes qui étaient déjà habillées, lesquelles arrivèrent les unes après les autres, ainsi que les dames, au nombre desquelles était madame Claire, laquelle s'évanouit dans les bras de Dorothée; alors Cardenio les pria de se retirer, disant qu'il se chargeait de remédier à tout. Puis l'auditeur s'étant approché et ayant reconnu Don Louis, après l'avoir embrassé, il engagea les serviteurs à attendre quelque peu, leur disant qu'il ferait en sorte de mettre fin à cette affaire, puis emmena le jeune homme à part, et lui demanda ce que cela voulait dire. Or, pendant qu'il faisait cette question, deux voyageurs cherchaient à quitter l'hôtellerie sans payer leur dépense; mais le maître du lieu, qui s'occupait plus de ses propres affaires que de celles d'autrui, avait vu cette tentative de fugue, et cherchait à faire payer ces bonnes gens, mais non sans leur faire affront de leur mauvaise action, tellement que l'on passa de la parole aux coups de poings. L'hôtesse et sa fille demandèrent secours à Don Quichotte, lequel répondit que s'étant engagé pour une autre affaire, sa chevalerie ne lui permettait pas d'entreprendre autre chose avant d'avoir mis fin à celle pour laquelle sa parole était engagée ; cependant, que l'hôtelier tînt bon pendant quelque temps, et qu'il allait demander à la princesse Micomicona de lui donner congé pour quelque temps, « et tenez-vous pour assurées, leur dit-il, que je l'en tirerai bientôt. — Hélas ! s'écria Maritorne, qui était présente, avant que tout cela soit fait, mon pauvre maître sera dans l'autre monde. — Cela n'est rien, répondit notre héros ; s'il est dans l'autre monde, je l'en retirerai en dépit de ceux qui y trouveraient à redire, ou au moins je tirerai une telle vengeance de ceux qui l'y auront envoyé que vous en serez plus que médiocrement satisfaites. » Et, sans autre propos, s'alla mettre aux genoux de Dorothée, lui demandant, en paroles de chevalerie errante, la licence d'aller porter secours au gouverneur de ce château, ce qui lui fut accordé de bonne grâce. Alors, embrassant son écu et prenant son épée, il courut à l'hôtellerie, où les deux hôtes étaient encore en train d'assommer le tavernier. Mais bientôt lui vint une réflexion qui l'arrêta tout court, malgré les prières de Maritorne ainsi que de l'hôtesse, auxquelles il dit : « Je m'arrête, parce qu'il m'est défendu de mettre l'épée à la main contre des écuyers ; appelez mon Sancho, ceci est son affaire. » Et marchaient les coups de poings et les bourrades, qui faisaient enrager Maritorne, l'hôtesse et sa fille, lesquelles se désespéraient de voir la couardise de Don Quichotte... Mais quittons cette affaire et retournons à Don Louis, lequel nous avons laissé en conférence avec l'auditeur, auquel il avouait qu'ayant eu l'occasion, par son voisinage, d'admirer les beaux yeux de madame Claire, il avait conçu le dessein de l'épouser, et qu'ayant appris son départ, il avait résolu de la suivre partout où elle irait ; puis il ajouta : « Vous connaissez, Monsieur, la richesse et la noblesse de mes parents; si tout cela vous paraît suffisant, acceptez-moi pour votre gendre. » A quoi l'auditeur, ne sachant que répondre, lui dit de faire en sorte que les serviteurs de son père ne le forçassent point de partir ce jour-là, afin d'avoir le temps de réfléchir à ce qu'il serait à propos de faire. Don Louis lui prit alors les mains et les couvrit de larmes, ce qui attendrit l'auditeur, non-seulement parce qu'il était un bon homme, mais aussi parce qu'il considérait que si le père de Don Louis ne s'y opposait, Don Louis serait pour sa fille un parti avantageux.

Pendant ce temps, les hôtes s'étaient accordés avec le tavernier et avaient payé ce qu'il réclamait, non pas par des menaces de Don Quichotte, mais par ses paroles persuasives.

Les serviteurs de Don Louis attendaient la décision de l'auditeur, quand le diable, qui ne dort guère, fit qu'il entra en ce moment à la taverne ce barbier auquel Don Quichotte avait enlevé l'armet de Membrin et Sancho débâté l'âne. Or, ce barbier, menant son âne à l'écurie, aperçut Sancho qui raccommodait je ne sais quoi au bât de son âne. « Je vous tiens donc, s'écria-t-il, maître larron! rendez-moi mon bassin avec mon bât et tout l'équipage que vous m'avez volé. » Sancho, entendant ces injures, empoigna le bât d'une main, et de l'autre donna un tel casse-museau au barbier, qu'il lui fit saigner les dents; mais le barbier tenait bon. Alors tous ceux qui étaient en l'hôtellerie accoururent au bruit. Le barbier criait justice et : « Voyez ce larron, il m'a pris mon bât, et maintenant il veut m'assassiner! — Vous mentez, dit Sancho, parce que mon maître a gagné cela à la guerre. » Or, Don Quichotte, qui était là, éprouvait quelque plaisir à voir comment son écuyer s'y prenait pour se tirer d'affaire, et il songeait déjà à lui donner l'ordre de chevalerie, en raison du courage qu'il montrait à se défendre. Mais comme le barbier criait toujours, Don Quichotte vint se placer entre les deux combattants, et déposant le bât par terre, il dit aux assistants : « Je veux vous démontrer clairement et manifestement l'erreur dans laquelle est tombé ce bonhomme qui appelle bassin, ce qui est et sera toujours l'armet de Membrin, lequel je lui ôtai en bonne guerre

et m'en rendis maître par une licite et légitime possession; quant à ce qui est du bât, je n'y touche pas, car ce que je vous en peux dire, est que mon écuyer Sancho me demanda permission, après avoir vaincu ce couard et poltron, de prendre le harnais de son cheval. Quant à vous dire comment ce harnais est devenu bât, ce sont de ces transformations bien ordinaires dans les choses de chevalerie ; et pour prouver ce que j'avance, cours, Sancho, mon ami, et apporte ici cet armet que ce bonhomme dit être un bassin. — Parbleu ! répondit Sancho, si nous n'avons d'autres preuves, cet armet est aussi bien un bassin, de même que ce harnais est un bât. — Fais ce que je commande, dit notre héros ; tout ce qui se passe en ce château ne peut pas être enchantements ? » Sancho ayant donc apporté le bassin, Don Quichotte le prit, et dit : « Regardez, Messieurs, avec quel front cet écuyer nous dit que ceci est un bassin ! et je jure, par l'ordre de chevalerie dont je fais profession, qu'il est le même que lorsque je le lui ai ôté, sans y avoir rien retiré ni ajouté. — Il n'y a point de doute, dit Sancho ; car depuis que Monsieur l'a conquis jusqu'à ce jour, il ne s'en est servi qu'en une seule bataille, qui est celle où il délivra ces malheureux enchaînés ; et je puis dire que sans cet armet, il eût été fort maltraité, à cause d'une grêle de pierres qui lui tomba dessus. »

CHAPITRE XXXVIII

Où on achève de vérifier ce qu'est le bassin ainsi que le bât, et autres aventures aussi véritables.

MESSIEURS, dit le barbier, Que pensez-vous de ce qu'affirment ces deux gentils personnages, que ceci est un armet et non un bassin ? — A qui voudra prouver le contraire, répondit Don Quichotte, je lui ferai connaître qu'il ment et rement mille fois, fût-il chevalier ou seulement écuyer. »

Notre barbier, qui avait l'œil aussi bien que l'oreille à tout ce qui se passait, et voulant continuer la plaisanterie, dit à l'autre barbier : « Monsieur mon confrère, il y a plus de vingt ans que je suis de votre état, et je me connais en toutes choses de la barbe; ensuite, ayant été soldat dans ma jeunesse, je sais aussi bien ce que c'est qu'un heaume, un morion, une salade et autres choses d'accoutrement de soldat: donc, je dis que ceci est aussi éloigné d'être un bassin, qu'il y a loin du blanc au noir, de la vérité au mensonge, et bien que ce soit un heaume,

il ne l'est pas entièrement, parce qu'il lui manque un morceau. » Tous ceux qui étaient présents : M. le curé, Cardenio, Fernando et les camarades, ayant compris l'intention de celui qui parlait, confirmèrent cette opinion, et l'auditeur eût été de leur avis s'il n'eût eu à songer à d'autres choses : « Dieu me soit en aide! dit alors l'autre barbier. Comment peut-il arriver que tant d'honnêtes gens puissent prendre un bassin pour un armet? Il y a de quoi étonner toute une université... Et encore, dire qu'un harnais est un bât, comme ce bon seigneur vient de le dire? — Pour

moi, reprit Don Quichotte, je vous ai déjà dit qu'il me
paraît être un bât; mais comme tout ce qui m'arrive
en ce château ne ressemble qu'à des choses d'enchantements, — la première fois, j'y fus tourmenté par un More
enchanté qui habite céans, sans parler de ce que Sancho
reçut de sa séquelle; hier, j'ai été pendu par le bras, sans
pouvoir dire d'où me venait cette disgrâce, — je ne veux
donc pas donner mon avis, m'en rapportant à tous ceux
qui sont ici présents, et qui, n'étant pas chevaliers errants,
n'ont rien à redouter des enchantements. »

Fernando prit alors la parole, et dit : « Le seigneur Don
Quichotte a bien parlé; je vais recueillir l'avis de chacun,
et vous le dirai. » Tout ce qui se passait était un sujet
de rire pour ceux qui connaissaient l'humeur de Don
Quichotte; mais pour les autres, c'était un sujet d'étonnement, comme pour les serviteurs de Don Louis, ainsi que
pour trois passants qui venaient d'arriver à l'hôtellerie et
qui paraissaient être des archers, ce qu'ils étaient effectivement. Mais le plus intéressant était le barbier, qui
voyait son bassin devenu armet.

Après que Fernando eut recueilli les voix de ceux qui
connaissaient Don Quichotte, il dit tout haut : « Mon bonhomme, je suis ébahi de voir que tout le monde déclare
que ceci n'est pas un bât, mais bien un harnais de cheval
et encore de cheval de bonne race; si bien que vous avez
mal allégué en disant que c'était un bât d'âne. — Que les
portes du paradis me soient closes, dit le barbier, si ceci
n'est un bât!... Mais là vont les lois, et je n'en dis pas davantage. Cependant, je ne suis pas ivre, car je n'ai pas
encore déjeuné, sinon de péchés. »

Les raisons du barbier ne faisaient pas moins rire que
les folies de Don Quichotte, lequel dit alors : « Ce qu'il
reste à faire ici est que chacun reprenne ce qui est à soi
et à qui Dieu l'a donné, puis, que saint Pierre le bénisse! »
A ce moment, un des quatre domestiques de Don Louis,
s'étant approché, dit : « Il faut que ce soit une chose entendue, pour affirmer que ceci est un bât et cela un armet,

22.

choses si contraires à l'évidence, et je le jure par........,
que personne ne pourra me faire avouer le contraire!
— Ce pourrait bien être aussi le bât d'une ânesse, ajouta
le curé. — C'est la même chose, reprit le barbier. La seule
question est de savoir si c'est un bât, ou si c'est autre
chose. »

A ce moment, un des archers nouveau venus, qui avait
assisté à la dispute, s'écria : « C'est un bât, comme mon
père est un homme! Il faut être ivre pour dire le contraire.
— Vous mentez comme un vilain! » s'écria Don Quichotte;
et d'un coup de sa lance, dont il se séparait rarement, il aurait envoyé l'archer *ad patres*, si ce dernier ne l'eût esquivé.
Les autres archers, voyant leur compagnon si maltraité,
demandèrent secours et main-forte à la Sainte-Hermandad. Le tavernier, qui en faisait partie, alla quérir sa verge
et son épée. Les serviteurs de Don Louis entourèrent leur
maître, de peur que la bagarre lui servît à s'échapper. Le
barbier, voyant la maison sens dessus dessous, alla reprendre son bât; Sancho, de son côté, le tenait ferme. Don
Louis disait à ses valets de secourir Don Quichotte, qui
avait fondu sur les archers, et que défendaient Cardenio
et Fernando. Le curé criait, l'hôtesse piaillait, sa fille pleurait, Maritorne se lamentait, Dorothée se pâmait, Luscinde
et madame Claire s'étaient évanouies, le barbier bûchait
Sancho, qui rossait le barbier, Fernando trépignait un des
archers et lui mesurait tout à son aise le corps avec ses
pieds; enfin toute l'hôtellerie était remplie de cris, de pleurs,
coups de poings, bastonnades, troubles et disgrâces. Tout
à coup, au milieu de ce chaos et labyrinthe, Don Quichotte
se crut transporté dans le camp d'Agramant, et d'une voix
tonnante, il s'écria : « Arrêtez! que tout le monde s'apaise! rengaînez tous, si vous voulez demeurer en vie! »
S'étant tous arrêtés pour écouter, il poursuivit : « Je vous
ai dit que ce château est habité par une légion de diables,
et pour preuve, voyez comme la discorde du camp d'Agramant est passée parmi nous : ici on combat pour le cheval,
là pour l'armet, là-bas pour l'aigle blanche, et tous nous

combattons sans nous entendre. Venez donc de ce côté, monsieur l'auditeur, et vous, monsieur le curé ; que l'un soit le roi Agramant et l'autre le roi Sobrin, et nous mettez en paix, car c'est chose déplorable que de voir des gens de qualité tels que nous s'entre-tuer pour de pareilles bagatelles. »

Les archers, qui n'avaient pas goûté l'éloquence de Don Quichotte, ne voulaient pas s'arrêter ; le barbier ne demandait pas mieux, car déjà il avait perdu dans le combat la moitié de son poil, et son bât était en pièces ; Sancho obéit au premier signal de son maître ; les valets de Don Louis se tinrent cois, voyant qu'ils n'avaient rien à gagner à faire autre chose ; l'hôte seul tenait bon pour qu'on châtiât ce fou qui, à chaque instant, mettait le trouble dans sa maison. Finalement tout s'apaisa : le bât resta harnais, le bassin armet jusqu'au jour du jugement, et l'hôtellerie un château dans l'imagination de Don Quichotte.

Quant à Don Louis, il fut décidé, puisqu'il ne voulait point retourner à la maison de son père, qu'il irait passer quelque temps avec Fernando chez son frère le marquis, où il serait suivi par un des serviteurs, tandis que les trois autres retourneraient près de son père pour lui rendre compte de ce qui se passait. Ainsi eût été apaisée cette machine de querelle, si l'ennemi de la paix, n'y trouvant pas son compte, n'eût de nouveau jeté le dé.

Les archers s'étaient calmés et retirés du combat, jugeant que leurs adversaires étaient gens de qualité ; ils avaient pensé que la fin aurait mal tourné pour eux ; cependant celui qui avait été foulé aux pieds par Fernando se souvint que, parmi les mandats qu'il avait pour arrêter certains délinquants, il en avait un de la Sainte-Hermandad, contre Don Quichotte, à cause de la liberté qu'il avait donnée aux galériens ; il voulut voir si le signalement ne se rapportait pas avec un des personnages qui était devant lui. Ayant donc déroulé un parchemin qu'il avait dans sa poche, il se mit à lire, et à chaque mot regardait Don Quichotte ; puis, s'étant assuré que ce personnage était bien

celui qu'il cherchait, il tint le parchemin de la main gauche
et de l'autre empoigna Don Quichotte au collet, criant :
« Secours à la Sainte-Hermandad, et, afin que l'on voie que
ce que je dis est la vérité, qu'on lise cet ordre ; on verra
qu'il y est dit d'arrêter ce voleur de grand chemin. » Le curé,
ayant pris le mandat, reconnut que le signalement se rapportait bien à Don Quichotte, lequel, se voyant si maltraité
de ce butor, l'empoigna à son tour à la gorge et l'eût étranglé s'il n'eût été secouru par ses compagnons. L'hôte était
accouru au secours des archers, puis l'hôtesse qui se remit
à crier, puis sa fille et encore Maritorne, et enfin Sancho,
lequel reconnut que son maître avait raison de dire que
tout était enchantements dans ce château, puisqu'on n'y
pouvait demeurer une heure en paix. Don Fernando vint
séparer l'archer et Don Quichotte ; les autres archers demandaient aide et secours au nom du roi et de la Sainte-
Hermandad, afin de capturer ce bandit de chemins. Don
Quichotte riait de leur entendre tenir de pareils propos, et
leur répondit posément : « Venez donc, gens de rien et mal
appris, appelez-vous cela voler dans les grands chemins,
que de donner la liberté aux captifs, secours aux misérables et aide au nécessiteux ? Taisez-vous donc, gens de
peu de jugement, et indignes d'entendre parler de la valeur
de la chevalerie errante ; venez donc, compagnie de larrons
et voleurs de chemins avec permission de la Sainte-Hermandad, et dites-moi quel est le maladroit qui a signé un
mandat contre un chevalier tel que je suis ? il ignore donc
que les chevaliers errants ne sont soumis à aucun tribunal,
que leurs lois sont leur épée, leurs droits leur courage, et
qu'ils ne reçoivent d'ordre que de leur volonté ? quel est
donc le sot qui ne sait que la chevalerie errante est au-dessus de toute noblesse ? quel chevalier errant a donc jamais
payé tailles et gabelles, patin de la reine, etc. ? quel tail-
leur lui a fait payer la façon d'un habit ? quel châtelain
ne l'a bien reçu ? quel roi ne l'a admis à sa table ? quelle demoiselle ne s'en est éprise ? et enfin, quel est le chevalier
errant qui n'ait eu le courage de donner la bastonnade à

quatre cents archers qui se soient trouvés devant lui ? »
Pendant que Don Quichotte déclamait, le curé expliquait aux archers que le chevalier avait l'esprit fêlé, ainsi que le prouvaient ses paroles et ses actions; qu'ils n'avaient donc

qu'à passer outre, car si on l'emmenait, il faudrait bien après le relâcher comme fou qu'il était; à quoi répondit celui qui portait le mandat : que sa mission était d'obéir à son supérieur, mais point de juger si Don Quichotte était fou ou sage; que d'ailleurs, une fois pris, il tenait peu à ce qu'on le lâchât autant de fois qu'on le voudrait. Cependant le curé parla si bien et Don Quichotte agit si mal, que les archers eussent été aussi fous que lui s'ils n'avaient reconnu que notre héros manquait tout à fait de raison. Ils trouvèrent bon de se calmer, et même d'être médiateurs entre le barbier et Sancho, qui continuaient leur dispute. Finalement, comme membres de la justice, ils se firent arbitres de la chose et donnèrent à chacun satisfaction presque complète en ordonnant que le barbier prendrait le bât, mais point les sangles ni le licou ; quant à l'armet, le curé lui donna, hors la vue de Don Quichotte, huit réaux, puis lui en fit donner un reçu bien formulé. Amen.

Les querelles étaient donc apaisées, il restait à décider les serviteurs de Don Louis à faire ce qui avait été convenu ; cela arriva, au grand contentement de madame Claire. Quant à Zoraïde, elle regardait tout et, comprenant plus les gestes que les paroles, elle cherchait dans l'expression du visage de son Espagnol le sentiment qu'elle devait éprouver. L'hôtelier, ayant vu le curé compter de l'argent au barbier, s'empressa de demander ce qui lui était dû, autant pour les dépenses que pour le dommage de ses outres, jurant qu'il ne laisserait pas sortir Rossinante, ni l'âne de Sancho, sans avoir été payé jusqu'à la dernière obole. Le curé apaisa tout, Fernando paya, et l'auditeur avait offert, au besoin, d'en faire de même. Ainsi la paix fit retour en l'hôtellerie et, au lieu d'être le camp d'Agramant, ce fut le temps d'Octave, grâce à l'éloquence de M. le curé ainsi qu'à la libéralité de Fernando.

CHAPITRE XXXIX

Fin de la notable aventure des archers, et de la vaillance de notre bon chevalier Don Quichotte.

Se voyant débarrassé de querelles ainsi que son écuyer, Don Quichotte pensa qu'il était temps de poursuivre son voyage et mettre fin à cette grande aventure pour laquelle il avait été choisi. Il s'alla donc mettre aux genoux de Dorothée, laquelle ne lui permit pas de dire une seule parole avant qu'il se fût relevé, et, après avoir obéi, il lui dit : « Belle dame, le commun proverbe dit que : *la diligence est mère de la bonne aventure*, et cela a été maintes fois démontré que l'activité du négociant a souvent mené à bonne fin une affaire douteuse; mais cette vérité ne s'est jamais montrée plus exactement que dans les affaires de guerre. Je dois vous le faire remarquer, très-haute et très-excellente dame, notre séjour en ce château est inutile et pourrait nous causer un grand préjudice, car si ce géant, que j'ai résolu de détruire, parvenait à connaître nos projets, il se pourrait mettre tellement sur la défensive que la force de mon bras et mon courage infatigable serviraient de peu de chose : partons donc et que bientôt Votre Grandeur jouisse de ce qu'elle désire le plus, qui est de me voir aux mains avec son ennemi. » La dame répondit au chevalier, avec un geste seigneurial et dans le style de Don Quichotte, qu'elle était disposée et prête à lui obéir; aussitôt notre héros ordonna à Sancho de seller Rossinante. « Appareille ton âne, dit-il, et le palefroi de la reine, puis prenons congé du châtelain et de toute l'assistance, et nous en allons vivement.

— Hélas! Monsieur, lui dit alors Sancho, il y a plus de mal au village qu'on ne pense. — Et que peut-il y avoir? vilain que tu es, répondit Don Quichotte. — Si vous vous fâchez, reprit Sancho, je me tairai et ne dirai pas tout ce que je sais, comme le doit faire un bon serviteur. — Dis donc ce que tu voudras, répliqua Don Quichotte, et que tes paroles ne tendent pas à me donner de la peur, si tu en as; fais ce que tu voudras. — Il n'est pas question de cela, répondit Sancho, mais je tiens pour vrai que cette dame, qui se dit reine du royaume de Micomicon, l'est autant que ma mère, parce qu'étant ce qu'elle dit être, elle ne jouerait pas des lèvres comme elle le fait à chaque instant avec quelqu'un d'ici. » Dorothée rougit beaucoup, car la vérité était que son époux, Don Fernando, s'était parfois permis cette chose. Sancho donc concluait que cela ne pouvait être le fait d'une grande reine. Or, il dit à son maître : « Si je vous le dis, c'est afin que nous évitions de faire tant de chemin et de passer autant de mauvais jours que de mauvaises nuits, et qu'un autre vienne cueillir le fruit de nos travaux. » Don Quichotte, entendant de si déplorables paroles de la part de son écuyer, s'écria d'une voix étouffée et bégayant, jetant du feu par les yeux : « O maraud! bavard! imprudent! téméraire! médisant! as-tu bien osé penser de pareilles sottises, et les dire en ma présence? ôtes-toi de devant mes yeux, monstre de nature! grenier de méchancetés! inventeur d'infamies! » Et enfin, il exprimait son indignation avec tant de force que Sancho eût souhaité que la terre pût s'ouvrir sous ses pieds et le dérober aux regards de son maître. Mais la discrète Dorothée, qui connaissait bien l'humeur de Don Quichotte, lui dit : « Ne vous fâchez pas, seigneur, pour les sottises que vient de dire votre bon écuyer ; car puisqu'en ce château tout se passe par enchantement, il se pourrait faire que,

par ce moyen diabolique, Sancho pût croire avoir vu les choses qu'il a dites. — Je le jure, par le Dieu tout-puissant, répondit alors Don Quichotte, vous avez frappé au but, et quelque mauvaise vision sera passée devant les yeux de ce pauvre misérable, car il n'est que bonté et innocence. » Don Fernando et le curé s'étant interposés, Don Quichotte pardonna au bon Sancho, lequel, bien penaud, se vint mettre aux genoux de son maître, qui lui dit : « Maintenant, mon fils, je pense que tu voudras bien croire que toutes choses de ce château sont faites par enchantements? — Je le veux bien, dit Sancho, moins ce qui est de la couverture. » Tous voulurent savoir ce qu'était la couverture ;

l'hôtelier s'empressa de leur conter la chose des sauts de Sancho, ce qui les fit bien rire, excepté le bon Sancho, qui se serait encore fâché si son maître ne l'eût rappelé à l'ordre, en lui redisant que c'était enchantement. Sancho fit bien semblant de le croire, mais sa folie n'allait pas jusqu'à le penser.

Il y avait deux jours entiers que cette illustre compagnie était en l'hôtellerie, il leur fut avis qu'il était temps d'en partir; ils s'entendirent donc pour faire que le curé et le barbier pussent conduire Don Quichotte à son village, pour l'y faire traiter, sans que Don Fernando et Dorothée eussent besoin de l'accompagner. Or, ils firent marché avec un charretier de bœufs, qui d'aventure passait par là, pour le mener de la manière qui suit : ils firent donc, sur l'avis du curé, une cage avec des bâtons de bois, puis on décida que Don Fernando et ses camarades, les valets de Don Louis, les archers, le tavernier, etc., se couvriraient la face, puis se déguiseraient comme ils pourraient, et, après cela, entreraient dans la chambre où dormait Don Quichotte, et lui attacheraient les mains, les bras et les jambes, et que, s'il se réveillait, son extravagante imagination le porterait à croire qu'il a affaire à des fantômes de ce château enchanté. Or, tout réussit à souhait: Sancho, qui voyait cela, ne disait mot, et bien qu'un peu touché à l'endroit du cerveau, il comprit cependant à quoi cela tendait. Notre héros attendait en silence la fin de sa disgrâce, qui fut que l'on apporta la cage, dans laquelle on l'enferma, puis on la cloua, puis les gens masqués l'ayant chargée sur leurs épaules, l'un d'eux, qui était le barbier, non pas celui du bât, mais l'autre, s'écria d'une voix épouvantable :

« O chevalier de la Triste Figure ! ne prends aucun souci
« de ta captivité, parce qu'il doit en être ainsi pour mettre
« fin à cette aventure, dans laquelle est engagé ton grand
« courage, et qui sans doute se terminera lorsque le furi-
« bond lion Manchois et la blanche colombe Tobosine au-
« ront courbé leurs fronts sous le joug de l'hymen; de cette
« union sortiront de braves lionceaux, qui hériteront des

« terribles griffes de leur valeureux père, et cela arrivera
« avant que le poursuivant de la fugitive nymphe fasse
« deux voyages à la visite des luisantes images, avec sa
« naturelle course. Et toi ! ô le plus noble et le plus obéis-
« sant des écuyers qui ait jamais porté l'épée à la ceinture,
« barbe au menton et senteur au nez, ne sois pas surpris
« de voir mener ainsi devant tes yeux la fleur de la che-
« valerie errante : s'il plaît au Créateur du monde, tu te
« verras bien haut, et si élevé, que tu ne te connaîtras pas,
« et ne seras point frustré des promesses de ton maître, et
« je t'assure, de la part du sage Mentinori , que ton
« salaire te sera payé, comme tu le verras p effet. Suis
« donc les pistes du valeureux et enchanté chevalier, car
« il convient que tu ailles là où vous devez vous arrêter
« ensemble. Et comme je ne puis dire plus, je vous dis
« adieu, car je m'en retourne où je sais bien. » En termi-
nant sa prophétie, il haussa la voix, puis l'adoucit, et avec
un accent si attendrissant, que ceux qui étaient au courant
de la tromperie furent presque sur le point de croire que
ce qu'ils avaient entendu était la vérité.

Don Quichotte fut ravi de cette prédiction, qui lui annonçait une légitime union avec sa Dulcinée, et la naissance
de ses lionceaux à la perpétuelle gloire de la Manche ;
croyant bien tout cela, il éleva la voix avec un grand soupir, et dit : « O toi ! qui que tu sois, qui m'as prophétisé de
si belles choses, je te prie de dire au sage enchanteur qui
prend soin de ma personne, qu'il ne me laisse pas périr
dans cette prison jusqu'à ce que j'aie vu l'accomplisse-
ment de ses joyeuses et incomparables promesses, et je
regarderai ce lit où je suis couché, non point comme un
dur champ de bataille, mais bien comme un mou et soyeux
duvet. Quant à mon bon écuyer Sancho, je connais tellement son attachement, qu'il ne m'abandonnera pas en mauvaise comme en bonne fortune. Et si, pour mon malheur
comme pour le sien, il arrivait que je ne pusse lui donner
l'île ou chose équivalente que je lui ai promise, il ne
pourra perdre son salaire, car j'ai indiqué sur mon testa-

ment ce qu'il lui faudra donner, non point suivant ses bons et loyaux services, ce qui n'est point appréciable, mais selon mon possible. » Sancho s'inclina devant lui en toute humilité, puis lui baisa les mains, et les fantômes ayant pris la cage sur leurs épaules, la portèrent sur le chariot.

CHAPITRE XL

De l'étrange manière dont fut enchanté Don Quichotte de la Manche, avec d'autres fameux accidents.

Lorsque Don Quichotte se vit ainsi encagé et mis sur le chariot, il dit : « J'ai lu bien des histoires de chevaliers errants, mais jamais je n'ai vu qu'ils fussent ainsi conduits sur des chariots, et avec la lenteur de ces tardifs animaux, parce qu'on a coutume de leur faire traverser les nuages, soit sur un char de feu ou sur quelque bête comme l'hippogriffe. Peut-être que les choses de chevalerie d'à présent ne sont pas semblables à celles d'autrefois, ou bien, comme je suis tout nouveau dans cet exercice, a-t-il été inventé, à cause de moi, de nouveaux enchantements. Que t'en semble, Sancho ? — Il ne m'en semble rien, dit Sancho ; quoique je n'aie pas, comme vous, lu les écritures errantes, je ne puis croire que ce qui se passe ici soit bien réellement diabolique, car on prétend que les diables sentent le soufre, et en voici un qui sent l'ambre d'une lieue. »

Fernando et Cardenio, comprenant que Sancho était près de connaître leurs desseins, ordonnèrent de seller promptement Rossinante et de bâter l'âne de Sancho; le curé avait fait un arrangement avec les archers pour qu'ils l'accompagnassent jusqu'à son village. Cardenio, de son côté, organisa la caravane, ordonnant à Sancho de monter sur son âne et de prendre Rossinante par la bride. A ce moment l'hôtelière sortit avec sa fille et Maritorne, pour prendre congé de Don Quichotte ; et, comme elles feignaient de pleurer, il leur dit : « Ne prenez pas tant de chagrin, mes bonnes dames, car ces malheurs sont inhérents à ceux de ma profession, et si pareilles disgrâces ne leur sont point arrivées, je n'en acquerrai que plus de renommée ; d'ailleurs la vertu remportera toujours la victoire, en dépit de toute la nécromancie, et la lumière brillera quand même. Pardonnez-moi, mes belles dames, si je vous ai involontairement causé quelque déplaisir ; priez Dieu qu'il me délivre de cette prison, et croyez bien que je n'oublierai pas les courtoisies que vous m'avez faites en ce château. »

Pendant que cela se passait entre les dames du château et Don Quichotte, le curé et le barbier prirent congé de Fernando, de ses camarades, du capitaine, de son frère et de toutes les dames, puis on s'embrassa avec promesse de se faire passer des nouvelles les uns aux autres. Le curé convint avec Fernando du lieu où il lui écrirait, pour lui faire savoir ce qu'était devenu Don Quichotte, et il demanda que Don Fernando le tînt au courant du succès de son mariage, du baptême de Zoraïde, du retour de Luscinde ; enfin, après s'être embrassé et réembrassé, on se sépara. A ce moment le tavernier, s'étant approché du curé, lui donna quelques papiers, qu'il dit avoir trouvés dans la malle où était l'histoire du Curieux impertinent : « Et comme celui à qui cela appartient n'est pas revenu, vous pouvez, dit-il, les emporter ; car je ne sais pas lire et cela vous amusera peut-être. » Le curé accepta et, s'étant empressé de l'ouvrir, il lut le titre, qui était : *Nouvelle de Riconete et Cortadillo ;* il accepta et se promit de la lire à la première occasion. Enfin il monta à cheval, ainsi que son ami le barbier, et ils suivirent le chariot ; voici dans quel ordre était distribué le cortège :

Le chariot mené par son maître ; les archers aux côtés, ils étaient armés de leurs escopettes ; Sancho Pança sur son âne, menant Rossinante par la bride, puis enfin le curé et le barbier, montés sur leurs mules, toujours masqués, afin de n'être pas reconnus. Don Quichotte, étendu dans sa cage, ne bougeait pas plus que s'il eût été de pierre. Ils cheminèrent ainsi et, après avoir fait environ deux lieues, le curé, s'étant retourné, vit six ou sept hommes de cheval qui les eurent bientôt rejoints, parce qu'ils ne marchaient pas avec la même lenteur qu'un convoi de bœufs, mais au pas de mules de chanoine, et avec l'intention de gagner promptement une auberge qu'ils découvraient à moins d'une lieue.

Les diligents ayant atteint les paresseux, on se salua avec courtoisie ; or, le chef de ces cavaliers était un chanoine de Tolède, lequel ne put voir cette procession sans demander ce que cela voulait dire, bien qu'il eût déjà pensé que cet homme, que l'on menait ainsi dans une cage, ne pouvait être qu'un malfaiteur. L'un des archers, auquel en avait été posée la question, répondit : « Monsieur, que ce cavalier qui est conduit de la sorte vous le dise, car, pour nous, nous n'en savons rien. » Don Quichotte alors prit la parole et leur dit : « Seigneurs cavaliers, si vous êtes experts en choses de chevalerie errante, je vous dirai le motif de mes disgrâces, sinon je n'ai que faire de vous le déclarer. » Le curé et le barbier, voyant que les voyageurs causaient avec Don Quichotte, s'étaient avancés pour faire en sorte que leur artifice ne fût point découvert. Le chanoine, répondant au chevalier, lui dit : « Frère, je suis plus au courant des livres de chevalerie que des raisonnements de Villapando. Et s'il ne s'agit d'autre chose, vous pouvez me communiquer tout ce qu'il vous plaira. — Puisqu'il en est ainsi, dit Don Quichotte, vous saurez, seigneur chevalier, que je suis enchanté et enfermé dans cette cage, par l'envie et fourberie de certains enchanteurs, car la vertu fut toujours persécutée ; je suis donc chevalier errant, non point de ceux que la renommée peut mettre en oubli, mais de ceux qui, en dépit de tous les magiciens que nourrit la Perse, l'Égypte, l'Inde, etc., mettent leur nom au temple de l'immortalité, pour servir d'exemple à ceux des siècles à venir. — Le seigneur Don Quichotte de la Manche dit la vérité, ajouta alors le curé, car il est enchanté, non pas à cause de ses fautes, mais par l'envie de ceux que fâche sa vaillance et à qui déplaît sa vertu. C'est enfin *le chevalier de la Triste figure* (si parfois vous en avez ouï parler), dont les faits héroïques seront écrits sur le marbre en lettres de bronze pour les éterniser, quoique l'envie travaille à les rendre obscurs et la malice à les cacher. » Le chanoine, entendant de telles paroles, fut sur le point de faire le signe de la croix, de surprise des choses qu'il entendait, et ceux qui étaient en sa compagnie n'en furent pas moins ébahis.

Sur ces entrefaites, Sancho, qui s'était approché, leur dit : « Messieurs, veuillez-moi du bien ou veuillez-moi du mal, je vous dirai que Monseigneur Don Quichotte n'est pas plus enchanté que la mère qui m'a mis au monde : il a son jugement, il boit et mange, et fait encore d'autres choses que je ne puis vous dire, et tout comme il les faisait hier, avant d'être mis en cage ; or, comme je l'ai entendu dire, les enchantés ne mangent, ne dorment et ne parlent, et je vous réponds que, si vous lui laissez la parole, mon maître en dira plus que trente procureurs. » Et se tournant vers M. le curé, il lui dit : « Ah ! monsieur, le curé ! monsieur le curé ! vous croyez que je ne vous reconnais pas et que je ne devine pas où tendent ces enchantements ! Or, sachez que je vous reconnais bien, quoique vous vous cachiez la face, et je vous entends bien, malgré vos tromperies, car sans vous, à cette heure, mon maître serait marié avec l'infante Micomicona, et moi je serais comte, ce que je devais espérer de la libéralité de mon maître comme de la grandeur de mes services. Mais on dit, avec raison, *que la roue de la fortune tourne plus vite que celle d'un moulin*. La seule chose qui me fâche est que ma femme et mes enfants, qui pourraient me voir entrer par la porte comme un gouverneur d'île ou comme un vice-roi, m'y verront arriver comme un palefrenier. Tout ce que je vous ai dit, monsieur le curé, n'a pour but que de faire entendre à Votre Paternité qu'elle ait conscience de tout ce qu'on fait subir à mon maître, et qu'elle prenne garde que Dieu ne lui fasse payer en l'autre monde tout le bien que mon maître est empêché de faire, pendant qu'il est enfermé dans cette cage. — Eh quoi! seigneur Sancho, s'écria le barbier, vous êtes aussi de la confrérie de votre maître ; vous pouvez lui tenir compagnie en cette cage, et je vous tiens pour aussi enchanté que lui. Vous êtes mal à propos enflé de ses promesses, et vous avez mal placé en votre cervelle cette convoitise d'îles que tant vous désirez. — Je suis vieux chrétien, répondit Sancho, et si je désire des îles, il y en a qui désirent autre chose et plus qui leur peut revenir à juste titre. Chacun étant fils de ses œuvers, je puis aussi bien devenir pape que gouverneur d'îles. Mesurez vos paroles, monsieur le faiseur de barbes ; avec moi il ne faut pas jouer avec un faux dé, et pour ce qui est de l'enchantement de mon maître, Dieu en sait la vérité. » Le barbier ne voulut pas répondre à Sancho, de peur qu'il découvrît, par sa simplicité, ce que l'on tenait à celer. Et, avec cette même intention, le curé invita le chanoine à devancer le pas, afin de pouvoir tout à l'aise lui dire la condition, la folie, les mœurs de Don Quichotte, et ce qui s'était passé depuis le commencement de sa manie jusqu'à l'instant de sa mise en cage, ainsi que le projet de chercher à porter remède à sa folie.

Le chanoine, ayant entendu tout ce qui lui était raconté, répondit : « Véritablement, monsieur le curé, ces livres de chevalerie sont fort dangereux pour la république. J'ai lu, par simple curiosité, le commencement et le titre de la plus grande partie de ceux qui ont été imprimés jusqu'à présent, et jamais je n'ai pu me résigner à en lire un seul du commencement à la fin, parce qu'il me semble qu'un peu plus, un peu moins, ils sont tous pareils, et ils ressemblent tous à ces fables milésiennes qui ont plus pour but d'amuser que d'instruire, tandis qu'au contraire les fables et apologues amusent et instruisent en même temps. Et

encore je demande comment ils peuvent amuser avec tant
de choses extravagantes. Or, que peut-on trouver de beau
dans un conte où il se voit : qu'un jeune homme de seize
ans coupe en deux, et d'un seul coup de coutelas, un géant
grand comme une tour ; puis, quand ils veulent que leur héros remporte une victoire, ils le représentent seul et venant
à ses fins contre une armée composée d'un million d'hommes? Une autre fois, c'est une grande reine ou impératrice
qui se fait épouser par un simple chevalier ; ou bien une
tour remplie de soldats qui vogue sur la mer comme une
faible barque, et qui le soir quittant la Lombardie, se trouve
le lendemain aux Grandes Indes, ou en des pays inconnus
à Ptolémée, et que n'a pas vus Marco Polo ; et si l'on prétend que, n'étant que des fables, ces histoires n'ont point
besoin d'être vraisemblables, je répondrai alors que, pour
étonner, ravir, émouvoir et amuser, il faut se rapprocher
le plus du probable. Les livres de chevalerie, au contraire,
s'en éloignent à tort et à travers, tellement que le milieu
ne correspond pas plus au commencement qu'à la fin ; il
semble donc qu'ils tendent tous à être plus chimériques
que raisonnables, et outre cela, ils sont durs de style,
incroyables en faits, gaillards, ineptes en leurs voyages,
sots en leurs discours, et enfin, éloignés du sens commun,
et dignes d'être chassés de la république chrétienne comme
gens inutiles. » Le curé, après l'avoir écouté avec attention,
trouva que c'était un homme de bon entendement, et il lui
dit qu'il était de la même opinion, et qu'en raison de cela,
il avait brûlé tous ceux de Don Quichotte ; il lui dit le
nom de quelques-uns qu'il avait épargnés, ce qui fit sourire le chanoine, lequel ajouta qu'il fallait cependant admettre que ces sortes de fictions pourraient être utiles si,
au lieu d'être un tissu d'extravagances, elles servaient à
faire distinguer le bien du mal, ou encore à rapporter des
faits les plus intéressants de l'histoire grecque ou romaine,
comme la vaillance d'Achille, la libéralité d'Alexandre
ou la sagesse de Caton ; et que, réunissant alors dans un
style agréable ce qui est invention avec ce qui est histoire

véridique, il pourrait se montrer épique, lyrique, tragique, comique, et réunir toutes ces parties des douces et agréables sciences de la poésie et de l'éloquence, car l'épique peut aussi bien être écrit en prose qu'en vers.

« Il en est ainsi que vous le dites, monsieur le chanoine, reprit le curé, et pour cette cause ceux qui ont composé de tels livres sont dignes de blâme, puisqu'ils n'ont en aucune façon observé les règles de l'art, qui eussent pu les rendre aussi fameux dans la prose que l'ont été les deux princes de la poésie grecque ou latine.

— J'ai tenté, répliqua le chanoine, de faire un livre de chevalerie, en évitant les défauts que je viens de signaler, et je dois même confesser que je l'ai communiqué à des gens sérieux et instruits, puis à des ignorants, grands amis des choses extravagantes ; j'ai obtenu l'assentiment des uns et des autres, et comme cela était une chose étrangère à ma profession, j'en suis resté là, reconnaissant que le nombre des idiots surpasse celui des sages ; ce qui m'a surtout décidé à ne pas aller plus loin, c'est de voir ce que sont les comédies que l'on représente aujourd'hui : elles ne contiennent que des choses ineptes, que l'on écrit et que l'on joue de cette façon, parce que le public les aime ainsi, et que celles qui suivent les règles de l'art et de la raison ne sont estimées que par trois ou quatre gens d'esprit qui les comprennent, et qu'il vaut mieux manger avec la foule que d'acquérir seulement quelque renommée avec le petit nombre. Il en pourrait être ainsi de mon livre : après m'être brûlé les sourcils pour garder les préceptes, j'arriverai à être le ravaudeur du coin. J'ai quelquefois discuté avec quelques auteurs sur les comédies, et leur ai rappelé des chefs-d'œuvre qui avaient été représentés depuis un temps peu éloigné ; je leur ai exposé qu'ils avaient bien obtenu assez de succès pour prouver que le public n'exige pas absolument des sottises, mais qu'il sait, au contraire, discerner le beau de ce qui ne l'est pas ; ils ont bien voulu me donner raison, mais je ne les ai pas trouvés convaincus. — Puisque nous en sommes sur le chapitre des comédies, reprit le curé, vous avez réveillé en moi une vieille rancune, au moins égale à celle que j'ai contre les livres de chevalerie; car la comédie devant être, suivant Cicéron, un miroir de la vie humaine, une image de la vérité, je trouve le contraire dans celles que l'on représente aujourd'hui, qui ne sont que des fadaises, des exemples de sottises et des images de légèreté. Car, quoi de plus inepte que de nous montrer un enfant en maillot au premier acte qui, au second, est devenu un homme barbu; et quelle rêverie que de nous peindre un vieillard vaillant, un jeune homme poltron, un laquais rhétoricien, un page conseiller, un roi crocheteur, une princesse souillon de cuisine? Or, que dois-je ajouter pour ce qui concerne l'observation des temps pendant lesquels doivent se passer les choses? J'ai vu une comédie où la première journée se passait en Europe, la seconde en Asie, la troisième se terminait en Afrique, ce qui doit me faire supposer que s'il y eût eu une quatrième journée, elle se fut passée en Amérique. Passons aussi aux choses de l'histoire: combien de fois nous donne-t-on, comme passées sous tel roi ou tel prince, des choses arrivées à une autre époque? et pour ce qui est des comédies divines, combien en voit-on d'apocryphes et mal entendues, où on attribue à un saint un miracle arrivé à un autre, et même inventer des miracles pour attirer le public, et toutes choses au préjudice de la vérité et au mépris de l'histoire, voire même du bon sens des Espagnols? car les étrangers ne peuvent nous tenir autrement que pour des barbares et ignorants, en voyant les absurdités et impertinences contenues dans nos comédies, et puisqu'on laisse dans tous les États jouer des comédies pour instruire et amuser les peuples, ne serait-ce pas chose juste de ne laisser jouer que celles qui seraient conformes aux règles et à la raison? l'auditeur sortirait de là réjoui des plaisanteries, instruit des choses sérieuses, rendu sage par de bonnes raisons, averti par les tromperies, prudent par les exemples, ami de la vertu et ennemi du vice; telles sont les pensées que doit inciter la comédie dans l'esprit de celui qui l'écoute, et tel rustique ou lourdaud qu'il soit, il en tirera toujours profit. Je n'en reporterai pas exclusivement la faute sur les poëtes, beaucoup savent ce qu'ils font, mais ils cèdent trop aux exigences des acteurs ; je donnerai pour exemple un poëte illustre de ce royaume, dont les comédies sont faites avec tant d'esprit, en vers si élégants et d'un si beau style que sa renommée vole par tout le monde, et cependant, par une trop grande faiblesse pour les comédiens, elles n'ont pas atteint encore le dernier degré de la perfection. »

Le curé continua et forma le vœu qu'un examinateur sérieux fût chargé par l'État de lire chacune des comédies avant qu'elle soit représentée, et il en fit de même pour les livres de chevalerie. Ils en étaient à ce point de leur dissertation, lorsque le barbier leur proposa de s'arrêter dans une vallée dont ils étaient proches ; le curé trouva cet endroit convenable, et le chanoine accepta l'offre qui lui fut faite de rester avec eux, parce que la conversation du curé lui plaisait, et aussi parce qu'il voulait savoir jusqu'au bout ce qui concernait Don Quichotte.

Après avoir décidé que l'on passerait l'après-midi en cet endroit, le chanoine fit conduire les montures à une auberge que l'on découvrait à peu de distance, et ordonna de faire avancer les provisions de bouche. Tandis que cela se passait, Sancho s'approcha de la cage où était son maître, et lui dit : « Pour la décharge de ma conscience, je veux vous dire, seigneur, ce qui se passe touchant votre enchantement ; c'est que ces deux hommes masqués sont le curé et le barbier de notre village, et je suppose que c'est par envie de vos actes et faits héroïques qu'ils ont formé le projet de vous mener de cette façon. Cette vérité admise, vous n'êtes pas enchanté, mais abusé et engeôlé, et si vous répondez à mes questions, vous verrez que vous n'êtes pas enchanté, mais bien que vous avez l'esprit sens dessus dessous. — Demande ce que tu voudras, mon fils, répondit Don Quichotte, je te satisferai : quant à ce que tu me dis du curé et du barbier, il peut se faire que ces gens leur

ressemblent, mais que ce soit eux, je ne le croirai en aucune façon, seulement que ceux-là qui m'ont enchanté ont donné leur figure et leur forme à ces deux cavaliers, car tu ne dois pas ignorer que, si j'ai été mis dans cette cage, cela n'est point par forces humaines, mais surnaturelles. Je puis encore t'avouer que jamais je n'ai lu dans toutes ces histoires qui traitent de chevalerie errante, que pareille chose soit arrivée ; mais dire que ceux-ci sont le curé et le barbier, je répondrai qu'ils le sont autant que je suis Turc.
— Par Notre-Dame ! s'écria Sancho, est-il possible que vous ayez la tête aussi dure et qu'elle contienne si peu de cervelle, que vous ne reconnaissiez pas que ce que je vous dis est la vérité pure, et qu'en cette prison il y a malice et disgrâce, rien de plus ? — Achève, dit Don Quichotte, et demande ce que tu voudras, je t'ai déjà dit que je te répondrai. — Ce que je demande, dit Sancho, et que je désire savoir, est que vous me disiez, sans y ajouter ou diminuer, comme doivent le faire ceux qui font profession d'armes, ainsi que vous le faites sous le titre de chevalier errant....
— Je dis que je dirai la vérité, répondit Don Quichotte ; achève donc, car tu me fatigues avec tes prières et tes préambules. — Je suis bien assuré, répliqua Sancho, de la bonté et vérité de mon maître, d'autant que cela vient à propos pour notre conte. Je demande donc à Votre Grâce, et parlant par respect, si, depuis qu'elle est encagée ou enchantée, comme elle le dit, il ne lui a point pris envie de faire, comme on dit, les grandes et les petites eaux ?
— Je ne sais ce que tu veux dire avec tes grandes et les petites eaux, répondit Don Quichotte. — Est-ce possible, reprit Sancho, que vous n'entendiez pas ce que je veux dire ? Mais c'est avec cela qu'on sèvre les enfants à l'école. Enfin, sachez que je vous demande s'il ne vous a point pris envie de faire ce qu'un autre ne peut faire pour vous ? — Bien..., bien..., je t'entends, Sancho : mais... plusieurs fois, même à cette heure je la tiens. Délivre-moi donc de ce danger, car je suis assez pressé. »

CHAPITRE XLI

Qui traite du discret entretien qu'eut Sancho
Pança avec son maître Don Quichotte.

A H ! dit Sancho, je vous tiens, voilà ce que je voulais savoir, eh bien ! Monsieur, ne savez-vous pas que l'on dit communément d'une personne qui ne boit, ne mange et ne satisfait à d'autres besoins de la vie, qu'elle est enchantée ? Or, que Votre Grâce veuille bien me dire si ceux-là ressentent ce que vous ressentez à cette heure ? — Tu dis vrai, repartit Don Quichotte, mais il est vrai aussi qu'il y a plusieurs sortes d'enchantements ; or, il se pourrait que, par la suite des temps, il y ait eu, en ce qui les concerne, certains changements qui me sont inconnus ; toujours est-il que je me tiens pour enchanté, et si je ne le croyais, tu ne me verrais pas aussi paresseux dans cette cage, et privant les nécessiteux des secours que je pourrais leur donner. — Quoi qu'il en soit, répliqua Sancho, mon avis est que vous fassiez en sorte de sortir de cette prison, chose dans laquelle je vous aiderai, et que Votre Grâce remonte sur ce bon Rossinante qui, à cause de sa tristesse et de sa mélancolie, paraît aussi enchanté, et ensuite que nous tentassions derechef la fortune et cherchions d'autres aventures, et si nous ne nous en trouvions pas bien, il sera toujours temps que nous retournions en la cage, où, foi d'écuyer bon et loyal, je m'engage de m'enfermer avec vous. — Je suis content de faire ce que tu me proposes, frère Sancho, répliqua Don Quichotte, et je t'obéirai dès que l'occasion s'en présentera ; mais tu verras combien est grande ton erreur à l'endroit de ma disgrâce. »

Cet entretien dura, entre le chevalier errant et le mal errant écuyer, jusqu'à ce qu'ils fussent arrivés à l'endroit où, en les attendant, le curé, le chanoine et le barbier avaient mis pied à terre. Le bouvier détela ses bœufs et les laissa paître en liberté, afin qu'ils pussent jouir en paix de la fraîcheur et de la verdure, non comme des gens aussi enchantés que Don Quichotte, mais aussi avisés que son écuyer, lequel pria le curé de permettre qu'on laissât sortir son maître de la cage, parce qu'il ne répondait pas, disait-il, de la propreté de cette prison, autant que le requérait la dignité d'un tel chevalier comme était son maître. Le curé y consentit, mais après que Sancho eut répondu de lui ainsi que le chanoine, lequel demanda à Don Quichotte sa parole de chevalier de ne point s'éloigner sans permission : « Je vous la donne, dit le chevalier, bien qu'étant enchanté je ne sois pas maître de moi, parce que mon enchanteur peut faire que je ne bouge de trois siècles, et si je m'enfuyais, me faire revenir plus vite que le vent. Quant à ce qui est de me lâcher, il y aura profit pour tous, car si vous ne le faites promptement, je vous proteste qu'il me sera impossible de rester là sans vous tourmenter l'odorat. » Le chanoine lui prit les mains, et bien qu'il les eût liées, ils l'aidèrent à sortir de la cage, ce qui le rendit grandement satisfait. La première chose qu'il fit fut de s'étendre tout le corps, et aussitôt s'en alla vers Rossinante et, lui donnant deux coups de mains sur la croupe, il lui dit :

« J'espère encore en Dieu et la benoîte Vierge Marie, fleur et miroir des chevaux, et que bientôt nous nous retrouverons en l'état que nous désirons tous deux, exerçant l'office pour lequel Dieu m'a mis au monde. » Puis il s'en alla à

l'écart avec Sancho, d'où il revint un peu allégé. Le chanoine le regardait et s'étonnait de ce qu'en toutes choses il montrait un bon raisonnement et perdait les étriers lorsqu'il était question de chevalerie, et s'étant tous deux assis sur l'herbe, il lui dit : « Comment est-il possible, mon gentilhomme, que la lecture de ces livres de chevalerie vous ait troublé la raison à ce point de croire que vous êtes enchanté et autres choses pareilles, aussi éloignées de la vérité, et comment un entendement humain peut-il se persuader qu'il y ait eu des Amadis, des empereurs de Trébisonde, des Félix-Mars d'Hircanie, des demoiselles errantes, des serpents, des géants, tant d'aventures, de batailles, d'enchantements, de demoiselles amoureuses, d'écuyers comtes, de nains plaisants, de poulets d'amour, de femmes vaillantes, et finalement toutes ces choses absurdes que contiennent les livres de chevalerie? Quant à moi, je dois vous avouer que, quand je les lis et que je ne m'arrête pas à penser qu'ils ne contiennent que des mensonges, ils me causent bien quelque plaisir; mais si je pense à ce qu'ils sont, je jette le meilleur de tous contre la muraille, et je les jetterais tous dans le feu si j'en avais près de moi, comme méritant cette peine pour leurs faussetés et tromperies, parce qu'ils donnent au vulgaire ignorant sujet de croire véritables les sottises et rêveries qu'ils contiennent, et poussent la hardiesse jusqu'à troubler l'esprit de gentilshommes bien nés, comme ils ont fait en votre personne; ils vous ont réduit à ce point que l'on est contraint de vous enfermer dans une cage et vous mener sur une charrette à bœufs, comme on conduirait un lion ou un tigre que l'on ferait voir de ville en ville pour de l'argent. Ayez donc pitié de vous-même, seigneur Don Quichotte, rentrez dans le giron de la prudence, et si votre penchant vous porte à lire des livres qui contiennent des prouesses, lisez en la sainte Écriture le livre des Juges, vous y trouverez de grandes vérités; lisez les histoires des grands hommes de l'antiquité, de César, Alexandre, Annibal, et celles des grands hommes des temps modernes; cette lecture sera digne de votre entendement et vous deviendrez savant en histoire, ami de la vertu, vaillant sans témérité, hardi sans couardise, et cela pour l'honneur de Dieu, pour votre profit et la renommée de la Manche d'où, comme j'en ai été informé, vous tirez votre origine. »

Don Quichotte, après avoir écouté attentivement les raisons du chanoine, et l'ayant regardé attentivement, lui répondit : « Il me semble, mon gentilhomme, que vos raisons tendent à me prouver qu'il n'a point existé de chevaliers errants, que tous les livres de chevalerie sont faux et menteurs, que j'ai eu tort de les lire, encore plus d'y ajouter foi, et pis de les imiter, m'étant mis à suivre la dure profession de chevalier errant. Vous niez donc qu'il y ait eu des Amadis de Gaule ou de Grèce, et autres chevaliers dont les écritures font mention ; vous avez ajouté qu'ils m'avaient fait beaucoup de tort, puisqu'ils m'avaient fait mettre en cage après m'avoir troublé le jugement. Eh bien! moi je trouve que c'est vous qui êtes l'homme sans jugement et l'enchanté, puisque vous osez tant blasphémer contre une chose si bien vue et tenue pour tant véridique, que celui qui la voudrait nier mériterait la peine que vous dites mériter ces pauvres livres quand la lecture ne vous amuse plus. Or, nier qu'Amadis et autres chevaliers aient existé, c'est vouloir plaider que le soleil n'éclaire pas, que la gelée ne refroidit pas, que la terre ne se soutient aucunement. Car quelle intelligence se peut-il trouver au monde qui soit de force à persuader à quelqu'un que l'infante Florides et Guy de Bourgogne ne sont pas histoires vraies, véridiques et véritables, et le fait de Fier-à-bras? et si ce sont des mensonges, il en doit être ainsi des histoires d'Hector, d'Achille, des douze pairs de France, du roi Artus. Puis osera-t-on le dire de Guérin Mesquin, de saint Grial, des amours de Don Tristan et de la reine Isotte, de Genez et de Lancelot, de la duègne Quintagnone, qui fut le plus grand échanson de vin de toute la Grande-Bretagne, et que ma grand' mère paternelle citait toujours quand elle voyait quelques bonnes vieilles à longues coiffes, ce qui me fait supposer qu'elle l'avait vue en personne ou au moins en peinture? qui pourra dire que n'est point véritable l'histoire de Pierre de Provence et de la belle Maguelonne, puisque l'on voit encore aujourd'hui dans les armoiries des rois la cheville qui faisait tourner le cheval de bois sur lequel Pierre traversait les nuages? » Enfin notre chevalier continua et cita tous les livres de chevalerie qu'il connaissait.

Le chanoine fut étonné autant des connaissances que possédait Don Quichotte en fait de livres de chevalerie, que du mélange qu'il faisait des choses vraies et mensongères. « Je ne puis nier, seigneur Don Quichotte, répondit-il, qu'il n'y ait des choses véridiques dans tout ce que vous avez cité ; j'admets bien qu'il y a eu les douze pairs de France, mais je ne puis croire à tous les exploits que leur attribue l'archevêque Turpin. Les douze pairs étaient les plus fameux chevaliers choisis par le roi de France, et on les appelait pairs parce qu'ils étaient égaux en valeur, qualité et prouesse, ou s'ils ne l'étaient pas ils auraient dû l'être; c'était enfin un ordre comme il existe en ce moment ceux de Saint-Jacques ou de Calatrava, et on doit supposer que ceux qui en font partie sont tous valeureux et bien nés : on dit à présent chevalier de Saint-Jean, ou d'Alcantara, comme on disait alors chevalier des Douze pairs. Quant à avoir existé un Cid, un Bernard del Carpio, ils ont bien existé, mais les prouesses qu'on leur attribue sont très-apocryphes. En ce qui touche la cheville du cheval de Pierre de Provence, je ne l'ai jamais vue. — Cependant elle y est bien réellement, objecta Don Quichotte, et de plus on la tient dans un fourreau de cuir afin qu'elle ne se rouille pas. — Admettons-le, dit le chanoine, cela ne peut m'obliger à croire toutes ces histoires d'Amadis que l'on nous raconte, et ce ne doit pas être une raison pour qu'un homme aussi bien doué que vous de tant de belles qualités et de tant d'intelligence, puisse se persuader qu'un si grand nombre et de si étranges folies comme celles qui sont écrites dans ces présents livres, soient véritables. »

CHAPITRE XLII

Des savantes altercations qu'eurent Don Quichotte et le chanoine, avec d'autres accidents.

C ELA est bon! dit Don Quichotte; ainsi tous ces livres imprimés avec privilèges des rois, approbations de ceux à qui ils ont été dédiés, qui font les délices de tout le monde, grands ou petits, lettrés ou ignorants, riches ou pauvres, nobles ou plébéiens, ne sont que des mensonges, quoiqu'ils aient toute l'apparence de la vérité, et qu'on y cite les pères, la patrie, l'âge, les exploits, et cela jour par jour. Taisez-vous, Monsieur, ne dites pas un tel blasphème, ou lisez-les, et vous verrez quel plaisir ils vous feront. Dites-moi, je vous prie, si l'on n'éprouve pas une bien grande satisfaction quand on voit devant soi un grand lac de poix bouillante dans lequel nagent des serpents, des couleuvres, des lézards et autres animaux épouvantables, et tout à coup il sort du milieu de ce lac une voix fort triste qui dit : « Toi, chevalier, qui que tu sois, qui regardes et contemples

« cet épouvantable lac, si tu veux acquérir le bien qui est
« caché sous ces noires eaux, montre la valeur de ton cou-
« rage et te jette au milieu de leur liquide enflammé, car
« si tu ne le fais ainsi, tu ne seras pas digne de voir les
« hautes merveilles que renferment les sept châteaux des
« sept fées, qui sont cachés sous cette noire liqueur ! » Et
qu'à peine le chevalier, sans autre réflexion ni pensée,
sans même se débarrasser de son lourd vêtement, seulement, se recommandant à Dieu et à sa dame, s'élance au
milieu de ce lac bouillant, et, ne songeant pas à ce qu'il
doit devenir, il se trouve au milieu de champs fleuris auxquels ne sont pas comparables ceux élyséens ; là, le ciel lui
semble plus transparent, le soleil a plus d'éclat, une forêt
verte et d'un feuillage touffu lui réjouit les yeux, tandis
que ses oreilles sont agréablement frappées du doux et
naïf chant d'oiseaux de mille couleurs qui voltigent de
branches en branches. Il découvre un délicieux ruisseau
dont les fraîches eaux ressemblent à du cristal liquéfié et
courant sur du sable que l'on prendrait pour de l'or passé
au crible, ou de fines perles. De là il voit une fontaine
composée de jaspe aux couleurs variées et de marbre poli,
des coquillages des pierreries imitées et partout l'art sur-
passant la nature. Puis il découvre un château ou palais
dont les murailles sont d'or massif, les créneaux de diamants : enfin, ce n'est que rubis, émeraudes, escarboucles,
dont la forme est encore plus précieuse que les riches ma-
tériaux dont il est composé. Puis vient à sortir de ce château
une compagnie de belles demoiselles dont les habillements
sont si magnifiques que je ne pourrais les décrire ; alors
celle qui semble la principale prend par la main ce hardi
chevalier qui s'est jeté dans le lac bouillant et, sans lui dire
un mot, le mène dans ce riche palais où, après l'avoir mis
nu comme il était quand il vint au monde, elle le fait bai-
gner dans des eaux parfumées, lui fait oindre tout le corps
avec des onguents de senteur et vêtir d'une chemise de toile
fine toute parfumée de fines odeurs. Puis une autre demoiselle vient lui mettre sur les épaules un manteau qui vaut

une cité et plus, puis on le mène dans une salle où est dressé un couvert avec tant d'ordre qu'il en reste tout ravi et étonné : quoi de lui voir donner à laver les mains dans de l'eau d'ambre distillée, quoi de le faire asseoir sur une chaise d'ivoire, de le voir servir par toutes ces demoiselles, de ne savoir que choisir parmi tous ces mets si délicatement apprêtés, d'entendre la musique en mangeant et, le repas achevé, les tables enlevées, alors que le chevalier, appuyé sur la chaise, est occupé à se curer les dents, il voit entrer à l'improviste, par la porte de la salle, une autre demoiselle plus belle encore que les premières, laquelle viendra s'asseoir auprès du chevalier et lui dira quel est ce château et pourquoi il est enchanté, avec d'autres choses qui raviront le chevalier et étonneront les lecteurs qui liront son histoire. Je ne veux point m'étendre davantage puisque ceci suffit pour exprimer que quelque partie qu'on lise de ces livres, ils ne peuvent que causer un merveilleux contentement à celui qui les lira.

« Croyez-moi, Monsieur, lisez ces livres, comme je vous l'ai déjà dit, vous verrez comme ils banniront de vous la mélancolie et corrigeront votre naturel si vous l'avez mauvais. Pour moi, je peux dire que depuis que je me suis fait chevalier errant, je suis devenu vaillant, affable, libéral, civil, généreux, courtois, hardi, doux, patient, supportant les prisons, les enchantements et quoique enfermé depuis peu de temps dans une cage comme un fou, je ne désespère pas de me voir un de ces jours roi de quelque royaume où je pourrai faire paraître la gratitude et la libéralité que mon cœur renferme : car, Monsieur, le pauvre ne peut, quoiqu'il la possède, exercer sa libéralité envers quelqu'un, parce que le désir sans l'action, c'est la foi sans les œuvres, et je voudrais que la fortune me fît promptement empereur afin de montrer mon affection en faisant du bien à mes amis et principalement à ce pauvre Sancho Pança, mon écuyer, qui est le meilleur homme du monde, et à qui je voudrais donner ce comté que je lui ai promis il y a déjà longtemps ; ma seule inquiétude est qu'il ne soit pas assez entendu à cela. »

Sancho, qui avait écouté les paroles de son maître, s'écria :
« Seigneur, ne craignez rien, donnez-moi ce comté tant promis par vous et tant attendu par moi. D'ailleurs, j'ai entendu dire qu'il y a des seigneurs qui afferment leurs terres et se donnent du bon temps avec les revenus; j'en ferai de même, et sans m'inquiéter si ce sont des choux ou des raves, je vivrai comme un prince. — Quant à cela, dit le chanoine, mon compère Sancho ne songe qu'au produit, mais pour ce qui est de l'administration de la justice, il passe par-dessus, oubliant ici qu'il faut aussi apporter à cela un jugement sain, de l'adresse et du bon vouloir, et si Dieu vient en aide au simple qui a bonne volonté, il renverse le fort qui a de mauvais desseins. — Je ne connais rien à ces philosophies, répondit Sancho, mais je sais seulement que je voudrais avoir ce comté, et je saurais bien le gouverner, parce que je suis aussi homme qu'un autre, et serais aussi bien roi de mon état que chacun l'est du sien; et l'étant, je ferai ce que bon me semblera, et faisant ce que je voudrai, je ferai à ma fantaisie et je serai content, et n'ayant rien à souhaiter, c'en est fait; vienne l'État et adieu jusqu'au revoir! comme dit un aveugle à un autre. — Ces philosophies ne sont pas mauvaises, répliqua le chanoine, mais il y a encore bien à dire là-dessus. — Je ne sais ce qu'il y a à dire, repartit Don Quichotte; pour moi, je me laisse seulement conduire par plusieurs exemples, que je pourrais citer, d'écuyers errants qui sont devenus maîtres d'îles et cités, et même ont eu des fantaisies de se faire rois. Ne pourrais-je pas donner pour exemple Amadis de Gaule, que l'on ne pourrait trop souvent citer, qui fit comte de l'Ile-Ferme son écuyer Gandalin? Je puis donc sans scrupule faire comte Sancho Pança, qui est le meilleur écuyer qu'ait jamais eu chevalier errant. »

Le chanoine demeura ébahi des rêveries de Don Quichotte, de sa description, de l'aventure du lac, de l'impression qu'avait produite sur le chevalier la lecture de ces livres et de la naïveté de Sancho, qui attendait ce comté que son maître lui avait promis.

Le serviteur du chanoine revint avec le mulet de bagage s qui portait les vivres. Ayant dressé sur l'herbe verte un tapis de Turquie, on s'assit à l'ombre de quelques arbres pour dîner; étant là, ils entendirent un son de clochettes

parmi des buissons épais qui étaient près de cet endroit, ils en virent aussitôt sortir une belle chèvre toute tachetée de noir, de blanc et de gris. Un chevrier qui courait après, la vint saisir par les cornes, et lui dit : « Venez donc, farouche! comme vous allez ces jours-ci, la belle! et oubliez-vous vos camarades de la bergerie que vous devez conduire et garder? que deviendront-elles donc si vous vous échappez ainsi? » Ces paroles firent plaisir à ceux qui les entendirent, et notamment au chanoine, qui lui dit : « Prenez un peu de patience, mon ami, et laissez votre chèvre suivre son instinct naturel, ce qui est plus que votre volonté; prenez ce morceau et buvez un peu, cela adoucira votre colère. » En disant cela il lui tendit avec la pointe d'un couteau le râble d'un lapin froid. Le chevrier le prit et le remercia, puis, après avoir bu, s'apaisa et dit ensuite :

« Je ne voudrais pas que Vos Grâces me prissent pour un sot, parce qu'elles m'ont entendu parler sans retenue à cette bête. Je suis un paysan, mais pas assez cependant pour ne pas savoir que l'on doit parler aux gens autrement qu'aux bêtes. — Je le crois, repartit le curé, et je sais par expérience que les montagnes nourrissent des gens de lettres, et que parfois les cabanes de bergers renferment des philosophes. — Du moins, répliqua le chevrier, il s'y retire des hommes avisés et expérimentés, et si vous voulez bien m'écouter pendant quelque peu de temps, ce que j'ai à vous dire confirmera ce que M. le curé a avancé ainsi que moi. » Don Quichotte répondit à cela : « Je crois voir, mon ami, qu'il y a ici quelque ombre d'aventure de chevalerie ; je vous promets en mon particulier de vous écouter, et ainsi feront ces messieurs, parce que je les crois amis de tout ce qui est intéressant, comme je soupçonne d'être ce que vous avez à nous dire. Commencez donc, mon ami, car nous écoutons tous. — Je retire mon enjeu, dit Sancho, et m'en vais près de ce ruisseau que je vois avec ce pâté, où je pense m'en fourrer pour trois jours, car j'ai entendu dire à Monseigneur Don Quichotte que l'écuyer d'un chevalier errant doit, quand l'occasion s'en présente, manger jusqu'à ce qu'il n'en puisse plus, parce qu'il peut lui arriver de s'enfoncer dans une épaisse forêt d'où il ne puisse sortir de six jours, et s'il n'a sa panse ou son bissac bien garni, il peut, comme cela arrive parfois, être changé en momie. — C'est bien, va, Sancho, dit Don Quichotte, va où tu voudras et mange ce que tu pourras ; pour moi je suis satisfait, il ne me reste plus qu'à donner à l'âme sa réfection, comme je la lui donnerai en écoutant le conte de ce bonhomme. — Nous en ferons de même, ajouta le chanoine. » Et le chevrier, cédant à la prière qui lui était faite de parler, donna deux coups de sa main sur sa chèvre, et lui dit : « Couche-toi auprès de moi, Tachetée, nous avons bien le temps de retourner à notre troupeau. » La chèvre obéit et se coucha auprès de son maître en le regardant. Alors le chevrier commença ainsi son histoire.

CHAPITRE XLIII

Qui traite de ce que raconta le chevrier à
ceux qui emmenaient Don Quichotte.

Il y a, à trois lieues de cette vallée, un
petit village qui est le plus riche des environs, dans lequel habitait un laboureur
fort honorable, non-seulement parce qu'il
était riche, puisque la richesse donne de l'honneur, mais parce qu'il était doué de beaucoup
de vertus. Il possédait une fille belle, gracieuse,
et aussi discrète que vertueuse. Cette réunion de
tant de qualités, dont l'avaient gratifiée le ciel et
la nature, étonnait tous ceux qui la connaissaient.
Étant petite, elle était jolie, et sa beauté croissant avec
l'âge, elle devint très-belle lorsqu'elle eut atteint seize
ans. La renommée de sa beauté parvint dans les villages
circonvoisins, dans les villes et jusqu'aux palais des rois,
puis aux oreilles de toutes sortes de gens qui, comme une
chose rare, ou comme si c'eût été un saint qui fasse des

miracles, venaient la voir de toutes parts. Son père la gardait, mais elle se gardait encore mieux elle-même. La richesse du père et la beauté de la fille firent que sa main lui fut demandée bien des fois, mais il ne savait à qui il la donnerait. Parmi ceux qui l'importunaient, je fus un des prétendants auxquels il laissa quelque espoir d'une bonne issue, parce que j'étais natif du pays, de bonne famille, d'âge convenable et de position assortie à la sienne. Un autre parti ayant les mêmes avantages s'était présenté, ce qui tenait la décision du père en doute, lequel, pour en sortir, résolut de consulter Léandre : ainsi se nomme celle qui m'a réduit à cette misère. Et comme nous étions égaux en position, il jugea (chose digne d'être imitée), de s'en rapporter à la volonté de sa fille. Je ne dis pas qu'il faille donner le choix du mauvais et du bon, mais des bons partis seulement. Je ne sais pas ce qui fut résolu par la fille, mais le père nous amusa l'un après l'autre, sur l'âge de sa fille et en termes qui ne l'obligeaient à rien. Afin que vous ayez connaissance des personnages de cette tragédie, qui n'est pas encore à sa fin, je dois vous dire le nom de mon compétiteur, qui est Anselme; le mien est Eugène. Vers ce temps, il vint dans notre village un certain Vincent de la Roque, fils d'un pauvre laboureur du même lieu, lequel Vincent venait d'Italie et d'autres endroits, où il avait été soldat.

« Après avoir quitté le pays à l'âge de douze ans, à la suite d'un capitaine qui passait par là, il revenait douze ans plus tard vêtu en soldat, bigarré de couleurs, et couvert de tant de babioles, de panaches et de breloques, que les paysans malicieux avaient bien observé que tout cela formait au plus trois habillements complets, tandis que le soin qu'il apportait à ne pas mettre les mêmes choses ensemble faisait qu'il pouvait paraître en posséder plus de dix paires. Que cette description d'habits ne vous paraisse pas superflue, parce qu'ils tiennent une place dans cette histoire. Il avait coutume de s'asseoir sous un orme où nous nous assemblions tous pour l'écouter, la bouche béante, nous dire toutes les prouesses qu'il avait faites. Il n'y avait ville qu'il n'eût vue, ni bataille où il n'eût assisté, il avait tué plus de Mores qu'il n'y en avait au Maroc et à Tunis. Il avait eu plus de duels que Gante et Luna, Don Garcia de Paredés et mille autres qu'il nommait: il en était sorti victorieux sans recevoir une seule piqûre. Il nous

montrait des cicatrices que personne ne voyait et qu'il disait être des coups d'arquebuse reçus en diverses rencontres ou factions; il avait une arrogance sans égale, tutoyait ses pareils et ceux qu'il connaissait; il disait que son bras était son père, son lignage ses œuvres, et que, de son état de soldat, il ne devait rien au roi. Ajoutez à ces arrogances qu'il était un peu musicien et grattait de la guitare. Ce ne sont pas là toutes ses perfections, car encore il était poëte, et à propos de chaque niaiserie qui se passait au pays, il composait une sorte de légende qui avait une longueur de plus d'une lieue.

« Ce soldat que je vous ai dit, ce Vincent de la Roque, ce héros, ce galant, ce musicien, ce poëte, fut remarqué par Léandre d'une de ses fenêtres donnant sur la place; le clinquant de ses habits l'éblouit, ses poésies l'enchantèrent, le récit de ses prouesses parvint à ses oreilles, et de par la volonté du diable, elle en devint éprise avant même qu'il eût eu la présomption d'y songer ; mais en ces sortes d'affaires, le principal étant le bon vouloir de la dame, il advint qu'avant qu'aucun des prétendants y eût songé, ils avaient pris la fuite ensemble. Cet événement étonna tout le village ; j'en fus navré, Anselme pétrifié, le père désolé, les parents confondus, puis la justice saisie, les archers en campagne. On fouilla les chemins, le bois, et enfin, au bout de trois jours, on trouva la capricieuse Léandre dans le creux d'une montagne, toute nue, en chemise, dépouillée de tout l'argent et des joyaux qu'elle avait emportés. On la ramena à son pauvre père, elle avoua que Vincent l'avait trompée, et que sous la promesse de l'épouser et de la conduire dans la délicieuse ville de Naples, il l'avait décidée à quitter la maison de son père, et qu'ayant cru à ses promesses, il l'avait menée dans cette caverne où on l'avait trouvée; elle conta aussi comment le soldat lui avait pris tout ce qu'elle avait, moins la chose la plus précieuse, qui était son honneur. Elle affirma ce dernier point avec tant de sincérité, qu'on finit par la croire, malgré ce qu'il y avait d'invraisemblable, et ce fut assez pour consoler ce père désolé, lequel tenait plus à cela qu'aux richesses qu'on lui avait dérobées. Le même jour que Léandre était revenue, son père l'avait fait enfermer dans un monastère d'une ville voisine, pour laisser au temps le soin d'effacer la mauvaise réputation qu'elle s'était acquise. Le jeune âge de Léandre a pu servir d'excuse à sa faute, au moins pour ceux qui n'avaient point d'intérêt à ce qu'elle fût sage et vertueuse ; ceux qui connaissaient sa discrétion et son intelligence, n'ont pas attribué son péché à l'ignorance,

CHAPITRE XLIII

mais à sa légèreté et à l'inclination naturelle des femmes, qui sont pour la plupart inconstantes et irréfléchies. Privés de la vue de Léandre, notre tristesse s'augmentait : c'est pour oublier ces préoccupations qu'Anselme et moi, sommes venus dans cette vallée en faisant paître, lui son troupeau de brebis et moi mon troupeau de chèvres ; nous trouvons dans la vie champêtre une diversion à nos chagrins. Et à notre exemple, d'autres prétendants à la main de Léandre sont venus dans ces âpres montagnes, le nombre en est si grand, que ce lieu semble converti en la pastorale Arcadie, tant il est rempli de pasteurs et de troupeaux ; il n'existe pas un coin où l'on n'entende retentir le nom de la belle Léandre. Celui-ci la maudit, et cet autre l'accuse d'être légère, un autre lui pardonne, tel là justifie et la blâme, tel autre célèbre sa beauté, tous, enfin, disent qu'ils la détestent, mais tous l'adorent ; l'un se plaint de son dédain et ne lui a jamais parlé ; enfin il n'y a ni un creux de rocher, ni un bord de ruisseau, ni une ombre d'arbre qui ne soit occupé par quelque berger infortuné racontant ses disgrâces et jetant ses soupirs aux vents : enfin celui qui paraît le plus touché de tous est mon compétiteur Anselme, lequel ayant tant d'autres sujets de se plaindre, ne déplore que l'absence de Léandre, et il le fait en chantant des vers qui font connaître son esprit ; il s'accompagne d'un rebec dont il joue admirablement. Pour moi, je suis un chemin plus facile, je me contente de déplorer la légèreté des femmes ainsi que leur inconstance, leurs promesses mensongères, leur fausseté et leur mauvais jugement. C'est à leur intention, Messieurs, que j'ai dit à cette chèvre les paroles que vous avez entendues, et quoiqu'elle soit la meilleure de mon troupeau, j'ai peu d'estime pour elle, à cause qu'elle est femelle. Voilà l'histoire que j'avais à vous raconter ; si j'ai été trop long à vous la dire, croyez que je voulais être prompt à vous être agréable. Ainsi, Messieurs, j'ai près d'ici ma loge, elle contient du lait tout frais, du fromage, des fruits aussi beaux que bons, et dont je souhaite vous offrir à goûter. »

CHAPITRE XLIV

De la querelle qu'eut Don Quichotte avec le
chevrier et de l'aventure des pénitents.

E discours du chevrier fit grand plaisir à ceux qui l'avaient écouté, particulièrement au chanoine, lequel fit remarquer que le chevrier était aussi loin de paraître un homme de campagne qu'un gentilhomme de la ville, et partant reconnut, comme lui avait dit le curé, que les montagnes renfermaient bien réellement parfois des gens lettrés. Tous offrirent leurs services au chevrier, mais le plus empressé fut Don Quichotte, lequel lui dit : « Certainement, mon compère, s'il m'était permis d'entreprendre quelque aventure, je me mettrais à l'instant en chemin pour vous en procurer une bonne, car je tirerais Léandre du monastère où elle est sans nul doute enfermée contre sa volonté, et vous la livrerais, mais toutefois, à la condition de suivre les lois de la chevalerie, lesquelles ordonnent de ne point causer de déplaisir à aucune demoiselle. Et malgré les ruses d'un certain enchanteur, j'espère toujours en Dieu, et qu'un enchanteur sera moins enchanteur qu'un autre ; pour lors mon assistance vous sera acquise, ainsi que m'y oblige ma profession de chevalier errant, laquelle n'est à autre fin que de venir en aide aux infirmes et aux nécessiteux. » Le chevrier, après l'avoir considéré quelques instants et remarqué sa piteuse mine, demanda au barbier qui était ce personnage : « Et qui serait-ce? répondit le barbier, sinon le fameux Don Quichotte de la Manche, le redresseur de torts, le protecteur des demoiselles affligées, la terreur des géants et le vainqueur des batailles? — Cela ressemble fort, répondit le chevrier, à ce qui est écrit dans les livres de chevaliers errants, qui exerçaient la même profession que vous dites être celle de cet homme, mais je réponds à vos paroles, ou vous vous moquez de moi, ou ce gentilhomme a bien des chambres vides dans la tête. — Vous n'êtes qu'une brute, dit alors don Quichotte, c'est vous qui êtes un écervelé, car je suis plus plein que ne le fut jamais la *picara* qui vous a donné le jour. » Et disant cela, il empoigna le pain qui était près de lui et en frappa tellement le chevrier, qu'il lui écorcha le visage ; mais le chevrier qui n'entendait pas raillerie, sans plus de respect pour le tapis que pour ce qui était dessus, ni même pour les assistants, tomba sur Don Quichotte, et l'empoignant par le col, il l'eût bel et bien étranglé, si Sancho ne fût survenu, et l'ayant pris par les épaules, le bouscula sur la table, rompant les plats, cassant les verres et éparpillant tout ce qui était dessus. Don Quichotte, se voyant libre, se rejeta sur le chevrier, lequel avait le visage ensanglanté et meurtri des coups de pieds qu'il avait reçus de Sancho ; il allait s'emparer d'un couteau et se venger cruellement, ce dont l'empêchèrent le curé et le chanoine ; toutefois, le barbier laissa le chevrier attraper Don Quichotte, lequel reçut une telle quantité de coups de poings et de gourmades, qu'il avait bien la figure aussi meurtrie que celle de son adversaire.

Le chanoine étouffait de rire ainsi que le curé, les archers sautaient de joie et les excitaient comme on le fait aux chiens quand ils sont acharnés l'un contre l'autre et s'entremordent. Sancho seul se désespérait, parce qu'il ne pouvait se débarrasser d'un valet du chanoine, lequel s'opposait à ce qu'il secourût son maître. Enfin, étant tous en joie à l'exception des deux combattants, ils entendirent le son d'une trompette si triste, qu'elle leur fit tourner la tête du côté d'où il venait, et le plus ému de tous fut Don Quichotte, lequel, bien qu'il fût encore sous le chevrier et rudement froissé, lui dit: « Frère diable, car tu dois être lui-même, puisque tu as eu la force et le courage de me dompter, je t'en prie, faisons trêve pour une heure, car il me semble que le son lugubre de cette trompette, en me parvenant aux oreilles, m'appelle à quelque nouvelle aventure. » Le chevrier, qui était las de battre et d'être battu, le lâcha de suite, et Don Quichotte, s'étant remis sur pied, tourna bien vite la tête d'où venait le bruit, et vit descendre d'un coteau des hommes habillés de blanc à la façon des pénitents. Or, voici ce qui arrivait: comme les nuages avaient cette année refusé leur rosée à la terre, on faisait, par tous les lieux de cette province, des processions et des rogations, demandant à Dieu qu'il ouvrît les mains de sa miséricorde pour leur envoyer de la pluie. A cet effet, les habitants d'un village qui était près de là venaient en procession à un dévot ermitage qui était au penchant d'un coteau de cette vallée.

Don Quichotte, à la vue de ces costumes de pénitents, et sans prendre la peine de se rappeler qu'ils ne lui étaient pas inconnus, s'imagina que c'était l'occasion d'une aventure qu'il convenait à lui seul d'entreprendre en sa qualité de chevalier errant, et ce qui le persuada complètement, ce fut une statue qu'ils portaient couverte de deuil qu'il prit pour une dame de qualité que ces félons emmenaient par force. Courant aussitôt où était Rossinante, qui était à paître, et l'ayant bridé et sellé, il demanda son épée à Sancho, monta sur le cheval, embrassa son écu, et dit à haute voix à ceux qui étaient présents : « C'est à cette heure, valeureuse compagnie, que vous verrez combien il importe qu'il y ait au monde des chevaliers qui fassent profession de la chevalerie errante; vous allez voir par la délivrance de cette dame captive, ce que l'on doit avoir d'estime pour ceux qui font état de chevaliers errants. » Et disant cela, il serra les flancs de Rossinante, car d'éperons il n'en avait pas, puis d'un grand trot (parce que de galop il n'en est point question dans le cours de cette véridique histoire à l'endroit de Rossinante), il s'en alla donner contre ces pénitents, et des observations du chanoine ainsi que de celles du curé il n'en tint pas plus compte que des cris de Sancho, qui lui criait: « Où allez-vous donc, seigneur Don Quichotte, et quels diables avez-vous donc dans le corps pour marcher ainsi contre notre foi catholique? Prenez garde, et que ce soit fait de moi, ou ceci est une procession de pénitents, et cette dame qu'ils portent est l'image de la très-sainte Vierge immaculée. Ce que vous faites cette fois, Monsieur, on peut dire que vous ne le savez point. » Sancho prêchait dans le désert, car son maître était tellement occupé qu'il n'entendait rien, et eût-il entendu qu'il ne se fût pas retourné, quand même c'eût été le roi en personne qui le lui eût commandé.

Ayant atteint la procession, il arrêta Rossinante, lequel en avait déjà bonne envie, et s'écria d'une voix tremblante et enrouée : « Attendez et écoutez ce que je vais vous dire, vous qui sans doute vous couvrez le visage parce que vous n'êtes pas gens de bien. » Les premiers qui s'arrêtèrent furent ceux qui portaient la statue, et l'un des quatre prêtres qui chantaient les litanies, voyant l'étrange figure de Don Quichotte, la maigreur de Rossinante, avec les autres circonstances désopilantes qu'il remarqua, lui répondit: « Monsieur mon frère, si vous voulez nous dire quelque chose, soyez prompt, car nous n'avons point raison pour nous arrêter ici pour ouïr parole aucune, il faut donc que la chose soit brève et se puisse dire en deux paroles. — Je la dirai en une, répliqua Don Quichotte, c'est qu'à l'instant même vous mettiez en liberté cette dame dont les larmes et la tristesse démontrent clairement que vous la retenez contre son gré, et lui avez fait quelque signalé déplaisir, et moi qui suis né pour remédier à de semblables griefs, je ne souffrirai pas que vous fassiez un pas de plus sans lui avoir donné la liberté qu'elle désire et qu'elle mérite. » Tous ceux qui entendirent ces paroles en conclurent que Don Quichotte devait être un fou échappé ; ils éclatèrent donc de rire, ce qui mit de la poudre à la colère de Don Quichotte, qui, sans répliquer, courut l'épée à la main contre ceux qui portaient le brancard ; mais l'un de ceux qui le portaient, laissant la charge à ses trois compagnons, s'avança avec un bâton sur lequel il appuyait le brancard lorsqu'il voulait se reposer, et comme Don Quichotte n'y allait pas de main morte, il eut bientôt mis ce bâton en pièces ; alors le pénitent lui porta avec le morceau qui lui était demeuré dans la main, et avec une force de manant, un tel coup sur l'épaule dont le bras tenait l'épée, que le pauvre chevalier s'en fut mesurer la terre. Sancho, qui était accouru tout essoufflé, cria à ce vilain de s'arrêter, parce que celui qu'il venait de frapper était un pauvre chevalier enchanté, qui n'avait jamais en un jour de sa vie fait de mal à personne. Le pénitent ne s'arrêta point à cause du discours de Sancho, mais seulement parce que voyant que Don Quichotte ne remuait ni pieds ni pattes, il crut l'avoir tué. Il retroussa sa tunique jusqu'à sa ceinture et se mit à fuir par les champs comme un chevreuil.

A ce moment, ceux de la compagnie qui étaient avec Don Quichotte arrivèrent ; ceux de la procession les voyant accourir, et avec eux les archers armés de leurs arbalètes, crurent qu'ils allaient avoir une mauvaise affaire. Ils se mirent donc en rond autour de la statue, et, ayant haussé leurs chaperons, ils empoignèrent leur discipline, et les prêtres s'étaient armés de leurs chandeliers. Tous attendaient l'assaut avec résolution de bien se défendre ; mais la fortune en disposa autrement : Sancho se jeta sur le corps de son maître, qu'il croyait mort, et faisait les plus burlesques lamentations du monde. Le curé, s'étant approché, fut bientôt reconnu par son confrère de la procession, et cela apaisa la crainte qu'avait conçue chacun des escadrons ; puis, ayant expliqué quelle était la personne de Don Quichotte, les flagellants s'avancèrent vers le pauvre chevalier, afin de s'assurer s'il était mort ou vif ; ils entendirent alors le pauvre Sancho qui s'écriait : « O fleur de

chevalerie, un seul coup de garrot a achevé ta carrière si bien employée! O honneur de ta lignée! ornement et gloire de toute la Manche, voire même du monde entier, lequel, si tu viens à lui manquer, sera bientôt couvert de méchantes gens qui n'auront plus à craindre d'être punis de

leurs méfaits! ô généreux par-dessus tous les Alexandre !
puisque pour huit mois de services seulement tu m'avais
fait présent de la meilleure des îles que la mer environne !
ô humble avec les superbes et arrogant avec les humbles,
affronteur de dangers, endureur d'affronts, amoureux sans
cause, ami du bien, ennemi du mal, chevalier errant enfin,
ce qui veut tout dire... »

Aux cris et gémissements de Sancho, Don Quichotte reprit ses sens, et les premières paroles qu'il prononça furent celles-ci : « Celui qui vit loin de vous, très-douce Dulcinée, est sujet à des misères plus grandes que celles-ci. Aide-moi, mon ami Sancho, à me remettre sur le char enchanté; je ne suis pas en état de presser la selle de Rossinante, car j'ai cette épaule rompue. — Je le ferai volontiers, Monsieur, répondit Sancho. Retournons en notre village en compagnie de ces messieurs, et plus tard nous ferons une sortie qui nous donnera plus de profit et de renom. — Bien dit, répliqua le chevalier, et il sera prudent d'attendre que la mauvaise influence des astres qui court en ce moment soit dissipée. » Le chanoine, le curé, ainsi que le barbier, approuvèrent, et, après s'être bien divertis des simplicités de Sancho, ils placèrent Don Quichotte sur le chariot comme il y était auparavant. La procession se remit en ordre et continua son chemin ; le chevrier prit congé de tous; les archers ne voulurent pas aller plus loin, de sorte que le curé leur paya ce qui leur était dû. Le chanoine pria le curé de lui donner des nouvelles de Don Quichotte, s'il guérissait de sa folie ou s'il y persistait : ayant reçu cette promesse, il continua son voyage. Enfin on se sépara; Don Quichotte, le curé, le barbier ainsi que Sancho restèrent seuls avec le bon Rossinante, qui en toute occasion se montrait aussi patient que son maître. Le bouvier attela ses bœufs puis accommoda Don Quichotte sur une botte de foin, et avec son flegme ordinaire suivit le chemin que lui indiqua le curé. Au bout de six jours, ils arrivèrent au village de Don Quichotte, où ils entrèrent en plein midi. Le hasard voulut que ce fût un dimanche ; une grande foule était rassemblée sur la place par où passait le char de Don Quichotte. Tout le monde accourut pour voir celui qui était dessus; comme ils reconnurent leur compatriote, ils furent émerveillés, et tout incontinent un petit garçon courut à son logis pour dire à la nièce et à la gouvernante comment on emmenait leur oncle et maître, maigre et défait, sur une charrette à bœufs, couché sur un tas de foin. Ce fut pitié d'entendre les cris que jetèrent les bonnes dames, les soufflets qu'elles se donnèrent, et les malédictions qu'elles adressèrent de nouveau à ces malheureux livres de chevalerie, ce qu'elles renouvelèrent encore quand elles virent entrer Don Quichotte par la porte de sa maison. Aux nouvelles de sa venue, la femme de Sancho Pança accourut, parce qu'elle savait que son mari était allé avec Don Quichotte pour lui servir d'écuyer; et ayant vu Sancho, la première parole qu'elle lui adressa fut pour lui demander des nouvelles de son âne. Sancho répondit qu'il se portait mieux que son maître. « Dieu soit donc loué! poursuivit-elle, de la grâce qu'il nous a faite; mais maintenant, mon ami, dites-moi quel profit vous avez tiré de votre profession d'écuyer. Quelle robe m'apportez-vous? quels beaux petits souliers pour vos enfants? — Je n'apporte rien de cela, ma femme, dit Sancho, mais bien d'autres choses de plus d'importance. — Montrez-les-moi donc bien vite, dit-elle, afin de me réjouir le cœur, que j'ai bien dolent depuis les siècles de votre absence. — Ma femme, dit Pança, je vous le montrerai à la maison; pour l'instant, prenez patience. Nous sortirons une autre fois, s'il plaît à Dieu, pour aller chercher des aventures, et vous me verrez revenir comte ou gouverneur d'une île, non pas de la première venue, mais de la meilleure qui se pourra trouver. — Dieu le veuille! mon mari, car nous en avons bien besoin; mais dites-moi ce que c'est qu'une île, car je ne le connais pas. — *Le miel n'est pas fait pour la bouche des ânes*, répondit Sancho; tu le verras quand il sera temps, et même tu seras étonnée de t'entendre appeler Seigneurie par tes vassaux. — Qu'entendez-vous par ces paroles, Sancho, d'îles, seigneurie, vassaux? répliqua Jeanne Pança; car ainsi se nommait madame Sancho, parce qu'en ce pays de la Manche il est d'usage que les femmes prennent le surnom de leur mari. — Ne te mets pas en peine, Jeanne, d'en savoir plus, il suffit que je te dise la vérité pour que tu te closes la bouche. Je te dirai seulement, en passant, qu'il n'y a rien de plus au monde, pour un honnête homme, que d'être écuyer d'un chevalier errant chercheur d'aventures. Bien vrai est que toutes celles que l'on rencontre ne sont pas à souhait, et que, sur un cent, il y en a bien quatre-vingt-dix-neuf qui sont de travers. Je le sais par expérience; car de quelques-unes j'en suis sorti berné et d'autres rossé; mais malgré cela c'est une belle chose que de chercher des aventures, traversant des montagnes, visitant les forêts, grimpant sur les rochers, être reçu dans les châteaux, hébergé dans les tavernes sans payer ses dépenses et sans même donner au diable un maravédis. »

Pendant cet entretien, la servante et la nièce déshabillèrent Don Quichotte et le couchèrent dans son lit antique à ramages; il les regardait avec des yeux égarés et ne pouvait se dire en quel endroit il était. Le curé recommanda bien aux femmes de le surveiller, de peur qu'il s'échappât encore une fois, et leur raconta tout ce qu'ils avaient eu de peine pour le ramener à la maison. Ici elles renouvelèrent leurs gémissements, se mirent de nouveau à maudire les livres de chevalerie, et prièrent Dieu de confondre jusqu'au fond de l'abîme les auteurs de tant de mensonges et d'extravagances. Finalement, elles étaient fort inquiètes en songeant que leur oncle et maître pourrait bien, dès qu'il serait rétabli, revenir au même point; et cela arriva ainsi qu'elles l'avaient prévu.

Mais l'auteur de cette histoire, malgré toutes ses recherches et la curieuse diligence qu'il a mise à découvrir quels exploits fit Don Quichotte à sa troisième sortie, n'a pu en trouver le récit par écrit authentique, mais seulement par la tradition que la renommée en a conservée dans les Mémoires de la Manche, où il est dit que notre héros, à sa troisième sortie, se rendit à Saragosse, où il assista à toutes les joutes qui eurent lieu en cette ville et y fit des choses dignes de sa valeur et de son entendement. Mais ledit auteur n'aurait pu rien nous dire de ses dernières prouesses, si le hasard ne lui eût fait faire rencontre d'un vieux médecin, lequel avait en sa possession une vieille caisse de plomb, qui avait, disait-il, été trouvée dans les ruines d'un ancien ermitage que l'on reconstruisait de nouveau, et dans cette caisse on avait trouvé de vieux parchemins écrits en caractères gothiques, mais en vers castillans, lesquels contenaient plusieurs de ses exploits. Ils donnaient témoignage de la beauté de Dulcinée du Toboso, de la figure de Rossinante, de la fidélité de Sancho Pança et de la sépulture de Don Quichotte avec quelques épitaphes et éloges de sa vie, de ses mœurs, et ceux que l'on put déchiffrer furent rapportés ici par le véridique auteur de cette surprenante histoire, lequel ne demande à ceux qui la liront, en récompense de l'immense travail qu'elle lui a coûté pour rechercher, compulser toutes les archives de la Manche et les mettre au jour, autre chose que d'y ajouter autant de foi qu'ont coutume de le faire les personnes sensées aux livres de chevalerie qui sont en si grande faveur dans le monde. Avec cela il se trouvera bien payé et satisfait, et même encouragé à en rechercher et fabriquer d'autres, sinon aussi véridiques, au moins d'aussi agréable invention et passetemps.

S'ensuivent les premières paroles qui étaient écrites sur le parchemin qui était enfermé dans la caisse de plomb.

« Les académiques de l'Argamasilla, village de la Manche, sur la vie et la mort du valeureux Don Quichotte de la Manche.

HOC SCRIPSERUNT

Du Farfadet académique de l'Argamasilla, sur la sépulture de Don Quichotte.

ÉPITAPHE.

« Ci-dessous repose un chevalier bien battu et mal errant, qui fut porté par Rossinante en divers sentiers.

« Sancho Pança, ce maître pataud, repose près de lui; ce fut l'écuyer le plus fidèle que vit oncques le métier d'écuyer. »

Du Tiquitoc académique de l'Armagasilla, sur la sépulture de Dulcinée du Toboso.

ÉPITAPHE.

« Ici repose Dulcinée, qui fut bon gré mal gré par le sort, de rondelette et dodue, en cendres réduite par la mort.

« Elle naquit de bonne et chaste race et parut être grande dame.

« Elle fut la gloire de son village et du grand Don Quichotte la flamme. »

Ce furent les seuls vers que l'on put lire; le reste, qui était rongé des vers, fut remis à un académicien pour qu'il l'expliquât par conjectures. On sait qu'il y est parvenu à force de travail, et qu'il a l'intention de le mettre au jour, dans l'espoir de la troisième sortie de Don Quichotte.

Forse altri canterà con miglior plettro.

FIN DU PREMIER VOLUME.

TABLE

DES

CHAPITRES DU PREMIER VOLUME

~~~

                                             Pages

CHAPITRE PREMIER. — De la qualité et des occupations du fameux hidalgo Don Quichotte de la Manche. 1

CHAPITRE II. — Qui traite de la première sortie qui fit l'ingénieux Don Quichotte. 6

CHAPITRE III. — Où l'on raconte de quelle plaisante manière Don Quichotte fut armé chevalier. 12

CHAPITRE IV. — De ce qui advint à notre chevalier quand il sortit de la taverne. 18

CHAPITRE V. — Auquel se poursuit la narration de la disgrâce de notre chevalier. 24

CHAPITRE VI. — De l'exacte et plaisante enquête que firent le curé et le barbier dans la bibliothèque du chevalier. 29

CHAPITRE VII. — Seconde sortie de notre chevalier Don Quichotte de la Manche. 33

CHAPITRE VIII. — Du beau succès qu'obtint le valeureux Don Quichotte en l'épouvantable et inimaginable histoire des moulins à vent avec d'autres cas dignes d'heureuse souvenance. . . . 37

CHAPITRE IX. — Où se conclut la merveilleuse bataille que le brave Biscayen et le vaillant chevalier de la Manche eurent ensemble. 44

Pages

Chapitre X. — Du gracieux entretien qui eut lieu entre Don Quichotte et son écuyer. 49

Chapitre XI. — De ce qui advint à Don Quichotte avec des chevriers. 55

Chapitre XII. — De ce que raconta un chevrier à ceux qui étaient avec Don Quichotte. 60

Chapitre XIII. — Où se voit la fin de l'histoire de la bergère Marcelle et d'autres aventures. 64

Chapitre XIV. — Où l'on rapporte la rencontre qu'eut Don Quichotte avec des muletiers yangois. 74

Chapitre XV. — De ce qui advint au chevalier dans cette taverne qu'il croyait être un château. 79

Chapitre XVI. — Où se continuent les misères que le brave Don Quichotte et son écuyer souffrirent en la taverne qu'ils prenaient pour un château. 84

Chapitre XVII. — Où il est rapporté un discours que Sancho tint à son maître et d'autres aventures dignes d'être racontées. 90

Chapitre XVIII. — Des sages discours que Sancho tenait à son maître, et de la rencontre qu'ils firent d'un corps mort ainsi que d'autres accidents fameux. 98

Chapitre XIX. — De l'aventure sans pareille qui soit jamais arrivée à aucun chevalier, et comment s'en tira le valeureux Don Quichotte. 105

Chapitre XX. — Qui traite de la haute aventure et de la riche conquête de l'armet de Mambrin et autres choses arrivées à notre invincible chevalier. 116

Chapitre XXI. — De la liberté que Don Quichotte fit donner à des malheureux que l'on conduisait où ils se souciaient peu d'aller. 127

Chapitre XXII. — De ce qui advint au fameux Don Quichotte en la Sierra-Morena, qui fut une des aventures les plus extraordinaires racontées en cette véritable histoire. 135

TABLE 309

Pages.

Chapitre XXIII. — Où se continue l'aventure de la Sierra-Morena. 145

Chapitre XXIV. — Qui traite des choses étranges qui arrivèrent au vaillant chevalier de la Manche en la Sierra-Morena, et de l'imitation qu'il fit de la pénitence du beau Ténébreux. . . 154

Chapitre XXV. — Où se continuent les finesses que fit le passionné Don Quichotte dans la Sierra-Morena. 164

Chapitre XXVI. — Comment le curé et le barbier vinrent à bout de leur projet, et d'autres choses dignes d'être racontées en cette étrange histoire. 171

Chapitre XXVII. — De la nouvelle aventure qui arriva au curé et au barbier en la même montagne. 180

Chapitre XXVIII. — Lequel traite du plaisant artifice et du conseil qui fut tenu, afin de mettre fin à la pénitence que s'était imposée notre chevalier 186

Chapitre XXIX. — Qui traite de la discrétion de la belle Dorothée, et autres choses plaisantes et récréatives. 194

Chapitre XXX. — Des plaisants discours qui eurent lieu entre Don Quichotte et Sancho Pança son écuyer, et d'autres accidents. 200

Chapitre XXXI. — Lequel traite du cruel combat qu'eut Don Quichotte avec les outres de vin rouge, et d'autres rares accidents qui lui survinrent en la taverne. 206

Chapitre XXXII. — Qui traite de ce qui arriva en l'hôtellerie à toute la compagnie de Don Quichotte. 213

Chapitre XXXIII. — Où se continue l'histoire de la fameuse infante Micomicona, avec d'autres plaisantes aventures. . . . 218

Chapitre XXXIV. — Qui continue le curieux discours que fit Don Quichotte sur les armes et sur les lettres. 225

Chapitre XXXV. — Où le captif raconte sa vie et le succès de ses aventures. 228

	Pages.
Chapitre XXXVI. — Qui traite de ce qui arriva de plus en l'hôtellerie et de plusieurs autres choses dignes d'être dites . . .	241
Chapitre XXXVII. — Où se continuent les aventures extraordinaires de l'hôtellerie.	249
Chapitre XXXVIII. — Où on achève de vérifier ce qu'est le bassin ainsi que le bât, et autres aventures aussi véritables. . .	255
Chapitre XXXIX. — Fin de la notable aventure des archers, et de la vaillance de notre bon chevalier Don Quichotte. . . .	263
Chapitre XL. — De l'étrange manière dont fut enchanté Don Quichotte de la Manche, avec d'autres fameux accidents. . . .	269
Chapitre XLI. — Qui traite du discret entretien qu'eut Sancho Pança avec son maître Don Quichotte.	279
Chapitre XLII. — Des savantes altercations qu'eurent Don Quichotte et le chanoine, avec d'autres accidents.	285
Chapitre XLIII. — Qui traite de ce que raconta le chevrier à ceux qui emmenaient Don Quichotte.	291
Chapitre XLIV. — De la querelle qu'eut Don Quichotte avec le chevrier et de l'aventure des pénitents	296

DELARUE, LIBRAIRE-ÉDITEUR

3, Rue des Grands-Augustins, à Paris

LES FABLES DE J. DE LA FONTAINE, format anglais, 2 vol. illustrés d'environ 100 vignettes, par PAUQUET. Papier superfin glacé, impression de luxe. Prix, broché, les 2 volumes réunis. . . . . . 3 fr. 50
    Toutes les figures coloriées. . . . . 7 fr. »

LES FABLES DE FLORIAN, format anglais. 1 vol. illustré d'environ 50 vignettes, par PAUQUET. . . . . 2 fr. 50
    Toutes les figures coloriées. . . . . 4 fr. »

LES CONTES DE PERRAULT, même format, 1 vol. illustré d'environ 50 vignettes par HENRI ÉMY. . . . . 2 fr. 50
    Toutes les figures coloriées. . . . . 4 fr. »

LE MAGASIN DES ENFANTS, par Mme LEPRINCE DE BEAUMONT, 1 gros vol., format anglais, 120 vignettes, par TELORY, papier glacé.
    Broché. . . . . 3 fr. 50
    Relié . . . . 5 fr. »

PAUL ET VIRGINIE, par BERNARDIN DE SAINT-PIERRE. 1 beau vol., format anglais, vignettes par les premiers artistes, impression de luxe.
    Broché. . . . . 3 fr. 50
    Relié . . . . 5 fr. »

LE VICAIRE DE WAKEFIELD, traduit de l'anglais. 1 vol. petit in-8°, vignettes anglaises.
    Broché. . . . . 3 fr. 50
    Relié. . . . . 5 fr. »

VOYAGES DE GULLIVER, format anglais. 1 vol. illustré d'environ 150 vignettes, par H. ÉMY, papier superfin, glacé, impression de luxe. 3 fr. 50
    Relié. . . . . 5 fr. »

HISTOIRE DE FRANCE, par JULES ROSTAING. 1 vol. illustré de 75 portraits par les meilleurs artistes, 608 pages, papier fin glacé. . . 3 fr. 50
    Relié. . . . . 5 fr. »

CONTES CHOISIS de Mme LEPRINCE DE BEAUMONT, format anglais. 1 volume illustré . . . . 2 fr. 50
    Relié . . . . 4 fr. »

CONTES de Mme D'AULNOY, format anglais, 50 vig., pap. glacé. 2 fr. 50
    Relié. . . . . 4 fr. »

Pour recevoir franco par la poste les ouvrages ci-dessus, envoyer un bon sur la poste par lettre affranchie, et ajouter 50 centimes par chaque volume

PARIS. — IMP. DE W. REMQUET, GOUPY ET Ce, RUE GARANCIÈRE, 5.

www.ingramcontent.com/pod-product-compliance
Lightning Source LLC
Chambersburg PA
CBHW060408170426
43199CB00013B/2058